U0539158

GUIDE TO
INTELLECTUAL
PROPERTY

數位時代的
智慧財產權指南

―― 知識經濟時代必修！――
利用智慧財產精準布局，打造企業獲利、競爭優勢的決勝關鍵
What it is, how to protect it, how to exploit it

Stephen Johnson
史帝芬‧強森―― 著 ｜ 張玉臻、高昌華―― 譯

紀念格倫漢斯（*Glen Hess*）
一位偉人，也是一位傑出的商務律師

推薦序
專利風險管理，刻不容緩

　　長久以來，管理學界將企業管理區分成生產與作業管理、行銷管理、人資管理、研發管理與財務管理等五個構面，俗稱「五管」，其目標在讓企業順遂運作並成長茁壯。

　　過去五十年來，國內企業在「五管」上的長足進步，創造了台灣的經濟奇蹟，許多品牌廠商到國際上開疆闢土，締造了二十世紀後期「台灣錢淹腳目」的繁華榮景。然而隨著台灣廠商在國際市場的市占率愈來愈高，對國際大廠的威脅也愈來愈大，終於開始遭致國際大廠祭出智財法律大戰以捍衛其疆土。二十一世紀以後，台灣前後兩家上市公司股王分遭國際大廠專利戰大刑伺候而殞落，這星期（2020 年 6 月初），更有一家上櫃公司遭美國聯邦第五巡迴上訴法院以違反競爭法為由判決高額賠償，賠償金額甚至超過該公司資產總額。台灣企業痛定思痛之餘必須覺醒，在國際市場遭受如此挫敗已非傳統「五管」所能處理，法律風險管理之導入刻不容緩，特別是專利風險之管理。

　　專利風險之管理可區分為：「侵害他人專利權之風險」與「專利權受他人侵害之風險」等兩大類的管理。為避免侵害他人專利權，企業於開發任何產品（或服務）（以下同，不再贅述）之起始與各階段，皆須針對所有相關技術及全部

競爭對手進行完整且全面之專利檢索與「自由實施可行性分析」（freedom-to-operate analysis）。萬一發現有任何專利可能對開發中產品具有威脅，即須評估迴避設計及／或撤銷專利權之可行性。迴避設計除了讓開發中之產品不構成文義讀取外，還須能迴避均等侵權之指控；若考慮撤銷專利權，則須能找到有利之先前技術以主張對方專利欠缺新穎性或進步性，或能發現對方專利說明書或申請專利範圍具有不符法定要件之瑕疵。倘若研析結果發現無法迴避設計亦無法撤銷專利，則可考慮與對方協商以取得專利授權，惟如此一來，勢必墊高己方成本從而降低獲利預期。如果對方不願授權或權利金高於預期，則可能必須忍痛放棄此項產品之開發，否則極有可能在耗費無數研發資源與時間後仍落到侵權之下場。

避免專利權受他人侵害風險之管理，首重專利布局，其目的在將競爭對手阻絕於市場之外，亦即所布局之專利範圍須能涵括競爭對手未來之產品。為達此目標，企業應有準確之技術，預測以預判相關產業未來商品之規格功能及可能使用之技術，從而選定進行研究開發之技術路徑。技術路徑之判斷至關重大，倘判斷錯誤，企業不但浪費研發資源且喪失技術開發的先機，後端的專利布局亦將失其功效。在擇定技術路徑後，企業必須投入相當的研發資源，以在研發創新上取得領先。許多台灣企業捨不得投入資源進行基礎研究，以至無法在研發創新上領先同業，則無論後續進行多麼高段的專利布局亦屬枉然。最後，企業必須審慎地將研發成果申請專利，專利範圍必須將未來競爭對手所有可能迴避設計的手

段全部阻斷,並且專利說明書的撰寫必須完全符合專利法制的規範,以免未來被競爭對手挑到毛病而遭撤銷。

　　本書作者是美國資深專利律師,中文譯者是國內資深專利工作者。精讀本書,深覺對國內企業提升專利風險管理能力有莫大幫助,是本不可多得的好書,特此為序推薦。

宋皇志
政治大學科技管理與智慧財產研究所所長

推薦序

給新創團隊和商業投資者,一本最全面的智慧財產權指南

　　「智慧財產權」不僅是公法遇上私法的課題,更是商業策略及市場布局上的重要標的。多年來,為加入國際組織所為之歷次修改,已使台灣之智慧財產法制國際化,並藉由台灣智慧財產法院之成立逾十年來,亦使得台灣關於智慧財產權之保護愈趨成熟。但對於智慧財產權之跨國訴訟、市場布局及策略,乃至於智慧財產權之鑑價,仍有相當大的空間需要發展。尤其,在現今鼓勵新創、青創的年代,如何給予台灣的新創團隊一張清楚完整的智慧財產藍圖及一項具體而微的指引,一直是相關領域相當重視的議題。

　　本書書名為《數位時代的智慧財產權指南》,係由經濟學人年度精選出版,作者為史帝芬・強森(Stephen Johnson),美國著名律師,曾任職於「Kirkland & Ellis法律事務所」,致力於智慧財產相關實務達三十年,其學識及視野均既深且廣。作者將本書定位成一種指南,特別是切入金融與智慧財產權領域的交流,並以此為出發點,將智慧財產權從評估、撰擬、申請、審查、核准、異議、訴訟、鑑價、布局、融資等領域,逐一說明其梗概外,並旁徵博引了一些時下著名的跨國案件內容,以及對於金磚四國(BRIC)等新興市場的現況描繪,以期讓讀者得以一覽智慧財產權的全貌。或許是作

者基於其職業生涯背景的緣故，也特別為讀者區辨出跨國法系的規範差異，甚至是證明法則的區別，並以此提醒參閱本書的讀者，必須特別留意因不同市場及國家法律所可能衍生出的成本差異。

更特別的是，本書提供了「執行摘要」等一系列的行動指引，提示了一些面對智慧財產權應有的準則，諸如公司或新創團隊應如何評價自身持有的智慧財產；公司如何運用不同權利制度框架以保護自身權利；如何面對外部廠商，甚至是非實施專利事業體（Non-Practicing Entity, NPE）的主張等，均有具體而簡潔的指引。此外，本書亦適時地在章節中附上流程圖，供讀者按圖索驥。相信藉由此一系列的行動指引及流程圖示，對於新創團隊及商業投資者，一定會有立即且有效的助益。

本書原文橫跨智慧財產權之眾多領域，更衍伸至金融資產評價融資等領域，專業技術名詞、法律規定及為數甚多之相關訴訟案件，翻譯起來，著實不易。欣聞曾一同任職於智慧財產法院的同仁昌華，及曾任職於國際通商法律事務所的玉臻費心翻譯本書，讓台灣讀者得以一饗經濟學人所選具跨國性、跨領域智慧財產權之年度精選。

熊誦梅
德勤商務法律事務所 法律科技創新服務負責人

目錄
Contents

推薦序／專利風險管理，刻不容緩	004
推薦序／給新創團隊和商業投資者，	
一本最全面的智慧財產權指南	007
附圖和附表列表	014
前言	015

1　智慧財產導論　019
何謂智慧財產？　029
保護形式　034
將智慧財產納入商業策略　038

2　專利　041
哪些發明可以申請專利？　045
何時能夠取得專利？　053
專利所賦予的權利　061
專利侵權救濟　067
有效性和價值　097

3　商標　101
如何取得商標？　103
註冊程序　111
商標權人的權利　113
商標侵權救濟　114
價值和優勢　119
商業表徵（Trade Dress）和矇混（passing off）　124
使用他人商標　126

4　著作權　127
如何取得著作權？　133
著作權所有人的權利　139
著作權侵權救濟　141
價值和優勢　148
開源和著佐權（copyleft）軟體　150
著作人格權和其他權利　152
梳理權利（clearing rights）　153

5　設計權　155
如何取得設計權？　156
國際性保護　159
其他保護形式　159
價值和優勢　160

6　營業秘密　161
何謂營業秘密？　162
如何產生營業秘密？　164
如何保護營業秘密？　165
營業秘密與專利　169
未經授權使用或洩露　170
價值和優勢　174

7　智慧財產和網路　179
商標和網域名稱的策略　179
網站、電子商務和隱私權　183
網路犯罪、營業秘密和駭客　191
著作權和盜版　193
網路侵權的策略　199

8　智慧財產的權利歸屬　201
專利　202
商標　208
著作權　211
設計權　216

	營業秘密	217
	公司結構和稅務	217

9　智慧財產的取得、維持和執行成本　221
專利　222
商標　228
著作權　230
設計保護　231
營業秘密　232

10　保護產品銷售時智慧財產的作用　233
以專利作為進入障礙　234
以商標作為進入障礙　243
以著作權作為進入障礙　244
以設計權作為進入障礙　246
以營業秘密作為進入障礙　246

11　以智慧財產作為收益來源　249
專利策略管理　251
專利作為訴訟資產的價值　255
專利主張實體　256
決定策略　264
商標授權　270
著作權及獲利空間　270

12　授權交易　273
關鍵條款　274
特定形態授權的特殊問題　288
責任　295
破產　298
授權條款的法律限制　303

13 智慧財產的市場:買賣智慧財產的方式　313
專利　313
商標　319
著作權　320
轉讓智慧財產的所有權　320
取得智慧財產的權利　327

14 智慧財產之鑑價　333
智慧財產之會計處理　336
鑑價方法　337
早期技術鑑價　342
品牌鑑價　343

15 運用智慧財產來籌集資金　345
法律程序和技術性　348
以智慧財產作為擔保品　354
國際化發展　359
智慧財產及融資　360

16 制定智慧財產策略　361
智慧財產稽核以及建立所有權　364
風險抵減　367
保護公司產品　374
策略性智慧財產管理　377
公司治理　381

執行摘要　385
詞彙表　419
縮寫　423
註釋　424
實用資源　428

附圖和附表列表
Figures and tables

附圖

圖 2.1	專利申請的簡要流程圖	053
圖 6.1	專利 vs. 營業秘密和其他智慧財產形式	171
圖 9.1	專利預算流程決策	227
圖 11.1	專利執行結構：「私掠者」	254
圖 15.1	智慧財產的貸方風險	352
圖 15.2	破產隔離結構	353
圖 15.3	權利金融資簡易示例	356
圖 16.1	智慧財產策略之焦點	363
圖 16.2	應試圖保護的內容	378
圖 16.3	專利組合分析	380

附表

附表 1.1	智慧財產：外來權利金收支表	028

前言
Foreword

　　我在智慧財產相關法令領域工作超過三十年，最初任職於「Bird & Bird 法律事務所」倫敦所，其後分別任職於「Kirkland & Ellis 法律事務所」芝加哥、紐約和舊金山所。目前則任職於一個非營利組織，致力於智慧財產研究。

　　本書的目的是為商業人士和投資者撰寫指南，解釋以專利作為貸款的擔保品（抵押品）的優缺點。在 2009 年以前，金融和智慧財產這兩個領域之間非常缺乏交流，如今，專利市場正在蓬勃發展，有愈來愈多的專利被當成擔保品；但對多數商業人士而言，智慧財產仍是一個不透明的領域，故本書著墨範圍擴大於此，其目的是試圖對智慧財產提出一些實用並以商業為中心的觀點。

　　我在倫敦展開職業生涯，之後在 1982 年底抵達美國，注意到一個全新且專門的專利上訴法院的成立，即美國的聯邦巡迴上訴法院（Court of Appeals for the Federal Circuit），開始重新認識到強大的智慧財產權在經濟上的重要性；這最初從美國開始，接著是歐洲和世界其他各國，專利最終從晦澀的死水中脫穎而出，目前在許多產業中扮演核心角色。

　　在同一時期，個人電腦的興起和跨國品牌的擴張，導致

著作權和商標領域的產業成長,智慧財產在世界各地承擔著巨大的商業重要性。

然而如今,因為智慧型手機產業的大量專利訴訟,以及收購現有專利只是為了執行專利權的種種商業行為,使得專利在刺激創新的功能上受到質疑。在美國,強化專利權的趨勢已經開始逆轉。

法律機制未能妥善應對科技和網路帶來的猖獗盜版行為,且電影和電視節目等智慧財產所有人及網路使用者之間的權利平衡,仍舊是國家政治和國際外交議題。我們知道,法律仍不斷地在發展,根本問題仍待解答,若過去曾出現過解答,也有待審查和修定。

存在這種不確定性,卻可以發展出國際智慧財產策略,很大程度上要歸功於工業化歷史早期,1886年針對著作權通過的《伯恩公約》(*Berne Convention*)等條約所建立的法律框架,這些條約制定了專利、商標、設計和著作權的國際秩序,終致某種程度上一般原則的齊一。此整合過程仍在二十世紀的世界各地持續中,尤其是在歐盟內部,例如,現今英國的智慧財產相關法令十分仰賴歐洲的概念。

儘管發展出國際智慧財產策略,但其必須在全球主要市場貫徹本地化,在歐盟內部,智慧財產相關法令仍存在相當大的國家層級差異,故在不同國家可能會有不同結果。

在試圖涵蓋此一巨大領域,並使其維持在可管理規模的前提下,本書採用較廣泛的筆觸來描述,內容著重在美國,其次是英國和歐洲。然而,亞洲(特別是中國)在智慧財

產領域中的角色日趨重要，中國通常被認為是抄襲者的避風港，事實上，中國政府和中國企業均高度重視智慧財產權的申請，若西方企業在智慧財產策略上忽略中國，未來很可能會後悔此一決定。此外我們注意到，2014年，首件在專利重要議題上針對產業標準的專利案件[1]遞交到歐洲法院（European Court of Justice），精確來說，這並非美國或歐洲公司之間的案件，而是關於兩個中國公司集團華為（Huawei）和中興通訊（ZTE）之間的案件。

本書著重在經營業務相關的議題，至於尋求快速指南的讀者，可在本書主文後找到「執行摘要」章節，該章節會逐章列出了需注意的重點和策略考量；另外有一個包含實用資訊和資源的章節，供希望追蹤未來持續快速變化法令的讀者參考，讀者也可在網址 www.profilebooks.com/stephen-johnson 上找到更多參考資料。請注意，隨著法令狀態快速變化，每個智慧財產議題都取決於其事實和所涉及的特定國家，本書無意提供任何國家的法律意見，在任何情況下都應諮詢律師。

首先衷心感謝我的老友，同時也是倫敦「Taylor Wessing 法律事務所」合夥人的克里斯多福里斯（Christopher Rees），毫不吝嗇地從英國和歐洲的角度審閱了本書原稿；感謝

---

[1] 此處「專利案件」並非一般申請案或訴訟，作者特指《華為 v 中興通訊》（*Huawei v ZTE*），係德國杜賽道夫法院針對前述兩者公司於德國之專利訴訟，德國法院為了確認德國標準與歐盟一致，而向歐洲法院提出針對標準專利案（Standard Essential Patent，SEPs）的釋疑案。

全球經濟學集團（Global Economics Group）的大衛坦鮑姆（David Tenenbaum），審閱並協助了智慧財產之鑑價的章節；感謝史帝芬布努（Stephen Brough）、佩尼威廉斯（Penny Williams）以及 Profile Books 團隊進行編輯；感謝安德魯克拉克（Andrew Clark），查核完成書中提及的事實和引用案例，並提出了實用建議；並感謝我的研究助理 Megumi Yukie，另外我要感謝所有的同事和客戶，這些年來，他們讓我經手如此有趣的工作並建立起友誼。請注意，本書中之內容（及錯誤）均為敝人所有，且所表達之觀點亦為敝人所有，並非反映敝人現有客戶或先前客戶之觀點，亦非反映敝人當前或先前同事或雇主之觀點。最後，我要感謝我的妻子金伯莉（Kimberly），大力鼓勵並支持這個工作，同時感謝我的孩子葛拉漢（Graham）和維爾莉特（Violet），陪伴我渡過本書的孕育期。

史帝芬・強森

2015 年 4 月

1 智慧財產導論
An introduction to intellectual property

　　智慧財產（Intellectual Property，IP）具有極高的含金量，公開發行公司可將其市值減去金融和有形資產價值，概算出其擁有的無形資產（包含智慧財產）價值。根據一間智慧財產商人銀行（Intellectual Property merchant bank）「Ocean Tomo」所做的調查：在 2010 年，標準普爾 500 指數（S&P 500）中無形資產的潛在比率占 80%[1]。雖然公司的一部分無形資產包含商譽（一項會計分錄，例如處理不可歸因於可辨認資產的收購業務價值），但大部分可歸因於智慧財產，如專利、設計、商標、網域名稱、著作權、資料庫、營業秘密和專門技術（know-how）等。

　　大部分公開發行公司的投資者都會投資智慧財產，全球性品牌研究資料庫「BrandZ」每一年會決定世界最有價值的品牌：例如 2014 年的領導者為 Google，其品牌計算價值超過 1588 億美元[2]；根據《華爾街日報》（Wall Street Journal）[3]和其他資料來源，2012 年間，在 IKEA 品牌由母公司轉移到子

有關需注意之要點和策略考量的快速摘要，請參閱第 385 頁

公司的實際交易當下，IKEA 品牌價值為 110 億美元；2013 年，一家破產的加拿大電信公司北電網路（Nortel Networks）則以 45 億美元售出其擁有的專利組合。

智慧財產正影響著國家經濟，2013 年 3 月，「美國經濟分析局」宣布：變更國內生產總值（GDP）的計算方式，以獲取智慧財產部分的產出，意即：新增一項「智慧財產產品」（Intellectual Property products），透過將研究開發（R&D）的支出視為資產負債表中的資產，而非視為損益表上的費用，並將長壽型電視節目一類的創意作品加入 GDP 中。這些變更及 GDP 計算方式的技術性變更，使得美國的 GDP 增長了 3%。

美國和加拿大在將智慧財產自身視作投資資產的領域處於世界領先地位，舉例來說，前微軟（Microsoft）的內森梅爾福爾德（Nathan Myhrvold）和前英特爾（Intel）的彼得德特金（Peter Detkin），在 2000 年於西雅圖創立了高智發明（Intellectual Ventures），這間公司自第三方收購專利並「聚合」成專利組合，進一步授權給各公司使用，同時研發新的智慧財產。此外，在加拿大和美國，已有部分私募股權基金，專注於製藥或生物科技授權帶來權利金的收購模式，從「IP Group」[1] 等公司的成功中可看出，這種「專業」（pure-play）的智慧財產概念已經傳播到歐洲。

在美國，已有部分個人與組織著重於取得專利，並進一

---

[1]「IP Group」是一家位於英國，專注於智慧財產的研發公司，甫於 2018 年於香港設立大中華區總部。

步透過執行來獲利。根據「Lex Machina」（一家提供對美國智慧財產訴訟進行統計分析的公司）指出，在美國，2013 年間，關於因專利侵權而獲得的鉅額賠償，此類判決的中位數約為 126 萬美元，由於有部分較高金額的案例，故平均數略高，超過了 3400 萬美元④，加上訴訟的成本和不確定性，發展出了一種購買專利並進一步執行專利的職業原告產業，我們通常以一個貶義詞「專利流氓」（patent trolls）稱呼它們，近期則稱為「非專利實施實體」（non-practising entities，NPE）或「專利主張實體」（patent assertion entities，PAE），其中一些已是公開發行公司。對於專利主張實體而言，執行此類專利的唯一目的是獲取財務性報酬，這種強加於科技產業上的成本，使其成為一個政治問題，還加速了美國對專利主張實體訴訟實務的專利改革立法，但整體而言可以說是削弱了專利權，巴拉克‧歐巴馬（Barack Obama）總統在 2013 年 2 月解決了這些問題，隨後並採取了行動⑤，試圖解決某些被視為是專利主張實體的弊病：

> 您正在談論的傢伙是個典型案例，實際上它們自身不生產任何東西，基本上它們只是想利用並把持它人的點子，並看看能否從它們身上榨出一點錢。

然而，專利制度歷史學家的研究指出，活躍的專利市場和投資者的參與，並不是什麼新鮮事，美國鮑登學院（Bowdoin College）的教授佐里納卡恩（Khan, B. Zorina）指出，在 1870 年的

《鐵路時報》（*Railway Times*）中，就報導過美國鐵路產業[6]：

> 有一群專利投機者，他們有足夠的資金、頭腦、法律人材和無禮的態度，已成功地向該國每家主要鐵路公司收取了鉅額費用，這並非單一個案，而是有數百個案例。下定決心捍衛其權利的鐵路公司，為了確保此一目的，必須保有一個大型法務團隊、一個機械專家團隊，並準備其他所費不貲的相關事務。

智慧財產可以是財產，也可以是有價值的財產，它與有形資產的差別在於會計目的對其進行鑑價和處理的方式，內部研發的智慧財產無法記入組織的資產負債表上，因其無法被一般公認會計原則（Generally Accepted Accounting Principles，GAAP）所認可，正如 2014 年 8 月的《經濟學人》（*The Economist*）所述：「如果它是無形的，會計師就不會碰它」[7]）。如果說，智慧財產的鑑價方法並非處於起步階段，那肯定處於發展成熟前的時期，智慧財產的買賣市場亦是同樣情況，在法律層面上尚未有明確定論，例如，專利權人用於電信產業之關鍵技術標準的救濟程序，仍處於闡明階段[2]。

製藥產業成功的專利挑戰對市場的影響：重量級藥品的專利可能無效，進而允許學名藥進入市場，這恰恰揭示了

2　指前述《華為 v 中興通訊》案，作者於 2015 年 4 月完成本書時，該案仍在審理中，但歐洲法院已於 2015 年 7 月對該案做出裁決。

智慧財產是一種資產類別，法律挑戰和法律保護範圍可能會對主要收益仰賴智慧財產的公司命運造成戲劇性的衝擊。例如，在 2015 年，一個激進的美國避險基金甚至宣布，它將挑戰某些類型的藥品專利，策略是賣空這類專利權人股票。

同樣地，數位化科技和網路已經破壞了著作權所有人所擁有的價值，且微幅地破壞了品牌所有人所擁有的價值，實際上，任何網路使用者都能複製和散布受著作權保護的內容，再者，非法複製和共享很早期就對音樂產業產生嚴重影響，隨著科技發展和頻寬拓寬，電影和電視產業也逐漸開始受到影響，技術革新亦導致出版業受到更大程度的著作權侵害。

對於商標權人，特別是時尚產業而言，網路已成為仿冒商品銷售的全球市場，但網路上對盜版的規範和控管仍存在爭議，亦有疑慮指出，更嚴格的控管會對言論自由造成影響。在此同時，組織犯罪從不放緩利用網路著作權盜版和仿冒及欺詐獲利的步伐，致使網路已成為網路犯罪和駭客的媒介，最著名的例子是索尼影業（Sony Pictures）在 2014 年發生的公司資訊洩露案。

智慧財產是法律的一種無形創造，而智慧財產權只能透過法律程序來執行，為了利用此資產類別的價值，商業人士和投資者必須了解智慧財產在法律上的優勢和劣勢、保護智慧財產的方法、其實務和法律界限，以及如何藉由交易或策略來增加或破壞其價值，本書旨在從商業角度探索此類法律議題。

國際規範和國內法體系

如前言所述，智慧財產的國際法律地位可追溯到19世紀，當代的國際化年代則可追溯到1986年至1994年間的「烏拉圭回合多邊貿易談判」（Uruguay Round of trade Negotiation）中，世界貿易組織（World Trade Organization，WTO）針對《與貿易有關之智慧財產權協定》（Trade-Related Aspects of Intellectual Property Rights，TRIPS）所達成的結論。

《TRIPS》實質上提高了智慧財產保護的標準，並要求所有WTO成員國的相關立法需滿足其要求基準，《TRIPS》建立在先前既有的兩個條約上：一是《巴黎公約》（Paris Convention），其涵蓋WTO成員國的國際性專利、商標和設計權；二是《伯恩公約》，其涵蓋WTO成員國的著作權保護。此外，《TRIPS》亦針對積體電路電路布局和營業秘密保護做出規定。

雖然條約在一定程度上達成規範一致，並簡化國際上智慧財產申請註冊的流程，但智慧財產的法定權利本質上仍為國內法性質，所有權和其他法定權利可能會依不同國家而異，例如手機產業中的訴訟就告訴我們，在不同國家中，不同法系可能導致不同的結果。

儘管有《TRIPS》，也可能是由於《TRIPS》，使得智慧財產成為國際上的外交和商業議題，如2012年《金融時報》（Financial Times）的［智慧財產：權利金的新世界］（Intellectual Property: A New World of Royalties）文章中所述：「現今美國（所謂「智

慧財產權的帝國中心」)從國外收取的權利金和授權費,幾乎和農產品出口總額一樣多⑧。」有人認為,《TRIPS》推動了科技先進國家的議程,而非推動發展中國家的議程,尤其是製藥領域,這在印度和其他發展中國家中仍然是個大問題(請參見下文),但這並非總是發展中國家會面臨的窘境,舉例來說,加拿大專利法實施後,反而導致美國公司擁有的加拿大專利無效,讓美國和加拿大之間因而開始發生爭執。

在此同時,美國正在尋求保護其創意產業以避免被侵權的模式,例如,由美國[3]、加拿大、墨西哥、澳大利亞、汶萊、智利、秘魯、日本、馬來西亞、紐西蘭、新加坡和越南共同協議中[4]的「跨太平洋夥伴協定」(Trans-Pacific Partnership、TPP)之智慧財產章節,其跨越了《TRIPS》的範疇並進一步發展,尋求更深入地保護著作權和其他智慧財產所有人的利益。在此過程中,美國不僅和處於不同經濟發展階段的國家互相論爭各種經濟議程;而在產業利益上,遭受嚴重盜版影響的娛樂業和軟體業,與受到謹慎要求監視可能從事盜版用戶之大型網路公司(如 Google 和 Yahoo 等)產生利益衝突,同時亦與言論自由的擁護者立場相衝突。

相比之下,大型網路公司的利益似乎已經影響到資料隱私權保護等問題的議程,部分擬議修法中的歐盟法規,促使布魯塞爾發生了大規模的遊說活動,目的是讓這些公司能

---

[3] 2017 年 1 月 23 日,美國總統唐納川普(Donald John Trump)簽署行政命令,正式退出 TPP,故 TPP 現行成員國中沒有美國。

[4] TPP 已於 2018 年 3 月 8 日由 11 個成員國共同正式簽署。

夠維持目前這種透過資料營利的商業模式。再者，由於愛德華・史諾登（Edward Snowden）的情報洩漏案[5]，讓資料隱私權成了主要外交議題，此外，針對歐盟資料保護規範[6]（EU Data Protection Regulation）的最新草案中，竟提出了超過四千項修正案，創下記錄。

然而，除了資料隱私權的領域外，我們可以公平地說，美國、歐盟、澳大利亞、紐西蘭和日本對待智慧財產的方式之間，其相似性高於差異性，例如，從歷史數據上來看，在《專利合作條約》（Patent Cooperation Treaty，PCT），這個允許以簡化方式同時提出多個國家專利申請案的主要國際條約中，這些國家的申請案就占了很大一部分。

金磚四國

金磚四國（巴西、俄羅斯、印度和中國）中，各國對智慧財產的態度差異極大。中國在盜版軟體歷史和時尚及娛樂產業中「山寨品」的訴訟記錄不佳，但根據「經濟合作暨發展組織」（Organization for Economic Co-operation and Development，OECD）統計，1995 年至 2005 年間，中國的國際專利申請量的年平均增長率達 33%，使得中國在 2005 年時，進入了專

---

[5] 2013 年 6 月，前美國中央情報局（CIA）職員愛德華史諾登於將美國國家安全局關於稜鏡計畫監聽專案的秘密文件披露給了英國《衛報》（The Guardian）和美國《華盛頓郵報》（The Washington Post），遭到美國和英國的通緝，自此展開流亡生涯，其故事被翻拍成電影《神鬼駭客：史諾登》（Snowden）。

[6] 作者指的草案時間點應為 2015 年，此草案也就是後來 2016 年 4 月 27 日正式通過，2018 年 5 月 25 日正式實行的「GDPR」（歐盟一般資料保護規範，General Data Protection Regulation）。

利申請量排名前十五名的國家,到 2014 年為止是 PCT 專利申請量排名前五名。隨著中國企業和個人變得更具創新性,並從智慧財產保護中受益,中國在智慧財產方面的重要性也迅速發展,根據世界智慧財產權組織(World Intellectual Property Organization,WIPO)的數據,在 2013 年,中興通訊和華為是 PCT 專利申請案最多的申請人之一。

在《全國專利事業發展戰略(2011-2020 年)》中,中國政府設定了雄心勃勃的目標,也就是將專利申請設為政策重點;在侵權的領域中,2010 年中國政府展開了《打擊侵犯知識產權和制售假冒偽劣商品專項行動方案》,促使司法和行政革新,以及執法活動增加。中國政府隨後採取的行動表明,在處理盜版議題上,他們做出了更堅定的承諾,但部分觀察家強調,這些旨在鼓勵中國本土創新的政策,可能會被視為是歧視其他國家。

附表 1.1 顯示,2013 年金磚四國與其他國家的外來權利金收支表。在 1995 年至 2005 年間,印度專利申請量的年平均增長率為 26%;相較之下,2011 年 12 月才加入 WTO 成為成員國的俄羅斯,遵循了新法令並承諾改善其對智慧財產的保護,儘管基數較低,但俄羅斯的專利申請量仍有顯著增加。

附表 1.1 ｜智慧財產：外來權利金收支表（單位：百萬美元）

	支出	收入	純益
美國	39,016	129,178	90,162
日本	17,831	31,587	13,756
德國	8,399	12,908	4,509
英國	9,037	12,947	3,910
法國	10,150	11,556	1,406
巴西	3,669	597	-3,072
印度	3,904	446	-3,458
俄羅斯	8,389	738	-7,651
中國	21,033	887	-20,146

來源：世界銀行（World Bank）http://data.worldbank.org

　　巴西和印度可以粗略地視為一組，在《TRIPS》框架下，每個成員國都具有相關條約和法律以保護智慧財產，但實務上，巴西和印度的智慧財產權仍存在問題且效率低下：巴西似乎有想將智慧財產保護作為經濟推動力；而在印度，2014年印度新任總理納倫德拉‧莫迪（Narendra Modi）政府表示，將來有意制定智慧財產政策，但給人的印象仍有些曖昧不明。

　　僅管印度的資訊科技（IT）行業可說是「親」智慧財產的行業，且印度一直是全球專利「手機專利戰（phone wars）」的戰場，但印度的製藥產業向來反對專利保護，因為這會限制學名藥的生產，使得窮人無法獲得藥物。在《TRIPS》回合後，印度開始為藥品提供專利保護，但有關專利法保護的

權利範疇的爭訟仍持續在進行。這些藥品可專利性的眾多爭議之一，引發 2012 年 3 月《紐約時報》（*New York Times*）中標題名為《專利 v. 患者》（*Patent v. Patient*）的報導⑨；然而，在 2013 年 7 月，據《金融時報》報導，印度一家醫療保健公司「Zydus Cadila」卻向市場推出一種在印度發現和研發的全新藥（new chemical entity，NCE）⑩，用於糖尿病治療。這些事件意味著，隨著時間流逝，印度的角色態度發生了轉變，從低成本學名藥生產者轉變為創新者。

何謂智慧財產？

何謂智慧財產？簡言之，智慧財產是專利、商標、著作權、設計權、營業秘密和其他類似權利的總稱；在幾十年前，專利律師就開始改稱自己為智慧財產律師。根據 WIPO 的定義：「智慧財產是創意的創作」⑪，其中智慧財產通常與不動產和動產有所區隔：不動產意指土地、房屋和其他土地定著物；而動產通常指可以拿起和移動的物品，例如書本或筆記型電腦。令人困惑的是，在許多國內法體系中，智慧財產是一種技術形式的動產，如《1977 年英國專利法》（*UK Patents Act, 1977*）所述：「任何專利或專利申請權均為動產。」

智慧財產相關法令涵蓋作品、發明、構想和資訊的一系列權利，和其表達或使用方式，以及公司產品在市場上和受消費者認可的方式。通常而言，智慧財產相關法令禁止或限制此類權利之複製和使用，進一步言，智慧財產所有人禁止

複製和使用的權利，會依照取得權利的所在地理位置和時間而異，具體來說是依據特定國家和所取得之權利是否有效、過期或喪失。

　　舉例來說，如果你在英國買了此書的紙本印刷版，則你擁有此書的副本，適用法律是動產相關法規；而我是此書作者，擁有此書的著作權，身為著作權所有人我有權決定誰可以複製此書內容，我已與出版發行商「Profile Books」簽署「授權」（允許其使用專利、商標、著作權、營業秘密或其他形式的智慧財產）來發行此書。「Profile Books」進而取得所有人經濟學人集團（Economist Newspaper Limited）之授權並使用經濟學人商標，而經濟學人集團則負責控管商標的使用方式並禁止未經授權的使用。

　　著作權之所有權即賦予我的權利，經濟學人品牌的所有權及該品牌的權利均受智慧財產相關法令所管轄。進一步說明這個實例，如果你使用筆記型電腦或平板閱讀本書，該設備包含了數百至數千個發明，這些發明人可能早已取得這些發明的專利多年，隨著時間流逝，這些已取得的專利中有許多專利開始「過期」，或不再具有法律效力。就取得專利或專利授權的方式來說：在這些專利中，部分專利可能為筆記型電腦或平板製造商自身所擁有，部分專利為第三方所擁有，另外某些第三方專利可能透過友善的商業談判所取得，但還有某些第三方專利可能被另一個第三方以高額訴訟主張其擁有權利，所以筆記型電腦或平板製造商必須同意為使用這些專利權付費。總體言之，專利是智慧財產的一種形

式，專利權益歸屬、期限和侵權等所有議題均受智慧財產相關法令管轄。

從商業角度來看，與筆記型電腦或平板相關的最重要智慧財產，並不一定是其中的任何一項專利，而是設備的品牌本身，諸如戴爾（Dell）、蘋果公司（Apple）或聯想（Lenovo）。其他人可能會爭論說：最重要的智慧財產權是作業系統研發人員的智慧財產權，例如微軟擁有戴爾和聯想使用之作業系統的著作權，它們還擁有與其軟體相關發明的數千件專利。

此類智慧財產權均透過法律程序來執行，一塊土地的所有權人能藉由建造柵欄或圍牆來阻止他人進入，或以其他方式自助；但智慧財產所有人通常必須透過訴訟來執行其權利。從許多方面來說，智慧財產權就是運用司法制度排除他人複製或使用所有人之創作的權利，因此智慧財產不可避免地會帶來執行成本，除了權利的無形性和其對法律程序的依賴性等共通特徵之外，專利、商標、著作權和其他類型的智慧財產權在商業和法律性質上有很大的不同，這些形式的智慧財產簡述如下：

專利

在光譜中的一端是專利，專利是指藉由防止他人製造或使用發明來保護發明。專利賦予的法定權利十分強大，就法律面而言，專利相當複雜，從政府機構取得專利的費用昂貴、執行成本高、專利保護期間（效期）有限，而且還可能受到各種破壞其價值的法律攻擊和技術手段。在第二章中，

將會更詳細地介紹專利的細節；附帶一提，在中國，有另外一種形式的專利稱為「實用新型」專利。

商標

商標和品牌主要涉及具有特定公司或「來源」的商標和品牌組合，商標標示著可信賴的製造商產品，例如：吉百利（Cadbury）或好時（Hershey）品牌的巧克力、殼牌（Shell）或英國石油（BP）品牌的機油等。商標法規亦保護公司名稱和許多其他形式的識別符號，在許多國家中，商標需要註冊才能受到保護。在第三章商標，將會更詳細地介紹商標的細節；此外，由於網域名稱與商標權相關，故將網域名稱的細節介紹放在講述網路議題的第七章中。

著作權

在光譜中的另一端是著作權，著作權可以保護語文、音樂和其他形式的創意性之表達（包含軟體），已防止被複製。在大多數國家中，創作者完成一項著作時，立即受到保護。例如我寫了一本書，在打字的同時就享有著作權，雖然著作權和執行涉及相當複雜且高昂的費用，但取得著作權法律保護的行為幾乎是自動且免費的。在第四章中，將會更詳細地介紹著作權的細節。此外，歐盟於 1995 年引進「資料庫權」（database right），以保護資料庫中系統排列的資訊，除歐盟以外一般不採用這種作法，但在歐盟成員國內，它仍是資料收集的另一層保護。

設計權

儘管對著作權的標準不同,且在部分國家中可能存在對應用藝術作品或水準達到藝術品層級的「實用性物品」(utilitarian objects)保護,但著作權通常不保護實用性物品。例如,著作權可以保護布料上的原創設計,但不保護布料製作成包包的設計,設計權為了填補這個空白,在美國,有一種特殊類型的專利稱為設計專利,可以向美國專利及商標局申請;在歐盟,設計權受國家層級的《歐盟共同設計法》(Community Design Regulation)所保護,第五章中將詳述設計權的細節。

營業秘密

營業秘密是一種存在保密的有價資訊中的財產形式,揭露時接受者必須同意對資訊保密。營業秘密不需要任何註冊或其他程序,但需要採取足夠的實質措施和資訊科技措施,以及合約保護,來維護資訊的機密性,第六章中將詳述營業秘密的細節。

植物和原生種

植物受到多種形式的智慧財產所保護,根據《TRIPS》第 27 條第 3 款第 b 項規定,成員國應「以專利法或有效之單獨立法或前二者組合之方式」給予植物品種保護。而在美國,適用包含特殊植物的專利稱為《植物品種保護法》(Plant Variety Protection),亦稱為植物育種權,如滿足發明要求,則

為一般的「植物實用專利」，其保護規範依國家而異。

植物的智慧財產保護在美國和國際上均引起爭議：在美國，農民針對基因工程技術的植物向法院提質疑；在國際上，已開發國家和未開發國家之間的智慧財產議題屬於政治議題，這是另外一個專業領域，超出了本書範圍，故不多著墨。

當地醫學知識當地遺傳資源的使用，是已開發國家和未開發國家中的一個相關議題，多年來，天然物質和傳統藥一直是藥品來源，西方國家不時出現有關傳統療法專利的爭議，例如，美國專利第 5,401,504 號的「使用薑黃促進傷口癒合」，以及紐西蘭麥蘆卡蜂蜜的抗菌特性等智慧財產議題。

《名古屋議定書》（*Nagoya Protocol*）是一個條約，除其他事項外，該法旨在確保植物遺傳資源使用的共享利益，這並非智慧財產議題，而是屬於一種無形權利（詳見 www.cbd.int），WIPO 也正在研究一個草案，未來可能成為保護遺傳資源的條約。

保護形式

指可以透過智慧財產的各種形式來保護單一物品，例如，當我撰寫第一章的初稿時，我正在飛機上工作，我希望飛機上電源系統供應給筆記型電腦的電源，其波動不會影響螢幕亮度，假設有一位企業家有相同的想法，並粗略地提出一種設備的概念，讓該設備連接至筆記型電腦的

USB 連接埠，並與其系統相互作用，藉以優化旅行中的螢幕亮度和電力消耗；進一步再假設，此企業家還計畫與電機工程師和軟體工程師合作改善技術，然後與設計工程師共同研發此設備。

　　在這個階段，此企業家具有一個可保護的新穎想法，可能適用許多種智慧財產形式；反過來想，此企業家也可能會因為下述多種因素而喪失智慧財產權，或甚至轉讓給其他人：

- **營業秘密**：想法必須保密，且揭露給其他人也要保密。
- **專利**：此企業家已經具有或已經研發出可專利的發明，或者與企業家合作的工程師可以進行發明，此企業家必須確保自己擁有工程師的發明，並決定是否申請一項或多項專利。
- **設計保護**：如企業家提出了一種令人滿意的插件式設備設計，或該設計是由已簽約的人員所研發，那麼該設計可能是可保護的。
- **著作權**：由工程師撰寫的控制設備軟體可使用著作權來保護，此企業家一樣擁有著作權。
- **商標和品牌保護**：此企業家可以幫產品想一個商標，例如叫做「XYZlight」。
- **網域名稱**：結合所選的品牌名稱，此企業家可能希望取得使用「XYZlight.com」的權利。

在這個簡單的例子中，至少可以申請或取得六種不同形式的智慧財產，簡言之，為了不冒喪失這些智慧財產的風險，此企業家必須註冊或採取其他步驟來保護這些不同的權利（除了著作權以外）；此外，在與他人合作時，合約上也必須具體說明，此企業家是否擁有這些智慧財產權，或是否轉讓這些權利。後續章節中，將會介紹智慧財產的類型、智慧財產權的申請流程及所有權的相關議題。

無形財產的其他形式

❖ 人格權

前面描述了一些智慧財產的傳統類別，但智慧財產和其他無形資產或法定權利之間的界限很模糊，例如，美國的電影明星可擁有人格權或個人公開權，藉由這些權利來控管其肖像的商業使用。正如2015年歌手兼演員的蕾哈娜（Rihanna）案例所證實的那般，儘管在英國法律下沒有類同的權利，但名人可以成功地靠著其他方式達成（詳情請參閱第三章）。

❖ 個人資料

例如透過網站使用所取得的個人資料等，雖然這並非傳統意義上的智慧財產，但仍受到許多國家的法律所保護。個人資料與機密資訊不同，個人資料可能為許多人所知，但並未廣為人知，且儘管消費者資訊並非嚴格保密，卻具有極高的價值，此外，個人資料保護與其利用與濫用之間的緊張關

係，是當前的政治和政策議題之一。

　　法律尚未對「純資訊」（mere information）的聚合分析發展出連貫且一致的方法，這是一種描述「大數據」的保守方式，正如所有權和保護石油利益成為工業經濟的頭等大事一樣，「歐盟執行委員會」（European commission）的「歐盟數位議程」（Digital Agenda）前任副主席內莉克魯斯（Neelie Kroes）將大數據描述為「數位時代的新燃料」[12]，因此不可避免的是，在未來幾年中，大數據的所有權和保護將吸引律師和決策者的注意力。

❖ 許可證、政府授權和合約

　　某些許可證或政府授權非常有價值，有可能會成為進入市場的障礙，其中一例是核准藥品銷售的申請，另一例是在特定區域傳播的權利。合約並非智慧財產權，但也很有價值，它可提供進入壁壘，例如，單一國家的獨家經銷可成為一家公司的整體業務基礎。

❖ 智慧資本（intellectual capital）

　　許多人會說，現代企業特別仰賴智慧財產或知識，有些人稱為「智慧資本」，本書並未談到所有形式的智慧資本，但也確實探究了商業和投資環境中智慧財產的主要組成部分。

將智慧財產納入商業策略

本章簡介中介紹了許多企業將智慧財產作為策略議題的種種原因，首先，智慧財產可能很有價值；其次，因缺乏所有權之第三方的行為，而啟動昂貴的法律挑戰或面臨盜版時，可能導致該智慧財產的價值損失；第三，國內外有許多針對智慧財產的補充保護措施，可用於建立所有權，降低風險並支援更廣泛的商業策略。然而，智慧財產策略必須考慮智慧財產的法律優勢和劣勢，以及其實際限制，如過去經驗所顯示那般，法律救濟措施不太可能堵住鼓勵國際盜版之商業模式的漏洞。

本書涵蓋智慧財產的所有主要形式，第十六章中則討論智慧財產總體策略的制定步驟，但有一些優先事項：

- 所有企業應取得為其業務所研發的智慧財產所有權或權利，並確保員工或承包商不能輕易取得其智慧財產（如機密資訊），這必須透過與員工、顧問和承包商間簽訂精心擬定且涵蓋智慧財產所有權的合約來達成。
- 如果所有權已透過合約妥善處理，但著作權保護部分缺乏必要的註冊程序，故應從根本上解決問題，非註冊制度的設計權也是如此。在大多數情況下，由於許多企業擁有敏感的個人資料，以及駭客行為盛行，也應推動良好的機密性和安全性實務。
- 良好的智慧財產管理可以減輕許多風險，建立智慧財產

所有權、註冊和專利申請,以及有系統地管理與第三方間的智慧財產和授權等的簡單步驟,就可以避免不必要的爭議。

- 在更複雜的層面上,大多數企業最大的智慧財產資產是其名稱和品牌,通常應將其視為要需保護的主要資產,除此之外,它或多或少取決於您正在營運的業務。另一方面,在科技或生命科學領域中,專利至關重要,再者,許多創意企業也仰賴著作權作為收益來源,故對於向客戶銷售產品的任何企業,品牌和設計權都是關鍵。

最後說明:並非所有讀者都需要研讀專門講述專利的第二章,但其他章節的內容均可普遍適用於日常生活中。

2 專利
Patents

　　本章節討論：專利可以做什麼？如何取得專利？專利能給予什麼權利？以及專利的優勢和劣勢。專利可以保護發明，以防止被複製，從策略上來說，專利可以：保護產品銷售，免受競爭對手的侵害；與擁有專利的競爭對手建立公平的競爭環境（請參閱第十章）；並透過授權產生收益（請參閱第十一章），儘管金融界對它的了解不深，但專利仍被認為十分重要（請參閱第十四章及第十五章）。

　　專利是一項法定權利，將專利的權利授予發明人，作為其進行有用發明的獎勵，專利制度正是基於這樣的信念，即通過授予發明人一項法定專屬權，來換取發明人公開其發明，從而促進創造力。正如本身是發明人的亞伯拉罕・林肯（Abraham Lincoln）名言：「專利制度就是將利益的燃料添加在天才的火苗上。」

　　英國擁有世界最早的專利，在 1449 年，亨利六世（Henry VI）授予生於佛萊明（Flemish）的「尤提南的約翰」（John of

有關需注意之要點和策略考量的快速摘要，請參閱第 387 頁

Utynam）一項專利，這使他獲得了二十年的壟斷權，是關於一種伊頓公學（Eton College）教堂所使用的彩色玻璃製造方法。而在美國，美國憲法中就有提及專利，其中包含以下賦予立法機關授權的段落：

> 在有限時間內，為作者和發明家確保各自之著作和發現的排他權，以促進科學和實用藝術的進步。

專利權使專利權人可在規定年限內排除第三方（侵權人）實施專利發明，專利權人必須向公眾揭露其發明，以作為回報。

專利被普遍接受的理由是為創新提供動力，最明顯能看到這種激勵效果的是製藥產業，在已發展國家中，強大的專利保護被視為負擔產品研發費用的前提。從另一方面來看，在科技的世界中，人們很少看清，單一設備中可能就具備上千個專利，即便沒有專利保護，其中許多專利功能在早期就使用極低的成本研發出來了。此外，專利可透過出售、授權或以其他方式，作為商業交易標的明確產權，使發明得以商業化。

許多大學研發的技術藉由專利而踏入商業化模式。關於專利，有幾個基本事實：

- **專利必須具有足夠的可專利性**：並非任何研發成果都有資格獲得專利保護，據先前技術標準，可專利的發明須

具備新穎性（novelty）和非顯而易見性（obviousness），所取得的專利也必須無法定阻卻之事由；而在歐盟，提出專利申請之前，發明必須保密。一般來說，是將專利申請案遞交到欲申請的國家或地區的專利專責機關進行審查，以確認該發明是否值得授予專利。

- **專利總是面臨挑戰**：即使專利已通過專利專責機關的審查，但專利仍然容易受到挑戰而無效，即，不符合取得專利權的法定要件。此外，專利的正確範圍和解釋也存在法律爭議，因此專利的執行常常引起大量的法律議題和爭論，被指控侵害專利的被告通常會試圖質疑專利為無效，並廣泛地檢索先前的公開專利或先前使用，致使已取得專利的發明缺乏新穎性或非顯而易見性，最後導致專利無效。

- **專利的價值差異極大**：專利的商業價值差異極大，研究顯示，大多數專利發明並不具商業價值，但某些專利可能就擁有極高的價值，有價值的原因是：它能使一間公司阻止其他公司生產單一個有價值的產品（例如重量級藥品），或者是許多公司付費使用此已取得專利的發明，例如，2013 年，微軟僅靠著三星（Samsung）的安卓（Android）手機銷售，就獲得了 10 億美元的專利權利金，且還不包括微軟授權給三星以外其他手機製造商的部分。然而，即使產品在商業上取得巨大成功，但預期保護該產品的專利卻可能存在致命缺陷，且，如有時在製藥產業中看到的那般，該專利可能會被撤銷，因而破壞產品

的獲利能力,所以,使用專利,你所看到的不一定和你所獲得的相同。
- **專利不是主動可用的**:專利並沒有賦予專利權人做任何事情的權利。例如,在許多國家中,用於治療目的的新專利抗體研發人員不得不從擁有先前專利的許多公司處取得授權,因為這些專利涵蓋了製造新抗體所需的技術,因此,已取得專利的發明可能被先前專利牽制或阻礙,除非獲得授權,否則可能會妨礙發明的商業化。

請注意,本章討論「發明」專利或「實用新型」專利,有關設計專利的部分,請參閱第五章。

申請專利時需要考慮以下許多步驟:

- 此發明是否可申請專利?
- 此發明是否已公開?請回頭盤點此發明的任何先前公開披露、使用或銷售,以及是否有足夠時間申請專利?
- 此發明是否具有足夠的可專利性,如新穎性和非顯而易見性,是否可申請專利?
- 誰撰寫專利?
- 向哪一個專利專責機關提出專利申請?
- 將如何獲得國際性保護?在哪些國家?

還有一個問題,申請人是否有權申請專利(這是專利所有權和專利發明人權的問題,將在第八章中討論),以及該

過程將花費多少費用（在第九章中討論）。

哪些發明可以申請專利？

《美國專利法》第 101 條（35 USC 101）規範了可專利的標的：

任何人士發明或發現一種新穎而實用之製程、機器、製品或組合⋯⋯皆可獲得專利。

在歐盟，《歐洲專利公約》（Convention on the Grant of European Patents）第 52 條規定：

在所有技術領域中具有新穎性、涉及發明步驟（普遍被認定為等同美國專利的非顯而易見性），且具有產業可利用性的任何發明，應當授予歐洲專利。

《日本專利法》（Japanese Patent Act）將發明定義為「利用自然法則之具有高度技術思想的創作」，這很獨特，是將德國思維套用在日本法律基礎上；而在中國，則遵循這些系統的基本概念，並根據 WTO 的《TRIPS》協定，要求具備新穎性（novelty）、創造性（inventiveness）及實用性（industrial application）。上述這些專利要件的概念，可以在全世界大多數國家的專利系統中找到。

專利保護之標的可以為「物」，以及「製程」或「方法」，故專利標的可為機器、化學組合物、包含化學和生物的不同類型之結構以及各種製程等，由專利製程界定的產物亦可受到保護。

然而，在過去的三十年中，專利作為一種財產形式一直就可專利的範疇在政治和道德上做爭論，並一直持續到今天。在《TRIPS》談判中，針對生命科學領域，西方國家與發展中國家互相論爭的議題範疇，從 DNA 序列是否可專利這種基本問題開始，或是菌種、植物到轉殖基因之動物的活體生物等可驅動經濟的醫藥專利等。

對於抽象概念、自然法則／自然定律、自然現象／天然產物，美國最高法院不允許其為專利適格標的，法院已使用特定的判斷方法，即請求項必須「顯著超過（significantly more）」前述不允許其為專利適格標的概念或法則，才能轉化為具適格性的專利標的。

在美國，可專利標的之範疇一般會先由法院判斷是否為「法院例外排除之標的（judicial exceptions）」，分類為專利法規中的可專利之製程、機器、製品或其組合；在歐盟，《歐洲專利公約》第 52 條中明文指出某些限制：「發現、科學理論和數學方法；美術創作；思想活動、遊戲和經營商業之計畫、規則與方法，和電腦程式；以及資訊之提供，均不具有可專利性，上述態樣僅在歐洲專利或歐洲專利申請時排除『該標的或活動本身』。」然而，雖明文狹義解釋為「標的本身」，倘若電腦程式可獲致進一步的「技術性效果」，則

原則上為可予專利之標的。目前至少有一位美國資深法官表示，在美國最高法院新案例中「實際上會對可專利性進行技術性效果判定」，故，各異的國際方法論某種程度上日後可能會趨於一致。

自然法則、基因和診斷測試

2012 年，美國最高法院在《Mayo Collaborative Services v Prometheus Laboratories Inc.》案中裁定，依據血液中藥物濃度與治療功效之間的相關性所進行的醫療檢查不具可專利性，主因為其為基於自然法則的抽象概念。2013 年，在《Myriad Genetics》（一家分子診斷公司）案中裁定，針對基因檢測中所含之分離和純化的人類 DNA，某個重要的乳腺癌風險基因（BRCA）不具可專利性，因其所描述之標的為自然產物。然而，最高法院認定測試中使用的某些 DNA 序列（cDNA）據稱是與天然存在的基因組 DNA 並不相同，具備專利標的適格性。

由於診斷出某些 BRCA 基因突變將大幅增加乳腺癌的風險，此診斷測試可挽救生命，並在醫學上取得的巨大進步，使得《Myriad 案》引起公眾極大的興趣，凸顯出是否需要以專利來鼓勵必要的創新，或者專利只是增加了最終用戶（在此情況下是指患者）的成本，亦或者會阻礙新研究。本案的裁決沒有足夠具體到能解決此根本議題，因為訴訟中並未質疑涉及診斷測試的眾多專利請求項，故 Myriad 繼續執行其專利。一直到 2014 年 12 月，根據其僅使用慣例步驟及

比對 DNA 序列的抽象概念，導致 Myriad 有更多診斷測試的專利請求項被主張無效。進一步言，在美國 DNA 診斷試劑的領域中，什麼是可專利的標的，還有哪些特定專利在多大程度上受保護，還有待觀察。再者，對於個性化醫療需求之診斷型態的投資者，以及希望獲得更好診斷的患者而言，這帶來了相當大的不確定性。

《Prometheus 案》和《Myriad 案》之後，在 2013 年的《Ariosa Diagnostics Inc. v Sequenom》案中，涉及一種針對唐氏症候群及相關疾病的產前檢測專利（美國專利第 6,258,540 號），初審法院宣告此專利無效。本發明最初於牛津大學完成，並授權給一間美國的生物技術公司「Sequenom」，其係關於一種提供孕婦血漿中的嬰兒 DNA[1]（其中包含源自父系的 DNA），以分析胎兒性狀的產前診斷過程。本發明具有巨大的進步，不須藉由具有風險和壓力且為侵入性的羊膜穿刺檢測，就能從母親身上取得嬰兒的血液樣本，該發明卻被認為無效，原因是其被認為是不可專利的自然現象，故涉嫌侵權的競爭對手得以自由銷售其檢測產品。這是一件對於醫療領域中專利重要性及專利法發展之於商業影響的著名案例，在法院判決後，尋求執行專利的「Sequenom」公司股價下跌了超過五分之一，其後本案提起上訴（後文會進一步討論此專利）。

此外，在美國，與複製羊桃莉相關的著名（或惡名昭

---

[1] 精確說應是 cffDNA，全名為「cell-free fetal DNA」，即孕婦血液流經胎盤時帶出的屬於胎兒之游離 DNA。

彰）訴訟中，法院裁定，本發明涉及一種與自然存在的綿羊具有完全相同基因的綿羊，不具專利標的適格性，除非其具備與任何在自然界中所發現生物相較之「顯著不同」（markedly different）特徵，才能算是具備專利標的適格性。美國最高法院的此一見解：「除非其具備與任何在自然界中所發現生物相較之顯著不同特徵，才具有專利標的適格性」，為其中關鍵。

《Myriad 案》中有一個有趣的層面，從某些方面來說，這些問題都是美國特有的。

這有兩個原因，第一：美國最高法院認為天然存在的化合物不應獲得專利的概念，不適用於其他國家的法律，例如，在隨後 Myriad 的澳大利亞案中，判決結果與此見解恰恰相反[2]；第二：醫療診斷方法專利並非全部都在政府經營的醫療體系下執行，在英國一份有關基因專利和診斷檢測的報告中發現，潛在侵權人或多或少無視此類專利，因為專利權人未對每一個侵權人都執行此類專利。

幹細胞

相較之下，在歐盟，關於人類胚胎幹細胞相關發明專利的許可範圍存在很多爭議，其中適用的《歐盟生物技術發明

---

[2] 作者此處指的是澳洲聯邦法院對此案做出與美國最高法院相反的判決（2014年9月），但本案仍上訴至澳洲高等法院，並於 2015 年 10 月做出判決（本書完成之後），最終判決與美國最高法院見解相似，認為單純從人類基因體分離出來的基因序列，不足以作為專利的申請標的。

指令》(EU Directive 98/44/EC) 第 6 條第 2 項第 c 款中，明定「為產業或商業目的之人類胚胎利用」等有違反公序良俗者，不具有可專利性。之後，在 2014 年 12 月，歐洲法院裁定，該禁制令僅適用於具有發展為人類的胚胎細胞。反之，美國並不存在類同的法律。

軟體

關於電腦軟體應受專利保護到何種程度，而非適用電腦程式的著作權保護，也引起了同樣激烈的爭論（請參見下文），美國、歐洲和其他國家已經得出了不同的答案，就訴訟雙方的角色來看，軟體產業中的許多（但不是全部）公司都認為，定義軟體專利範圍的困難點在於專利主張實體參與其中；就專利範圍本身來看，如果專利的範圍不明確，則原告可以依據此類專利的模糊性提起訴訟，要求對方付出鉅額的法律費用，使其範圍具有明確性，進一步進行和解（請參閱第十一章）。然而，眾人不約而同，強烈地認為軟體產業還是需要強大的軟體專利。

在《Alice Corp. v CLS Bank International》案中，爭點在於如何確認請求項是否僅包含一個抽象概念（系爭專利係關於降低結算交易時的違約風險），故不具有可專利性，抑或該請求項是否包含以電腦實施的方法。儘管當時美國最高法院並未明確說明，本案中如何判定請求項之內容涵蓋抽象概念的原則，但其認為，僅是藉由一般電腦實施 (generic computer implementation)，不能使該概念具有可專利性，也就是說，不

具創新的電腦實施方法不足以提供創新概念而使其具有可專利性。在《Alice Corp. v CLS Bank International》案之後，於許多專利侵權案件中，有許多此類專利（僅涵蓋藉由已知電腦技術的一般電腦實施專利）經訴訟被判決無效。從軟體和商業方法專利之價值和範圍的角度來看，此案受到密切關注，而銀行界也很重視此案，因為 CLS 在外匯市場中扮演著重要的中介角色，此案意味著美國法規針對此類專利的適格性審查向歐盟實務靠攏。

商業方法

關於商業方法和金融工具的可專利性也有類似的爭論。在美國，2010 年的《Bilski v Kappos》案中，系爭專利是一種在商品市場中規避對沖風險的方法，儘管商業方法能以「製程」專利的形式取得專利，但最高法院裁定系爭專利不具可專利性，因為其只是簡單的抽象概念，並非可專利性的製程。最高法院的進一步見解是：儘管抽象概念、自然法則或數學公式不具可專利性，但「將自然法則或數學公式應用於已知結構或製程可能是專利法的保護對象」。對於上述這類可專利之發明來說，此結論與日本實務相同；而在歐盟，主流觀點是，根據《歐洲專利公約》，純商業方法不具可專利性。

理論和實務

某些類型的發明可能無法通過專利，但專利代理人和專利律師專精於以試圖確保所述發明和請求項能符合法定要件

的方式撰寫專利，且美國專利及商標局（US Patent and Trademark Office，USPTO）會發布最新的專利適格性審查指南，其中就包含近期案例的裁決，如前述有關純化且天然存在之 DNA 序列的專利可能無法在美國取得專利，但根據 DNA 所製成的診斷產品可能仍具有可專利性等。但在這種情況下，能獲得的專利範圍可能會很狹窄，如此縮小專利範圍是否能為投資提供足夠動力，將需要數年的時間才能得出結論，不過，審查標準依國家而異，故不應僅根據單一國家法律，就認定一項發明是否能申請專利，除非，該專利內容會揭露一項營業秘密，恰好某個國家無法取得該專利保護，而需要該項營業秘密來保護商品銷售。充分考慮這些因素之後，倘若可以在美國、歐洲或主要的亞洲市場上取得有價值的專利，那就值得申請專利。

近期案件確實引發了有關已通過之專利能否還具有可專利性的議題，這些專利可能早就根據先前法律撰寫了請求項，並依靠這些專利開展業務，故這些變因可能會打亂企業原本的業務預期。

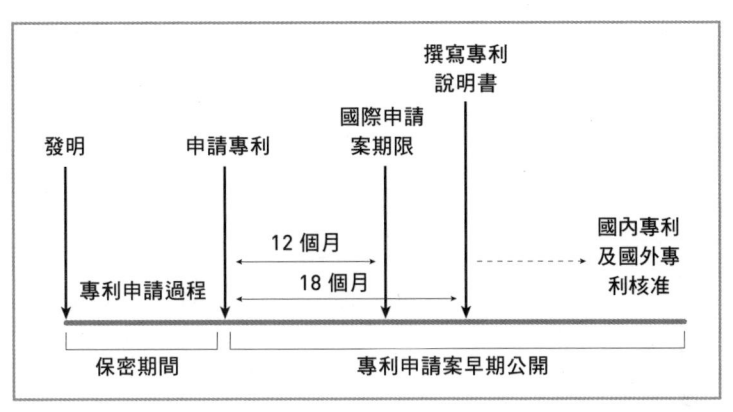

圖 2.1 ｜專利申請的簡要流程圖

```
發明        申請專利    國際申請    撰寫專利
                      案期限      說明書
 ↓            ↓          ↓          ↓
                                            國內專利
                     ←─ 12 個月 ─→         及國外專
         專利申請過程                        利核准
                     ←─── 18 個月 ───→
─────────────────────────────────────────
  ├─ 保密期間 ─┤├──── 專利申請案早期公開 ────┤
```

來源：作者

何時能夠取得專利？

　　許多國家（除了修法前的美國以外）對專利採用「絕對新穎性」（absolute novelty）原則，這是指專利在提出申請之前，該發明不能被公開揭露或販售。因此，如果考慮尋求國際專利保護，第一要務是在任何商業化或其他公開揭露前提出專利申請案。在學術界，有時可能只不過是張描述發明的會議海報，導致事前發表破壞了可專利性，這在學術界是一種常見的現象；再者，即便你有優先提出申請的第一順位，總之還是愈快提出申請愈好，以減少變數。美國在 2013 年根據《2011 年美國發明法》（America Invents Act，AIA）將原有的「先發明主義（first to invent）」制度改為「先申請主義（first to file）」

制度，發明人具有先前公開的一年優惠期。提出專利申請後，根據首次申請案的優先權（通常有一年期限），可提出國際申請案，專利申請流程的簡化版本如第 2.1 圖所示。

專利檢索

為了使專利有效，專利必須包含具有足夠之新穎性及非顯而易見性（在歐盟，稱為專利應包含「發明步驟」）的發明，一間公司計畫大量投資一個新產品線時應詢問：

- 如果產品上市，第三方能否主張專利侵權？
- 如果發明所實施的產品具有新穎性和非顯而易見性，公司能否獲得可在市場上保護此產品的專利？

這些問題的答案可以透過兩類專利檢索取得：「可實施性」（freedom to operate，又稱「自由實施」）檢索；以及「先前技術」或「可專利性」檢索。這些檢索會由熟悉專利檢索的人員來執行，他們將瀏覽專利專責機關的公開專利和專利資料庫，使用各種檢索方法來追蹤相關文件，包括專利專責機關將技術分類為特定類別的檢索方法，以這種方式進行各式徹底檢索。然而，愈來愈多的線上專利和出版物，讓人能在世界上任何地方，藉由網路遠端進行不同程度的徹底檢索，就能節省成本。網路還提供了搜尋先前技術的新方法，例如眾包的先前技術檢索服務（即，對該領域現有相關專利和其它出版物的檢索）。

此外,美國專利及商標局有一個整合網站(www.uspto.gov),具備許多工具來檢索已核准和申請中的專利;歐洲專利局(European Patent Office,EPO)網站(www.epo.org)上也有類似資源。專利檢索是一個複雜的領域,過程中必須篩選許多資訊。以第一章提及的[3]電源控制器為例,在 www.uspto.gov 進行簡易的關鍵字檢索,就能找到許多發明名稱為「電源控制器」的專利,其中一個為索尼公司擁有,發明名稱為「可攜式內容播放器的電源控制器和電源控制(Power Controller and Power Control for a Portable Contents Player)」。該專利可能與此有關,然而,實務上的檢索範圍往往不只限於檢索專利的發明名稱,精確來說,使用專利的發明名稱進行檢索時,通常無法有效標定其所包含的專利範圍。

比起可實施性檢索,先前技術或可專利性的檢索可使用許多方式更輕易地進行專利檢索,以此例中的電源控制器來說,本發明為一種可調節功率波動的插件式設備,可透過專利專責機關和網路先進行檢索,知悉本發明的構想或改良是否已獲得專利,以及先前設計以及先前技術與此新設備的相似程度。為了捍衛第三方專利侵權而進行可實施性檢索的難度較高,主因是侵權可能不是來自設備本身的基本概念,而是來自產品的單一功能,例如涵蓋使用 USB 連接作為電源供應器的專利。再者,專利範圍的解釋總是充滿開放性,所以它們的界限往往不夠明確。

---

[3] 即第一章第34頁「保護形式」段落中提及,與設計工程師共同研發飛機上的電源系統。

我們可以鎖定某些可能會提起侵權訴訟的競爭對手所擁有的專利，進行可實施性檢索，而不是好高騖遠地想做到全面性的地毯式檢索，先前技術檢索則可以鎖定已知活躍於該領域之企業的先前著作或產品。

檢索代表的意義是大幅提升成本，尤其是在美國，檢索會產生法律意義，一些專利申請人會認為，提出專利申請時，專利專責機關就會針對先前技術進行檢索，那麼為什麼要在提出專利申請前，花錢進行獨立的檢索呢？因為專利申請人往往擔心，提出專利申請時，美國專利及商標局會要求專利申請人必須概括地揭露任何已知的相關先前技術，這個揭露程度的界限著實難以拿捏。

然而，重要的不只是取得專利，而是要獲得強大的專利，這就是為什麼投資者應以批判性的眼光看待新創公司專利的原因。一個強大的專利是指：專利專責機關已比對並克服所有相關先前技術後，所取得的專利，故往後以專利有效性為由提出質疑的可能性較小（請參見下文）。此外，要留意檢索可能會揭示有關第三方專利和產品的商業實用資訊。

即使在開始檢索之前，我們仍然要考慮許多法律問題（請參閱第十六章）。

由誰撰寫專利文件

專利申請書是正式的技術文件，通常由專利代理人或專利律師撰寫，雖然美國和一些其他國家可以提出臨時申請案，而向專利專責機關提出許多非正式文件，這樣做可以避

免在時間緊迫的情況下失去專利權；例如，在貿易展覽會上公開一台新機器之前，科學家或工程師可以將相關初稿一併先提出申請。

❖ 技術說明

專利所稱的「專利說明書」（specification）[4]，須包括描述本發明之技術部分，以及當前的技術背景，因為法律要求要包含這些特定資訊，所以大部分專利說明書都是詳盡而冗長。

❖ 專利請求項

專利說明書文末會列出一系列的「請求項」。專利的此一部分規範賦予專利權人的權利範圍，請求項通常由許多簡短的段落所組成，這些段落必須定義出日後它人可能會侵害專利權人權利的產品或製程的技術特徵，意即，賦予本發明之專利範圍，以防它人複製。例如，前述《Ariosa Diagnostics Inc. v Sequenom》案中，系爭專利中有一項請求項如下：

一種對母體血液樣本進行產前診斷的方法，該方法包含：
- 取得血液樣本的非細胞部分；
- 從非細胞部分放大（amplifying）父系遺傳核酸；以及對

4　美國專利法稱為 specification，而歐洲專利法稱為 description。

放大後之核酸進行核酸分析，以檢測父系遺傳的胎兒核酸。

此一請求項的解釋討論如下。

在何處提出專利申請

發明人通常會在其所屬國家的專利專責機關，或透過歐洲專利局在歐盟提出申請，但這並非絕對要求。舉例而言，某些類型的發明在美國可能會受到更好的保護，同時也可能是該發明最重要的商業市場，就可以只在美國提出申請。再者，可以根據美國最高法院的近期案例，推敲是否能在美國之外取得範圍更大的專利，來決定是否要在美國提出申請。適用特殊申請要件的申請案請參照 PCT 實務（請參見下文）。請注意，取得之專利的強度及其價值依不同國家而異，因此在考慮取得專利時不要太偏執，但對於在主要市場上不會受到保護的發明類型，也應留意並決定是否要以營業秘密來保護（請參閱第六章）。

尋求國際性保護

關於在何處申請國際性的專利，通常取決於市場規模、自由貿易區、在該國的實際執行情況和成本。應注意，申請國際性的專利必須遵循嚴格的截止期限，舉例來說，許多國際性條約都有規範特定事項，例如只要在一定的截止期限之前，就可以將一個國家的最早申請日期作為另一個國家的

「優先權日」(priority date)。取得較早的申請日期(優先權日)的好處非常重要,因為較早的申請日期可能會阻絕第三方的權利並限制先前技術。

專利申請案可以根據原始優先權(或第一次申請的優先權)在多個國家提出申請,而根據 PCT,它們可以同時在大多數國家中提出[5]。一般來說申請人之原專利專責機關會作為該申請案的受理機關,並對先前技術進行初步檢索。接著,專利申請案可以在申請人指定的所有國家提出申請。巴西、俄羅斯、印度和中國都是 PCT 成員國。(可以在 WIPO 網站上找到 PCT 成員國的分布,網址為 www.wipo.int)。

實用新型和小專利

「實用新型」(utility models)和「小專利」(petty patents)是某些國家可申請的專利形態名稱,它們可保護某些類型的發明(一般是關於機械設備的專利,而非製程專利),但無需經過專利專責機關的全面審查,並且能在有限的期限內快速且低成本地取得專利,例如德國的 Gebrauchsmuster[6]。實用新型在中國十分重要,因為這個類型的專利已成功施行多年,而且是中國人自身經常使用的一種具成本效益的保護方法。

5　台灣並非 PCT 成員國,作者在此處並無著墨,但注意台灣申請人無法依作者所述提出申請。一般來說,台灣申請人可向中國國家知識產權局提出申請,再以中國案為母案提出 PCT;大部份企業是以外國分公司或子公司作為申請人,在其他國家(例如美國)申請該國專利,再以該案作為母案提出 PCT。

6　實用新型的德文名稱。

❖ 審查程序──請求項範圍

取得專利實際上是一個討價還價的過程，在這個過程中，最後賦予專利權人的權利範圍，通常會因為專利權人想讓專利核准，而在審查程序中縮小專利的權利範圍。在大多數國家中，要審查專利以確定在當前的技術現況（或先前技術）下，本發明是否具有足夠的可專利性，使得其同時具備新穎性（也就是以前沒有人做出的發明）和顯而易見性。如果是發明所屬技術領域中具有通常知識者可做出的常規改良，致使其具有顯而易見性，則其無法取得專利。2014年的一項研究顯示，約有30%的專利申請案會被美國專利及商標局拒絕[1]。

專利專責機關的審查委員會對公開專利進行檢索，接著審查委員會提出相關的引證案，而申請人必須盡力地將其發明與審查委員提出的相關引證案「撇清彼此的相關性」，經歷專利審查委員和申請人之間的來回談判，最終審定請求項的內容。這些請求項會根據先前技術而撰寫成範圍較狹窄（使其僅限於具體產品）或較廣泛（涵蓋某些類型的所有產品）。廣泛的請求項中，字數通常較少，描述意味較廣，帶有較少量的分段或小節，這被稱為「限制」。

一個請求項是否具有許多限制（限制多代表字數較多），對於專利權人所取得的權利相當重要。這是因為第三方必須廣泛地擁有一種產品或製程，其中包含每一個限制中特定的所有技術特徵，才能算是專利侵權（即專利法規所禁止的行為）。

❖ 專利維持費用

取得專利後就要支付費用，往後還要支付年費或其他定期費用，讓專利保持有效（請參閱第九章）。

專利所賦予的權利

地域性權利和國家權利

以歐盟的專利為例，一般來說，專利會分別存在於其提出申請的國家以及其取得專利的國家，但新制度「歐洲單一專利」（European Unitary patent），將橫跨歐盟成員國中的二十五個[7]（重點是，不包括義大利和西班牙）[8]，創建出空前的專利權單一制度市場，有些人們對此感到恐懼。

申請人可選擇要在哪一個國家取得專利，在單一國家中取得的專利就只能享有在該國家中的權利，但如果是向歐洲專利局提出申請並取得專利，則可以在申請人指定的每個歐盟成員國中享有專利權。在 2012 年 12 月，經過數十年的討論，達成了前述的歐洲單一專利協議，該協議將創建出一種泛歐形態的專利制度，獲得了大多數歐盟成員國的支持。當此制度最初簽署國包含十三個歐盟成員國，其中重點包含法國、德國和英國，在此之前的歐盟系統是採用在所在國家申

---

[7] 作者未提及波蘭和克羅埃西亞：波蘭最初對此有所疑慮，但最終在原則上贊成參與歐洲單一專利；而歐洲單一專利草案簽署後才加入歐盟的克羅埃西亞，原則上也贊成加入。

[8] 最初義大利和西班牙遭受其國內壓力，以及爭論為何官方語言中沒有義大利文和西班牙文，但義大利後來改變意願，於 2015 年 9 月簽署協議（完成此書後）。

請並核准,再選擇指定國家的保護形式,但此一新跨國形式的專利權,將變更為:在所在單一國家申請並核准,即創建出橫跨幾乎全歐盟成員國的空前的專利保護。這引起了人們的擔憂,因為歐盟可能會成為專利主張實體興訟的場所,專利主張實體可能會在歐盟尋求對其有利的司法管轄區域,藉以獲取涵蓋歐盟大部分地區的判決效力,所以已經有許多關於新法院禁制令的標準討論,其中包括只對較大產品之特徵的專利侵權禁制令。

專利權保護期間

一般來說,在相關專利專責機關核准專利後(即正式核准專利),才能執行專利權並阻止他人使用專利。此後,只要支付專利維持費用(請參見上文),就能維持一定期間內專利權的有效性,通常最長為專利申請之日起計二十年。

許多國家都有臨時申請案的制度,日後一旦專利核准,就可以針對專利公開後至正式公告前這段時間內要求侵權賠償。這些權利是有限的,在漫長的取得專利過程中,「侵權」可能是一個重大的商業問題,所以在決定專利保護的價值時就應該考慮到這一點。

在美國,製藥專利的有效期間可以進行調整,以補償因遲延取得專利權所造成的損失;在歐盟,則可以透過「歐洲專利權延長制度」(supplementary protection certificates,又稱為補充保護證書制度),來延長涉及特定管制產品的專利權。

法定權利的範圍

專利賦予專利權人的基本權利為禁止他人製造、銷售或使用發明；相關國家的專利法規中，規範了授予專利權人的具體權利，藉以排除其它人使用。《美國專利法》第 271 條第 a 款（35 USC 271（a））中規定：

除本法另有規定，任何人未經授權，在專利權期限內，在美國境內製造、使用、提供販賣或販賣任何受專利保護之發明，或進口任何受專利保護之發明到美國境內，乃侵害該專利。

除了地域和專利權期限的規定外，美國法規還涵蓋了其他形式的侵權，包括例如侵害、提供受專利保護之發明的非主要成分，以及進口任何依據製程專利所製造的商品到美國境內。

英國針對專利侵權的相應法律規定為《1977 年英國專利法》第 60 條（Patents Act, 1977, c. 37, §60），其中規定：

任何人未經專利權人之授權，於專利權期限內，在英國從事與該發明相關之下列事項……即，製造、銷售、要約銷售、使用或進口該發明之產品，或無論是否為銷售而持有該產品，乃侵害該專利。

如何算是專利受到侵害？

如上所述,是指:必須在被指控的侵權產品或製程中,找到專利的每個技術特徵,專利的請求項範圍(解釋)可能因其商業重要性而引起激烈爭論,範圍愈廣,專利就愈有價值。

❖ 直接侵權

專利侵權的形態取決於專利範圍,第三方產品或製程通常必須侵害經正確解釋專利請求項的每個特徵,始為專利侵權。例如前述討論的《Ariosa Diagnostics Inc. v Sequenom》案中,有一項請求項如下:

一種對母體血液樣本進行產前診斷的方法,該方法包含:
- 取得血液樣本的非細胞部分;
- 從非細胞部分放大父系遺傳核酸;以及
- 對放大後之核酸進行核酸分析,以檢測父系遺傳的胎兒核酸。

根據一般原則,除非一種產前診斷會執行該方法的所有描述步驟,否則該產前診斷並無專利侵權問題。這其中有兩個問題:

首先,該如何解釋請求項中的文義?每個步驟需要些什麼?在《Ariosa Diagnostics Inc. v Sequenom》案中,地方法院

將「放大」解釋為「相對於樣本中的其他 DNA，增加父系遺傳核酸的濃度」。然而，聯邦巡迴上訴法院不同意，意見如下：

> ……相反地，該請求項文字上雖包含「放大」父系遺傳核酸，但未提及對其他核酸數量的影響……該請求項並未說明是「選擇性」或「僅」放大父系遺傳核酸。

聯邦巡迴上訴法院根據系爭專利的專利說明書內容支持此一論點，並指出地方法院的解釋不正確，因為不需要「放大」即可改變父系或母系遺傳核酸的比例，聯邦巡迴上訴法院同時檢視系爭專利的申請歷程記錄，得出相同結論。這是一個良好的例證，說明訴訟中會檢視最初的系爭專利說明書並解釋請求項，再審酌系爭專利說明書中的發明敘述，進一步討論問題和爭點，並且（至少在美國）要留意美國專利及商標局的申請歷程記錄。

其次，如果涉嫌侵權的設備或方法與經正確解釋的請求項不完全符合，會發生什麼事呢？例如，如果沒有提及核酸「放大」，或者涉嫌侵權人使用其他方法時，那該怎麼辦？專利解釋是多數訴訟中主要進行的內容，問題是，一個產品需要與受保護的發明達到何種相似程度，才能視為是侵犯專利權人的權利。在美國，字義上之技術內容完全相符的侵權稱為文義侵害（Literal Infringement）；如字義上之技術內容不完全

相符，則會進一步根據均等論（Doctrine of Equivalent），判定是否存在侵權。廣義來說，若涉嫌侵權之產品係以實質上相同之方法，執行實質上相同之功能，而達到實質上相同之結果時，亦構成侵害專利。歐盟法律則有些不同，不僅僅限於保護請求項的字面意義，還包括如何解釋請求項範圍的問題。

關於侵權，均等論是一個帶有爭議的問題，其令公眾對於第三方專利權之明確性及通知，對抗專利權人之合法期待：即潛在侵權人不會依照已取得專利的發明進行不重要的變更，進而透過這些微小變更規避侵權。如2014年英國的一個判例所述：

> 法律表示，撰寫專利請求項是一項困難且不精確的技藝，實際解釋專利範圍時，不得僅拘泥於字面意義，但亦不得使專利保護範圍過廣，以顧及第三人適度之確定性，這是為了「提供專利權人合理之保護」。法律亦表明，在決定採取商業行為時，第三方有權依據請求項主張對價平衡，這並非規避專利請求項之侵權行為。故，亦必須提供「對第三方具有合理程度的法律確定性」。當然，問題在於，對一人之合理保護是對另一人之法律不確定性。

除了這些哲學上的爭論之外，確定專利範圍的背後存在一個實際的商業問題：專利權人可以主張侵權的範圍愈廣，這個專利就愈有價值。

❖ 間接侵權

致使客戶或他人侵權的公司也可能需要對間接侵權負責，不僅直接侵權人應承擔責任，造成或誘發侵害的第三方也應承擔責任。在美國和歐盟的法規中，間接侵權採用不同的法律標準。

專利侵權救濟

回顧過去幾年中的專利相關案例，至少在科技領域中，可以找到許多有關「專利流氓」和「手機專利戰」的文章，以及討論專利和專利訴訟是否面臨失控的論述。訴訟以及反托拉斯和競爭主管機構的介入，意味著時至今日，在某些國家中，專利權人的性質以及該專利權人或前專利權人做出的授權承諾，會影響專利權人可在訴訟中獲得的救濟。在處理救濟之前，一般來說需要將專利權人區分成兩種類型：不經營業務，純粹是為了收益而收購和主張專利的「專利流氓」（通稱）；以及發展成為產業標準的技術，使全新類別的產品能夠進入市場，並且獲得包含這些產業標準之專利的公司。

專利流氓與美國專利改革

如第一章所述，專利流氓這種現象目前仍主要侷限於美國，但在德國和其他國家中，專利流氓有逐漸增加的情況，投資者收購專利，可能純粹用來主張侵權，進一步進行和解（與大多數專利案一樣），或者有時會向法院提起訴訟，主

張侵權賠償，以賺取收益。這種專門執行專利權的收購專利現象，似乎是近年來專利市場成長的原因，也是結果。

在 2001 年網際網路泡沫化之後，特別是在電子商務領域中，因許多企業倒閉，其持有專利變成被交易出售或進入公有領域，演變到如今，企業在破產時都會順帶拍賣專利。此外，自 2000 年初以來，企業一直試圖分拆不想要的專利，藉以換取現金，還有拍賣及專利經紀人進行大量的專利交易（專利市場將在第十五章中討論），這普遍被認為是個走在時代尖端的現象；然而，真實與一般看法相左，其實這並非是個全新的發展，因為根據經濟史學家的研究，早在十九世紀，專利市場就十分活躍，市場上盛行此類活動。

巴拉克・歐巴馬總統在 2013 年 6 月的報告《專利主張及美國創新》(Patent assertion and US Innovation) 中暗指了這種「不太新」的現象，該報告引用 1878 年艾薩克克里斯提西 (Isaac Christiancy) 參議員的語錄（記載於國會記錄《45 CONG.REC.3079 (1878)》中，而印第安納大學麥肯尼法學院 (Indiana University's Robert H. McKinney School of Law) 馬格里歐卡 (Gerard Magliocca) 教授的文章中反過來引用了前述文字[2]：

在許多處於沉睡狀態的專利中，會發現一些包含某些全新原理的發明……但發明人未能在自己的發明中使用這些新原理。另外還有一些發明人才華橫溢，卻不知道自己發現了這樣的原理……使其具有重大的實用價值……在此同時，法律界的專利鯊魚 (Patent Sharks)，經常留意到這種情況，而去找到首位專利權人，讓該專利權人以低價轉讓這些對該專利

權人無用的專利,並據此轉頭立即對此一有價值之專利的專利發明人進行勒索。

但如今,收購專利以執行此類專利的公司不再稱之為「鯊魚」,而是稱為「流氓」、「非專利實施實體」,以及近期被美國聯邦貿易委員會(Federal Trade commission,FTC)提及的「專利主張實體」。在 2011 年美國聯邦貿易委員會編纂的報告《成長中的智慧財產市場:專利聲明和救濟與競爭的協調》(*The Evolving IP Marketplace: Aligning Patent Notice and Remedies with competition*)中清楚地表示,專利主張實體在美國是一個政治問題,上文提到的 2013 年白宮報告是指美國政府問責署(US Government Accountability Office)在 2013 年的智慧財產報告,這一系列行動中的重點在於,歐巴馬總統在第一章中引用的評論後,即展開全面行動,以協助被專利主張實體提起訴訟的美國公司們。

對於科技公司而言,來自專利主張實體的威脅,是一項重大的花費負擔,某些專利主張實體會以低價收購古老、不明確且低品質的專利來提起訴訟。某些人會將其真實身分隱藏於專利主張實體的空殼公司背後,在沒有合理依據的情況下,針對眾多不了解其專利範圍的被告,鎖定指稱其侵害專利的技術,且通常是小型和不熟悉此生態的公司,對其提起訴訟或進行侵權威脅的指控。有些專利主張實體並不採用積極追求侵權的主張,而是藉由美國訴訟的低落效率、不確定性和費用中從中獲利,迫使對方和解。最後要留意,專利主張實體提出的主張是單方面的,與競爭對手的主張型態不

同,故無法提出專利侵權的反訴,且大多數專利主張實體都是空殼公司,其在提起訴訟時,營運或聲譽方面幾乎不會受到影響。

在過去的十年中,專利主張實體的行為無疑給科技和軟體公司帶來了愈來愈重的成本負擔,而這些公司也一直在為自己發聲並表達自身觀點。儘管《2011年美國發明法》(America Invents Act, 2011) 提供了質疑專利有效性的新方法,並限制了某些專利主張實體的策略,如無法在一起訴訟中起訴許多無關的被告,且持續聲稱會採取進一步行動等。

許多立法舉措是鎖定一些特定議題,例如提起專利侵權指控所需的詳細程度,或者,要求當事人揭示其主張中具有經濟利益的各方(以避免有效利用空殼公司進行訴訟)等。其他舉措導致一種現象:相較於起訴網路路由器等設備的零售級客戶,會比起訴製造商更加困難,因為製造商才是有利益關係的真實當事人;此外,還有降低專利訴訟中被告的費用,以及規定勝訴方可收取費用等。人們擔憂,由於專利主張實體所採取的行動,有機會削弱專利權,因而可能會降低創新的動力。另外還有人認為,蓬勃發展的專利市場應有助於創新者獲得創新的回報。

然而,即使沒有立法,法院的態度也已經發生了變化,可以說導致了專利救濟措施的削弱。近年來美國法院的裁決中,針對專利主張實體,減少發出禁制令的頻率,意即降低被告無法銷售被指控侵權產品的情況,也更難獲取較高的損害賠償金額,並且,倘若此訴訟結果被認為是專利主張實體

的不當行為,被告能夠更容易地向原告(專利主張實體)收取費用。這某種程度可以說是,藉由已發生的事實去降低未來立法需求,連帶地減輕美國專利訴訟中被告的負擔。

標準必要專利(Standard essential Patent,SEP)

參與制定產業標準之國際組織的義務,是以公平、合理和無歧視(Fair, Reasonable and Non-discriminatory,FRAND)之原則收取合理數額的專利授權金供組織成員(競爭對手)有償使用,並且受反托拉斯法和競爭法之審查。

某些產業設有國際標準組織,產業成員可以選擇參與制定技術標準,這些組織通常會採行一定規則,要求制定標準過程的參與者宣告其遵循符合標準的專利(必要專利或標準必要專利),並以 FRAND 原則(或某些情況下是以合理和無歧視之原則)提供這些專利授權。例如,電信等產業就依靠產業參與者已達成共識的技術標準,讓手機等設備可以跨品牌共通操作。

因此,在能夠以專利權人影響所及之標準來銷售產品的策略優勢下,使用該標準所需之專利而收取的專利權利金,以及合理條款的授權義務之間,存在著一種交換條件。因此,參與國際標準組織的所有人可能會做出下述這種決定:在某些範圍內專屬之專利將不起作用,並藉由參與更大的標準化市場,共同使產業的收益最大化。當然,就特定公司擁有該標準使用所需之專利,以及不屬於該標準的消費者其他系爭專利,而能否一併授權這些專利一事,則需專利權人決定。

值得注意的是,直到最近,在 FRAND 授權之標準必要專利產品組合中,究竟如何計算權利金的方式?是否可根據此類專利獲得針對未授權之侵權人的禁制令,而非尋求賠償和權利金,以及合約與反托拉斯法和競爭法在多大程度上控制了談判過程,權利金金額以及可計算權利金的依據等,幾乎沒有或尚無法律先例。在 2011 年左右開始的手機專利戰中,針對 FRAND 授權專利的訴訟十分氾濫(請參閱第十一章),在新進入者破壞了現有市場參與者並逐漸成長之習慣作法的背景下,這在某種程度上來說絲毫不足為奇。而在幾年後,判例法與反托拉斯和競爭主管機構的行動才開始變得清晰明確。

即使沒有法律先例,標準授權和 FRAND 授權制度本身就很複雜,市場新進入者不得不與許多專利權人進行談判,除非該專利權人參與制定標準的組織,否則法律上也沒有強制要求與標準相關的專利權人應同意授權這些專利給市場新進入者。因此,某些專利權人會等待標準制定流程完備,然後再主張或運用其專利。然而,現今根據許多法院判例,我們心中已有個底,只有在有限情況下才能獲得防止標準必要專利被侵權的禁制令,至於標準必要專利和非標準必要專利之間的區別,將在下面討論。

美國的損害賠償

美國適用的專利法規中有規範專利侵權救濟,在美國,法規規定以民事訴訟提出損害賠償,並可進一步針對侵權發

出禁制令。「應有對侵害所受損害之充足賠償，但在任何情況下均不得少於侵權人對發明的合理權利金」。但必須注意的是，在美國，原告可以選擇由陪審團裁定損害賠償，這意味著損害賠償金可能非常高昂，例如，2014年，卡內基梅隆大學（Carnegie Mellon University）被判決要向晶片製造商邁威爾科技（Marvell）賠償15億美元以上的金額。

美國訴訟中專利損害賠償金額的計算方式一直存在高度爭議，因為科技公司間強烈認為，損害賠償金額演變成如今的天價，才導致了專利主張實體的興起。廣義上來講，在美國專利訴訟中，除非在原告可以證明侵權被告實際進行銷售的前提下滿足了嚴格要求，否則損害賠償金額是參照「合理權利金」來計算的，各方會在假設性協商（hypothetical negotiation）中就侵權日期達成協議。而該權利金是根據侵權銷售之金額來計算一次性的總賠償金額，評估權利金時通常會考慮所謂的「Georgia-Pacific factor[9]因素」，具體如下：

- 就專利訴訟中討論的授權，專利權人事實上有無授權，是否能提出有關權利金存在之證明。
- 被授權人已支付之其他可類比系爭專利的權利金比例。
- 授權的性質或範圍，例如專屬授權亦或非專屬授權、製成品授權區域亦或非製成品授權區域之範圍等。

---

9 這是一個美國經典案例《Georgia-Pacific Corp. v. U.S. Plywood Corp.》案，凡涉及合理權利金之計算，承辦法官習慣引用此案中的「Georgia-Pacific factors」15項考量因素。

- 專利權人建立之市場政策和行銷計畫,藉由不授權予他人使用發明並獨占專利,或在特殊條件下才能授權予他人使用發明,以保留該技術獨占之地位。
- 專利權人與被授權人之間的商業關係為合作或競爭,例如其是否為同一領域內同一業務領域的競爭對手;或其為發明人還是研發人員。
- 專利對被授權人之其他產品銷售上的貢獻,對專利權人相關非專利商品銷售上之幫助;以及此類衍生或委託銷售的範圍。
- 專利所餘之有效期間和授權期限。
- 專利產品所創造之獲利、商業成功性和銷售狀況。
- 專利技術對於原產品或原設備(如果有)所增進之功效或市場優勢。
- 已取得專利的發明之性質、專利權人擁有和生產的商業實施形式之特徵,以及對使用本發明的人們有何好處。
- 侵權人對於本發明技術利用的程度,以及其使用價值的任何證據。
- 在特定或近似商業經營中,使用該發明或類似發明在產品利潤或售價上,通常占有之比重。
- 侵權人在其他方面對侵權商品價值所為之貢獻,例如來自於非專利元件、製造過程、商業風險、或侵權人所增加之重要特徵元件或所改進的部分。
- 專家證人的意見。
- 專利權人與被授權人(例如侵權人)在合理且自願的

情況下對於該授權可能達成之合理價位;也就是說,謹慎之被授權人(作為商業提議,希望獲得製造和銷售實施專利發明的特定物品之授權)的金額本來願意作為權利金支付,但仍能夠有合理利潤,且願意授予謹慎之被授權人可以接受的金額。

這些因素聽起來合情合理,但科技產業(並非依賴於一項或少量專利的生物科技和製藥產業)的困難點在於,這些因素對實際經濟學幾乎沒有引導作用,且不當訴訟所能獲得的賠償金額超過了專利本身的經濟價值,其中可能是因為很少人考慮到,現代一個簡單的電子設備身上就涉及了數百項專利。

2011年通過的《2011年美國發明法》並未涉及損害賠償的問題,但是法院的回應是要求更高的證據標準來支持損害賠償的裁決,這意味著必須有權利金基礎和請求權利金之金額的證據,以及權利金應根據分攤給專利技術特徵的實際利潤來分配,特別是在專利僅涵蓋很小的組成部分或些微改進的情況下。如果專利權人曾經重覆授權專利,這就能作為適當之權利金的充分證據——即所謂的「既有權利金」(established royalty),此外,真實可比較之授權的權利金證據也很有幫助;若是缺乏此類證據,權利金則會根據雙方聘請的專家進行經濟和會計分析所得出,由法官或陪審團決定。

在某些情況中,美國針對故意侵害專利權的損害賠償最高可增加三倍。(由於法律會影響調查中第三方專利的策

略,此部分我們會在第十六章中討論。)為了確立是否故意侵害專利權,專利權人必須表明,儘管客觀上很有可能侵權人的行為構成對專利的侵權,並且已知曉或應知曉此風險,但侵權人仍進行此行為。

如果沒有授予禁制令,法院也可以判給專利權人連續權利金。

FRAND 補償之計算

FRAND 補償旨在公平地補償專利權人對產業標準的貢獻,進而鼓勵創新。但反過來看,製造商在技術上會被鎖定於標準中,以便銷售特定類型的產品,因此理論上可能需要支付不公平的高額權利金,這稱作「箝制」(holdup)。還有一種風險是,由於標準可能包含成千上萬的專利,製造商可能不得不向許多專利權人支付權利金,這些權利金加總後,這種情況稱作「權利金堆疊」(royalty stacking),進而可能導致製造商無法實現獲利。一直到 2014 年下半年,美國的對應之上訴法院終於解決了如何計算 FRAND 權利金的問題。

相較於地方法院的方法,上訴法院採取了中間路線,該方法允許陪審團有很大的自由度確定 FRAND 權利金,並且建立了所有 FRAND 案件都應考慮在內的因素規則清單,包括專利箝制和權利金堆疊。其中法院裁定,損害賠償金額的最初決定因素是專利權人所訂立的 FRAND 義務的實際措辭(這些義務的措辭因標準而異)。除此之外,專利技術的權利金分攤必須依照發明的具體增值,而非整個標準的價值。

「就像我們針對只占設備中的一小部分來分攤專利損害賠償一樣,我們也必須為只占標準中的一小部分來分攤標準必要專利的損害賠償。」該價值亦必須去除因其包含在標準中所獲得之任何增值。「我們不過是認為,標準必要專利的權利金應反映對該技術貢獻的近似價值,而不是因標準化才被廣泛採用的價值。」

法院亦裁定,只有在具有確實證據以證明案件中有這些問題,才可以引入專利箝制和權利金堆疊來進一步減少權利金。然而,似乎還需要針對由多個專利技術特徵構成標準的情況,進行分析考慮,並且要求在不考慮標準化影響下對專利之技術特徵進行鑑價。

考慮到手機產業涉及的巨大金額,FRAND 權利金計算之確切範圍仍在訴訟中持續進行,例如可參考易利信(Ericsson)授予蘋果公司的授權到期後,2015 年時蘋果公司與易利信之間的訴訟。

歐盟的損害賠償

在歐盟,損害賠償的計算方式可以包括被告獲利的核算,這與美國的作法不同,但設計權除外。關於歐盟智慧財產的《智慧財產權保護指令 2004/48/EC》(*EU Directive 98/44/EC*) 規範了救濟一般規則,並提供其他計算損害賠償的方式。這是一種與美國一般方法類似的方法,其規範了依照專利使用的一次性賠償計算,另外,還可能要求賠償獲利損失和其他損失,其中包括「精神上」(moral prejudice)的損害賠償,

這是一種非經濟損失的態樣，從美國的角度來看，這很不常見。再者，還可能負擔訴訟費用及沒入侵權產品，例如，《1977年英國專利法》第61條（增補法規以確保該方法與歐盟法規一致）中規定：

損害賠償可主張⋯
(a) 發出禁制令或禁令，限制被告或辯護人免受任何被逮捕的侵權行為；
(b) 發出命令，要求對方交付或銷毀該被侵權專利相關的任何專利產品或與該產品有關的任何物品；
(c) 有關侵權的損害賠償；
(d) 記述對方從侵權行為中所獲得的利潤；
(e) 聲明專利是有效的且已被對方侵害。

效益性侵權損害或僅風險性侵權損害

有一個策略問題是：法院裁決的權利金是否與商業談判中達成的權利金實質上相同，從而在本質上使得專利侵權成為一種低風險行為，且實際上是一種尋求授權的合理選擇，換取侵權人可能永遠不會再被起訴的安全狀態，這稱為「效益性侵權」（efficient infringement）。在大多數司法管轄區域中，這並非通常結果；相反地，專利侵權是有風險的，因為法院裁決的賠償金額可能高於按公平原則得出的權利金──原因之一是，在做出裁決時，尚無針對侵權或有效性進行辯論。

實際上，在美國，故意侵害專利權的行為可能導致更高的賠償金額。最重要的是，還有可能發出禁制令，防止侵權行為繼續（請參見下文），其中禁制令實際上可以關閉目標產品的業務。

專利標示

一般而言，無罪並非等同沒有專利侵權，某些國家會根據對專利的了解或專利權人的產品是否有標示，來限制侵權賠償，正如《美國專利法》第287條（35 USC 287）中規定，倘若未在專利產品上標示對應之專利號，當被告不知悉專利時，則可能無法追溯損害賠償金：

> 倘若未在專利產品上標示，則專利權人不得追討因任何侵權行為而產生之損害賠償，除非證明侵權人已受通知而知悉侵權但仍持續侵權行為，在此情況下，損害賠償僅限通知侵權後但仍持續侵權行為的範圍。另，提起侵權訴訟即構成該通知。

同樣地，在《1977年英國專利法》第62條第一項中有規定：

> 在專利侵權訴訟程序中，如該被告或辯護人證明在侵權之日未知悉且無合理理由假設該專利已存在，不得判給被告或辯護人損害賠償金，亦不得對被告

就獲利做出命令；再者，不應僅出於專利應用產品具有「專利」或「已取得專利」等字詞，或者明示或暗示該產品已取得專利的任何一個或多個字詞，進而假定某人已知悉或具有合理理由而知悉，除非該專利號附隨一個或多個前述字詞。

在專利標示上必須格外小心，因為對專利或審查中之專利申請案的虛假主張亦有罰則，因為您做了可能會觸法，反之如果不做也會觸法（另一條法律）。舉例如下，《1977年英國專利法》第110條第1項中規定：

倘若一人錯誤地表示其銷售之任何有價物品為專利產品，則在符合本條下述規定之前提下，一經簡易判決定罪，可處以不超過標準量表三級之罰款。

禁制令

禁制令是侵權人的最大風險，因為禁制令會對公司開展業務的能力造成影響，近年的案例使得美國很難再發出專利禁制令，但是此風險仍舊存在，例如當專利權人的競爭對手採取行動時，以及某些歐洲國家中較容易批准禁制令。

禁制令可以為初步禁制令（指審判庭前發出禁制令），或者為永久禁制令（指審判庭後發出禁制令），考慮到禁制令的影響層面，法院將在何種情況下發出禁制令一直備受爭議，且多年來歷經了大幅變化。

美國一直到 2006 年，才演變為將永久禁制令作為專利侵權的一般救濟措施，使得專利成為有力的競爭武器，並在適當情況下成為寶貴資產。但是，在《eBay v MercExchange》案中，最高法院裁定：

[禁制令之檢測] 要求原告證明：（1）其已遭受無法回復的傷害；（2）法律上可用之救濟措施（即損害賠償）不足以補償該損害；（3）權衡原告與被告之間的損害程度（balance of hardships），衡平救濟是正當的；以及（4）永久禁制令是否損害公共利益。

在美國，初步禁制令是「只有在明確表示原告有權獲得此種救濟後才能獲得之特殊救濟」。尋求初步禁制令的原告必須確立：就相關爭點勝訴之可能性；若無初步禁制令，原告可能受到無法回復的損害；權衡兩造利害後，傾向原告一方；以及初步禁制令符合公共利益。為了證明在專利侵權案件中就相關爭點勝訴之可能性，原告必須確立既能證明被告侵害專利，亦能承受被告對該些專利的有效性和可執行性之挑戰。而根據英國法律，儘管法律之檢測措詞不同，但方法大致相似。

相比之下，在歐洲大陸上，禁制令通常是專利訴訟中尋求的主要救濟措施，歐洲法院若準備准予初步禁制令和永久性禁制令，代表會導致一場跨國訴訟，例如特地到德國提起

訴訟，就是為了儘早獲得禁制令救濟。

在美國，如果競爭對手之間互相對立時，則禁制令更容易獲得批准。例如，2014 年 3 月，黑莓公司（BlackBerry）在針對與 iPhone 結合使用的加利福尼亞州（California）鍵盤製造商 Typo Products 的設計專利和發明專利下，獲得了加利福尼亞州的初步禁制令。但是，自從最高法院在《eBay v MercExchange》案中做出裁決以來，非專利實施實體之類以投資為目的而收購專利的公司，在美國要獲得禁制令變得愈來愈困難，主因人們認為，此類金融參與者專門藉由損害賠償來獲利。

在涉及技術領域競爭對手的案件中，如果專利不能涵蓋全部產品，美國法院在評估帶有侵權技術特徵的競爭產品是否可能引起無法回復的傷害，藉以支持授予禁制令時，就會考慮在消費者對原告產品需求上，此侵權行為所帶來的影響為何。這已成為手機專利戰中的一個關鍵議題，其中侵權的技術特徵只是如手機等個人設備上的眾多技術特徵中之一。在《APPLE（蘋果公司） v Samsung Electronics Co Ltd（三星電子）》一案中，美國上訴法院指出：

蘋果公司必須在獲得專利之技術特徵以及對三星產品需求之間顯示某種連結，可能有多種方法可以顯示此要求，例如，舉證表明該專利之技術特徵是導致消費者做出購買決定的幾種功能之一；也可以舉證表明包含該專利之技術特徵使產品更加理想；反

之，也可以舉證表明缺少該專利技術特徵會大大降低產品的吸引力。

英國的分析則有所不同，其重點著重在禁制令的影響。實際上，英國法官里查・阿諾德（Richard Arnold）在2013年底的《HTC Corporation（宏達電）v Nokia Corporation（諾基亞）》案中表示：

目前為止，關於禁制令的未來影響，就事實而言我看不出禁制令僅僅涉及系統產品中的一個小零件是很重要的。

考慮到歐盟執行指令的原則，他授予諾基亞禁制令，理由是HTC侵害了一款手機的一項技術特徵，而該技術特徵對應許多專利，對於里查・阿諾德法官來說，由於存在無侵權替代品，故禁制令的影響不會「不成比例」；相反地，如果影響不成比例，則不應授予禁制令。

授予永久禁制令並非不成比例，它不會將HTC「綁住手腳，以便受到諾基亞提出的任何勒索性要求」，因為HTC已經有一些無侵權替代品可供使用，如果HTC在諾基亞初次提起訴訟時就及時採取行動，可能就會有更多無侵權替代品可供使用，且無論如何將在明顯短於專利剩餘期限的期間內，供給市場更多無侵權替代品。

❖ 美國處理標準必要專利的方法

標準必要專利權人受到反托拉斯法和競爭法的約束,除非被告拒絕參與和專利權人的談判,否則這些限制使其很難根據 FRAND 專利取得禁制令。

在蘋果與摩托羅拉行動（Motorola Mobility）之間的美國訴訟中,法官理查‧波斯納（Richard Posner）,一位備受尊敬的美國上訴法院法官,同時也是芝加哥大學的經濟學者,其認為:由於專利權人已承諾將專利授權給願意支付 FRAND 權利金的任何人,故根據標準授權且要求例如手機執行功能的專利,不應受到強制令的限制。

聯邦巡迴上訴法院採用了《eBay v MercExchange》案（請參見上文）中所述的因素,使用更細微且可能更靈活的方法來授予禁制令,並指出,在某些情況下,禁制令是合理的,例如侵權人單方面拒絕 FRAND 權利金,或是無故拖延與專利權人的談判。

❖ 德國處理標準必要專利的方法

在德國,法院在「橘皮書標準」案（2009 年 5 月 9 日）中的觀點是:除非該技術的使用者向專利權人提出了權利金要約,且根據競爭法原則,專利權人無法拒絕,而使用者已遵守適用之授權條款,否則標準必要專利權人有權獲得禁制令。

反托拉斯法和競爭法的限制

大西洋兩岸的反托拉斯法和競爭法行動已經明確表示，無論採用專利法規的哪種方法，就競爭法和反托拉斯法而言，FRAND義務意味著通常只在潛在被授權人拒絕談判的情況下，才能就FRAND授權專利獲得禁制令，因此，摩托羅拉行動在美國已達成了一項合意判決：當授權過程和仲裁未能促成被授權人支付權利金的前提下，才能尋求禁制令。同樣地，在歐盟，歐盟執行委員會對三星和摩托羅拉行動之於標準必要專利的專利主張作法展開調查，致使三星須承諾會遵守類似機制，並做出了摩托羅拉行動違反歐盟競爭規則的裁決。在歐盟執行委員會對此表示相當關注，並2013年10月17日的一份新聞稿中，尋求業界對三星的提案發表評論：

> 歐盟執行委員會認為，如果標準必要專利權人已承諾依照公平、合理和無歧視（FRAND）條款授權其標準必要專利，且尋求禁制令的公司願意以FRAND條款簽訂授權協議，則據該標準必要專利所尋求之禁制令會構成濫用市場支配地位。

另外，在2014年4月29日一份有關三星和摩托羅拉行動的新聞稿中，歐盟執行委員會指出：

> 歐盟執行委員會旨在防止標準必要專利權人以反競

爭的方式使用據標準必要專利之禁制令，而強索會限制競爭且最終對消費者造成損害的授權條件。在此同時，標準必要專利權人應有權就其標準必要專利權獲得適當之報酬。

摩托羅拉行動決定，為願意依照 FRAND 條款取得授權的標準必要專利權實施人提供「安全港」（safe harbour）條款。倘若標準必要專利權實施人們希望免受專利權人就標準必要專利權所取得之禁制令的影響，可以透過同意由法院或共同商定之仲裁人來就 FRAND 條款做出裁定，證明他們是經同意之被授權人。

美國國際貿易委員會（US International trade commission，ITC）
由於很難在美國法院獲得禁制令，故企業可尋求華盛頓特區的 ITC 簽發命令，排除從美國進口的侵權產品。

儘管 ITC 是專門的美國法庭，但無論原告的國籍為何，ITC 都將是解決跨國專利爭議的重要論壇。它可用於針對侵權商品尋求排除命令——稱為《1930 年關稅法》（*Tariff Act of 1930*）的 337 條款調查程序（Section 337 proceedings）。ITC 採取的行動是針對產品本身，因此針對美國以外的被告不需要管轄權，排除命令是指該商品無法進口到美國。337 條款調查程序的規定為包含侵權商品相關的美國「國內產業」，但這些規定仍使許多美國以外的公司可以利用 ITC 的優勢，尤其是，337 條款允許國內行業建立在「對……授權進行大量

投資」的基礎上,意指非製造業組織也可以利用該法庭的優勢,這引起了有關專利主張實體主張的爭議(請參見下文)。

自 2006 年 eBay 案(請參見上文)以來,在美國法院獲得禁止專利侵權的禁制令難度愈來愈高,故 ITC 訴訟變得更加重要。到目前為止,ITC 不必遵循 eBay 案裁決,且針對進口商品(例如手機)的排除命令影響可能會對被告造成毀滅性的打擊,因此是強制解決紛爭的有力工具。

因此,ITC 訴訟在手機專利戰訴訟中占有重要地位(請參閱第十章),根據 2012 年 10 月英國《金融時報》的一篇文章〈專利戰中的戰場選擇〉(The battleground of choice in patent wars)中報導,每家智慧型手機製造商在 2011 年都分別以原告或被告身分參與了 ITC 爭端[3]。隨著這些訴訟的進展,結果的變化取決於所主張的專利是否涵蓋特定技術特徵,或是否涵蓋使用手機所需之技術標準的必要技術特徵,且該專利權人有義務依據 RAND 或 FRAND 授權專利(請參見上文)。在後一種情況下,在 2013 年 8 月間一次大動作宣傳中,歐巴馬總統否決了三星針對蘋果公司所獲得的排除命令,理由是根據 FRAND 授權標準必要專利所發出的排除命令違反公共政策;相比之下,在 2013 年 10 月,歐巴馬總統則拒絕干預蘋果公司根據系爭專利所獲得之針對三星的排除命令。

ITC 的使用條件受到美國反托拉斯法(和競爭法)所限制,作為負責執行反托拉斯法的機構之一,美國聯邦貿易委員會的立場是,排除命令的威脅如此之大,致使其可能使得擁有使用技術標準之必不可少的專利權人在談判時,獲得高

於 FRAND 所承諾的合理權利金。已在 2013 年完成的合意令中，美國聯邦貿易委員會自摩托羅拉行動獲得一項協議，該協議要求該公司在遵循必要之授權談判和仲裁程序之前，不得根據 FRAND 授權之標準必要專利尋求法院禁制令或 ITC 排除命令。

ITC 的使用率增加，包括專利主張實體也會使用，引起了製造公司的關注和相關遊說，其程序和禁止進口的排除命令威脅可能會被用來勒索更高額的和解金。

國際專利執行

在發生國際訴訟時，各國之間專利法規和程序的差異意味著，需要高度的法律技巧和實際管理來達成有效的協調，各個專利訴訟的基本情況可能很相似，但在判定專利是否受到侵害的標準，以及專利侵權的適用救濟方面則存在顯著差異。因此，當面對國際侵權時，必須考慮何處或何時採取行動最有效，可能會在多個司法管轄區域提起訴訟，以期率先向對手取得破壞性禁制令，來強制進行和解。

在美國和英國，審判通常同時涉及侵權和專利無效；德國的情況並非如此，專利無效是由另一個法院裁定，因此與美國等其他國家相比，德國取得禁制令的速度較快，故原告時常喜歡使用德國法院提起訴訟。然而，同時協調多個訴訟難度高且花費高昂，且危險之處在於，在小型市場進行戰術訴訟，可能會使得具有重要商業意義的大型市場發生變數，並導致不利的裁決。例如，在 A 國勝訴時可能有用的宣誓證

詞，可能會對 B 國的辯護人造成毀滅性的影響；因此，每個司法管轄區域的訴狀和文件，都需要由一個中央法律團隊進行審查和協調。

專利執行的限制

專利專責機關核准了專利不一定意味著專利有效，在美國，專利具有法定的「有效性推定」（presumption of validity），這是指「無效性」必須藉由訴訟中明確且具說服力的證據來證明，反之，「有效性」則總是持續面臨挑戰。在德州大學奧斯汀分校（University of Texas at Austin）麥庫姆斯商學院（McCombs School of Business）的企業、政府和社會學教授約翰艾利森（John Allison）、史丹佛法學院（Stanford Law School）的法學教授馬克萊姆萊（Mark Lemley），以及芝加哥肯特法學院（Chicago-Kent College of Law）的教授大衛施瓦茲（David Schwartz）的研究中指出，平均而言，美國專利訴訟中裁定專利有效的可能性只有 57%，或更高一些❹。許多國家的法規中，還另規範了專利專責機關質疑專利有效性時的程序，在歐盟，這些被稱為異議和舉發程序；在美國，除了可能導致訴訟中的專利無效，在《2011年美國發明法》頒布之後，還增補了以下三種程序：在專利核准後的九個月內可提出「核准後複審」（post-grant review，PGR）；專利核准後的九個月後可提出「多方複審」（Inter Partes Review，IPR）；以及一個適用於質疑商業方法專利可能侵

權的特殊程序[10]（2011 年版立法時有考慮到專利主張實體的層面）。

　　核准後複審中的專利無效之依據，遠比原法院專利訴訟中以修正前法律之依據要廣泛得多，故此成為美國專利實務的一個新起點；而多方複審是專利挑戰者依據先前專利和印刷公開出版物所提出的專利無效性之程序，挑戰者必須確立合理的可能性，即至少一項專利請求項將被視為無效，如果先確立這一點，那麼基本上專利專責機關必須進行一場小規模訴訟，以確定該專利是否無效。

　　在歐盟，專利要遵循既定的核准後異議程序（Post-Grant Opposition Procedure），任何第三方都可以在專利核准公告後的九個月內，對專利有效性提出質疑，這會依據先前技術、先前使用或出於技術原因進行調查，倘若發現先前一種或多種公開出版物具有此發明描述（「先前技術」），則正在法律或專利專責機關程序中之專利可能被撤銷或裁定為無效；另一種情況是，倘若專利專責機關過去未正確理解某件先前技術的影響，則專利可能被撤銷或裁定為無效，但實務上算是很少出現。由於上述這些程序都讓專利存在失去專利權的風險，因此這些可讓專利無效的程序備受爭議。

進步性（inventiveness）

　　在許多案例中可看出，專利是一種在紅海技術領域中的

---

[10] 正式名稱為「商業方法過渡期複審」（Covered Business Method Review，CBMR）。

發展過程,舉例而言,專利已涵蓋已知止痛藥的快速釋放形式,挑戰者可能會認為,根據先前著作或產品,新配方具有顯而易見性(略等同於台灣所稱的進步性)。

用《美國專利法》第 103 條第 a 款(35 USC 103(a))的話來說:

倘若欲申請之專利標的與先前技術之間的差異,整體上致使該發明涉及之標的對於發明所屬技術領域中具有通常知識者而言,具有顯而易見性……無法取得專利。

在《KSR v Teleflex 案》中,美國最高法院面對的系爭專利涉及一種與電子感應器耦接之可調式油門踏板,本發明中每個元件(油門踏板和電子感應器)都為已知,但在先前技術中並未結合在一起。法院認為:「存在將機械踏板轉換為電子踏板的強烈動機」,且「先前技術已教示許多方法來實現此一進步」:

當存在解決問題的設計需求或市場壓力,且已知可預期之解決方案數量有限時,發明所屬技術領域中具有通常知識者具備充分理由在其技術掌握內追求已知選擇。

因此,具顯而易見性而使該專利無效,因為其選擇很

少,並且有動機將已知元件組合在一起。換言之,可用選項顯而易見,而且具備這樣做的動機,因此欲解決的問題在已知可選擇明顯有限的情況下,依賴那些有限選擇之一的專利可能就是無效的。

對此顯而易見性之方法論的疑慮是,「後見之明」看來很顯而易見,但在發明當下卻「遠非」顯而易見[11]。最高法院指出應避免後見之明,但這些議題仍在各訴訟中造成激烈討論,並具有重大意義,尤其是製藥產業,因為在該產業中,單個專利就能保護某些重量級藥品。

除了缺乏進步性或非顯而易見性之外,已取得專利的發明會受到的質疑是缺乏新穎性,用美國的習慣用語來說,若請求項包含專利優先權日前的先前技術,則專利是「可預期的」(anticipated),如果證實此點,本質上會直接打擊到該專利本身的有效性。

專利有效性的其他挑戰

專利可能面臨大量的法律挑戰,正是許多專利訴訟曠日持久且費用高昂的原因,這也是公司合併專利組合的主因,這使他們能拿著一籃子專利打仗,更有機會「一舉成功」(shots on goal)。

---

[11] 台灣論及此點習慣稱作「事後諸葛」和「後見之明」。

絕對新穎性（absolute novelty）

如上所述，在許多國家中，提出專利申請之前無法向公眾公開揭露，這稱為絕對新穎性。在事前公開後，再提出專利申請，是一種常見的烏龍事件，即使是大型且複雜的企業也常發生，在這些公司中，有些曾因為提早公開或銷售原型商品而失去專利保護。然而，根據專利申請所延遲的時間長短，對於事前公開後再提出申請的專利，在歐盟可能會無效，但在美國和其他一些國家有效，這是因為專利權和新穎性優惠期規定因國家而異。

技術要件

專利說明書必須有效地描述一項發明，根據《美國專利法》第 112 條（35 U.S.C. 112），一個專利說明書必須具備充分的發明敘述，且必須具備發明人已知的執行發明之最佳實施方法，請求項亦必須足夠明確：

> 發明專利說明書應包含發明的書面描述，以及製造、使用該發明的方式或製程，內容應使用完整、清楚、簡潔及具體的文字，使得發明所屬技術領域及與該領域極相近之領域中具有通常知識者，能具以理解、製造及使用說明書所描述的發明內容，且應闡明發明人或聯合發明人的發明最佳實施方式……說明書應歸納出一個或多個請求項，並於其中具體指出發明人認為之請求項標的。

在歐盟,《歐洲專利公約》要求發明應具備「描述」（description），因此，可以依據以下情況對專利提出質疑：歐洲專利「未以具體清楚的方式揭露本發明，致使發明所屬技術領域中具有通常知識者無法具以實施」，或者歐洲專利之「標的超出所申請之領域範圍」。

研究免責

在許多國家中，研究行為可能免除侵權責任。在美國，除了藥品研究領域需要提出監管批准之外，其他免責範圍「非常狹窄，僅限於出於娛樂、滿足閒置好奇心或嚴格的理念研究目的所採取的行為」。換言之，研究使用並非侵害專利的免死金牌。

在英國，免責範圍稍為寬了一些。它涵蓋「發明標的相關的實驗性目的」，且與美國類似，英國也豁免並批准與藥品有關的特定行為。

專利耗盡（patent exhaustion）

如果一間公司購買受專利保護的產品並使用該產品，是否會因為專利侵權而被起訴？一般而言，答案是否定的，這是因為專利權人或在其授權範圍內使用的被授權人首次出售該專利產品時，該專利權即被「耗盡」，這稱為「授權首次銷售」（authorised first sale）原則，意指不得以專利侵權來起訴後續的購買者。

像刮鬍刀銷售式的公司（銷售設備也銷售設備的備

品），專利權範圍和其關於專利耗盡的權利就十分重要。另一個例子是專利膠囊咖啡機使用的咖啡膠囊，當市場上出現第三方製造並銷售該專利膠囊咖啡機適用的膠囊競爭品時（也就是台灣俗稱的副廠品），則認定該專利膠囊咖啡機在銷售即已專利耗盡。

當具有微晶片相關專利的專利權人對一家微晶片製造商的客戶主張侵權時，但該微晶片製造商的客戶實際上具有專利權人的授權，此時專利耗盡就是一個潛在的防禦手段。在微晶片等產業中，因其存在跨國供應鏈的生態，且授權結構關乎是否確實授權首次銷售，以及在一個國家銷售後是否會在另一個國家專利耗盡，這可能會出現複雜的問題。

不正行為（Inequitable conduct）

在美國，專利申請程序可能會引起專利可執行性的問題。基本上，專利申請人必須在專利申請程序中向專利專責機關揭露相關的先前技術，故意不揭露先前技術內容會構成所謂的不正行為，一旦核准專利，則該專利將不具可執行性。近期美國的專利法規有些變化，使得此問題變得不那麼嚴重，這些變化包括在問題發生後，可以進一步透過專利專責機關的特定程序，來解決問題，但話說回來，不對專利專責機關揭露先前技術，根本是件沒有道理的事。

專利濫用

依據專利濫用原則，美國專利在訴訟中可能會因為某些

反競爭的授權行為,造成該專利不具可執行性,直到該行為終止為止(請參閱第十二章)。

專利權益歸屬及執行

專利的權益歸屬和授權會影響誰有權提起侵權訴訟,以及在損害賠償和禁制令部分能獲得何種救濟。在許多國家中,專屬被授權人可以提起訴訟,但前提是專利權人也是當事人。如果由於稅務或其他原因而建立了複雜的所有權和授權結構,則應注意了解這些結構可能對訴訟救濟造成何種影響,例如專利權人可就損失的獲利來提起訴訟。

遲延(權利懈怠)

即使是很些微的專利執行遲延,也可能導致喪失初步禁制令的權利;若是更長的遲延,則可能會阻止根據適用之消滅時效法規所採取的任何行動,例如其禁止在侵權時間發生後過長時間再主張侵權。在美國和英國,適用期限為六年,且政策規定,過時的主張對被告並不公平,若因為不合理的遲延,或者被告遭受偏見或被專利權人以虛假之安全感所迷惑,那麼遲延也可能損害專利權人的救濟權。這些規則(在英美法系下以判例法為主要制度的國家中被稱為「權利懈怠」〔laches〕和「禁反言」〔estoppel〕)十分複雜,且因國家而異,面對不希望追究侵權的專利權人,應事先查明不採取行動的後果可能為何。

專利訴訟中的風險和解

專利在訴訟中的運用會在第十一章中進行討論，有鑑於對方成功抗辯時專利權人會面臨的風險（例如專利無效性或非侵權），以及被告遭受損害賠償或禁制令的風險，大多數專利訴訟都尋求各方能達成和解，很少有人尋求審判和裁決。

有效性和價值

儘管投資者總認為專利是有價值的資產，但對專利的了解卻很少，產品的商業價值和保護該產品的法律效力之間可能存在顯著差異，製藥產業正是這種問題的經典案例。涉及重量級藥品的專利在法律上可能很脆弱，該藥品的發明可能只是在現有產品基礎上進行常規改良的結果，且具有顯而易見性，而該現有產品並未達到可受專利保護的發明水準；此外，還可能在專利申請程序中犯了錯誤，或是在提出專利申請之前無意中公開揭露了本發明等等。

專利藥品的商業價值與專利保護的潛在弱點之間的差異，正是製藥產業發生如此大量訴訟的原因之一；反過來說也沒有錯，也就是說，具有法律效力的專利可能一文不值，因為它涵蓋了市場上很少使用的發明。倫敦政治經濟學院（London School of Economics）的教授馬克・史克曼（Mark Schankerman）的研究和該領域的其他研究表示，大多數專利幾乎沒有價值，在許多國家中，一旦獲得專利，就必須向專利

專責機關支付費用，以維持專利權，並防止該專利被放棄而進入公有領域，而對於此類專利，專利權人卻往往考慮並認為值得維持專利權若干年，這表示賦予的專利權價值存在偏差；換言之，只有很少的專利是有價值的，而這些有價值的專利大多數很值錢。隨著時間的流逝，大約有 50% 專利會失效[12]，針對專利權人其擁有之專利所進行的普遍調查，也可見出相同的價值分配偏差⑥。

專利的商業價值取決於該專利的請求項範圍，以及商業化的產品或此類產品的技術特徵是否落入該範圍。例如，許多有潛力的抗病毒藥品具有大致相似的整體結構，但在分子的詳細結構方面有所不同，在尋找藥品時，可以合成並測試數百種不同的變體，如果所選的特定藥物具有正確的臨床效果和正確的安全性，且可受到專利保護，那麼該專利就會很有價值；但是，倘若一項專利涵蓋了一種對人體不起作用的類似產品，那麼該專利就毫無價值。

第十四章將討論估算智慧財產金融價值的方法。

使專利具有法律效力的要素

如果專利產品看起來具有商業價值，那麼下一個問題是，該產品獲得的專利是否具有法律效力，有關一項發明專利的法律效力可能受到以下因素的影響：

---

[12] 應該是指專利權人知悉的前提下，不繳納專利維持費用，致使專利失效。

- 本發明是來自實際的實驗還是工程產品；
- 是否在發明公開揭露之前提出專利申請；
- 在該領域之技術的當前現況上是否存在顯著的進步性（inventive step），例如，可以透過查看該專利在後來專利中被引用為先前技術的次數來間接判斷；
- 專利是否已由涉及各個國家和跨國專利專責機關的律師或專利代理人適當地撰寫並處理，且專利專責機關已審查過所有相關的現有技術；
- 專利是否具有不需要大量技術特徵（往後的專利可能侵犯其範圍）的請求項，意即，請求項範圍廣泛且不容易透過對產品進行細微改動來迴避；反之，若請求項範圍狹窄，則需要很多技術特徵，並經過一連串縮小範圍的過程，使其更能承受專利有效性的挑戰；
- 專利的詳細程度及具有的請求項數量；
- 自取得專利以來，專利標的和有效性在法律上是否發生重大變化；
- 專利是否已經承受住訴訟的挑戰；
- 專利產品在市場上是否成功，或是已透過授權而被廣泛使用中。

專利組合和專利叢林（patent thickets）

對專利的眾多潛在攻擊，意味著專利有無效性的統計風險。再者，專利範圍需要解釋，上面引用的艾利森、萊姆萊和施瓦茲所做的研究表示，在美國，當訴訟中被告力爭到底

時，專利權人對侵權人的平均勝率僅為 26%。所以，公司試圖以相異和互補的方式，組合涵蓋期望領域的專利組合，儘管此種組合被視作貶義，且現在更常用於描述整個行業範圍的組合，就姑且稱之為「專利叢林」。

總結

打個比方，專利是智慧財產軍隊的坦克，火力強大；但是，正確的比喻應該是，由偶爾不可靠的製造商所製造的坦克，它們很複雜，收購和運行時費用高昂，需要一組機械人員，而且還可能存在弱點，故相對於單獨使用，最好的方式是成群結隊地使用。就像第一次世界大戰中法蘭德斯深陷泥淖中的坦克一樣，在錯誤的地面上使用時，它們很容易陷入困境。因此，在代表企業從事進攻型的行為之前，最好要有一個清楚、仔細且經過透徹思考的策略。

3 商標
Trademarks

　　本章節討論商標權，這是保護企業和產品的眾多識別方式，包含賦予商標權人專用和排除他人使用的權利，進一步說是排除他人從事混淆誤認之虞的行為。企業品牌通常是企業最有價值的智慧財產資產，且大多數品牌的核心正是商標，商標能以多種方式標識出源自特定公司或來源的產品或服務。

　　商標法規是一個廣泛的概念，它具有保護傳統類型產品商標的權利，例如吉百利或好時等巧克力品牌，此外商標也可以保護：公司名稱、服務名稱或商標（服務標章）、產品的其他鮮明特徵（有時包括形狀、氣味、聲音和顏色，以及外觀呈現鮮明清晰之印象）。從可使用單一文字的「Microsoft」（微軟）或「Ford」（福特）商標，到傳統造型的可口可樂（Coca-Cola）玻璃瓶身或亨氏（Heinz）番茄醬瓶身造型，還有奢侈品手提包的鮮明外觀或蘋果直營店的品牌圖樣設計，都在商標法規的保護範圍內。

有關需注意之要點和策略考量的快速摘要，請參閱第 391 頁

從歷史上來看，商標可代表並識別特定製造商，英國第一個註冊商標是具有獨特紅色三角標誌的巴斯（Bass）啤酒廠，至今仍在使用中。近年來，日常中常將「品牌」視作與商標同義，有時可以彼此互換，但一般來說品牌更為通用。在西方，品牌一詞最初指的是以燒紅的烙鐵烙印在牲畜上的標記，用來識別牲畜的主人；但現在，品牌可視作一種向消費者展現的某種生活風格、印象或理念。

　　商標是品牌的標誌，而品牌是更廣泛的無形資產形式，部分代表了企業的消費者體驗，相較於品牌實力較弱的競爭對手，若企業擁有成功且令人滿意的消費者體驗，就會更具有競爭優勢。此外，一個品牌可以同時在眾多不同領域中發展出價值：例如，「維珍」（Virgin）這個品牌在各個領域銷售各種類型的產品和服務，有些奢侈商品品牌已經擴展到香水甚至酒店，在這種情況下，商標可能被視為一個標誌，而非特定產品（例如啤酒）的品質，更廣泛地來說，是被視為一種消費者或客戶的體驗。

　　已取得之專利得有機會遭到挑戰，進而宣布為無效，但商標則不同於專利，從法律角度來看，商標的強度和價值與其商業強度和價值密切相關。商標的法律效力一般取決於使用的商品數量和類型、商標的獨特性和知名度，以及良好的法律管理。另一種少見情況是，一個品牌可能廣為人知，最後成為一個通用術語（例如「escalator」之於電扶梯），因此失去了其商標的價值，成為通用商標，但這種案例十分少見。

整體而言，相較於最稀有和最有價值的專利，一個主導品牌是更加具有價值的資產，倘若一個品牌會應用在許多地區中的眾多產品上，而且長達幾十年或更長時間，仍希望它保持有效（具有價值），就必須對品牌進行註冊、使用、管理和維持。

如何取得商標？

在採用英美法系的國家（如英國和採用英國法系的國家）中，商標的法定權利是藉由組織首先使用（first-to-use）該商標[1]，以及已為公眾所熟悉並源自受公眾信任之商品或服務的商標組合；在採用歐陸法系的國家中，商標權一般是透過首次註冊（first-to-register）來取得[2]。這是英美法系國家與歐陸法系（如法國和墨西哥等）對於智慧財產保護的主要差異之一。因此，打算採用全球品牌的企業，必須確保其註冊和市場行銷策略能提供適當的國際性保護，在申請商標註冊之前，必須先考慮以下問題：

- 申請人是否有權使用和註冊商標？這個問題關係商標所有權，也關係到是否先前就有其他人藉由在先使用（prior use）或註冊而建立了商標所有權。這緊密關係到：假設

1　通稱為先使用主義。
2　通稱為先註冊主義。

既存商標已遭他人尋求註冊,那麼該商標是否有可能順利註冊。
- 商標是否為可註冊之類型?
- 商標是否能及時申請註冊?除非他人搶先註冊商標,否則這通常不是太大的問題。
- 要在何處申請商標註冊?
- 如何取得國際性保護?
- 申請商標註冊的程序需要花費多少成本?

申請人是否擁有商標權?

商標權人一般是指:在英美法系國家中,首先使用全新並具有原創性(originality)之商標的申請人;在歐陸法系的國家中,則是首先註冊並具有原創性之商標的申請人,與商標權相關的權利歸屬議題,我們在第八章中討論。另外,我們可以透過商標檢索,來確認商標是否已被他人使用或註冊。

❖ 商標檢索

專業的商標檢索不僅要包括檢索註冊商標,還包括檢索其他使用,其中需要分別檢索保留網域名稱和公司註冊名稱,廣義上來說,採用新商標是一個跨國的流程:要檢查欲申請之商標是否能在主要市場上註冊,並採用可提供國際性保護的商標和網域名稱申請策略。

一般來說,商標檢索比專利檢索簡單許多,只要花費數百美元,就能在特定國家或區域中,檢索所有既存商標註

冊、欲申請之商標是否已有註冊申請案,以及該商標是否已在網路和工商名錄中使用。這些非註冊的使用在英美法系國家中十分重要,因為在這些國家中,無需註冊即能擁有商標使用的法定權利。

現今已很難找到一個適合全球使用的獨特全新商標,如果是消費者導向的品牌,可以聘請品牌專家來提供建議,並協助選擇商標;如果既有想法太多,檢索成本就會大幅增加,為了降低成本,可以使用商標專責機關的檢索工具,在網路上進行初步檢索,確認欲申請之商標是否已有完全相同的註冊商標。如果考慮使用但不完全相同的商標,或將此近似商標使用在其他產品或服務領域中,則建議尋求法律建議,因為他人既有之商標權通常涉及法律解釋的問題。

檢索商標是否已經註冊或使用,最簡單的方式是檢索商標整合網站,例如美國專利及商標局(www.uspto.gov)、英國智慧財產權局(www.gov.uk/government/organisations/intellectual-property-office),或歐盟內部市場調和局(Office for Harmonization in the Internal Market,OHIM)[3],OHIM 是負責(EU Community Trade Mark,CTM)[4]的註冊事宜。如要檢索可用網域名稱,則請造訪 www.whois.com 等服務。

---

[3] 歐盟內部市場調和局已於 2016 年 3 月(本書完成之後)更名為歐盟智慧財產局(European Union Intellectual Property Office,EUIPO),故原著中官網網址應變更為 https://euipo.europa.eu/ohimportal/。

[4] 如前述 OHIM 更名為 EUIPO,共同體商標亦隨之更名為「歐盟商標(European Union trademark,EUTM)」。

❖ 公司名稱

在成立新公司並申請商標和網域名稱時，必須檢查欲申請之公司名稱是否可用。在英國，可以透過 https://www.gov.uk/government/organisations/companies-house 進行檢索；在美國則透過德拉瓦州（美國境內註冊公司的熱門地點）的公司網站 http://corp.delaware.gov/directweb.shtml 進行檢索。

商標能註冊並受到保護嗎？

拒絕商標註冊的理由包括：不具描述性（descriptive）和識別性（sufficiently）的商標，或者會剝奪他人獲得競爭所必須之功能要素的權利，還有欺騙性（Deceptive）或具有冒犯性（Rude）的訊息等。

❖ 幻想性、任意性、暗示性、描述性、通用性商標

申請商標註冊時，企業最常遇到的審查基準是描述性標識，因為描述性片語是重要的市場行銷優勢，一般無法在商標上加上描述性標識（例如牛奶巧克力），這些描述性標識應保留在公有領域供大眾自由使用。有些商標也可能很普通，就像一般常見的產品特徵，傳統上，商標的字詞意義從高度可保護到不可保護都有。光譜的一端，是「幻想性（fanciful）商標」，例如「埃克森美孚」（Exxon），其為虛構的字詞；接著是「任意性（arbitrary）商標」，其為已知的字詞，但與意含的產品沒有任何關係，例如「維珍」，其含義與所提供的任何服務沒有任何關係，而且它還是個著名商標。

然後是「暗示性」（suggestive）商標，其僅暗示特定產品或服務的某些特徵，正如美國商標審查手冊（US Trademark manual of Examining Procedure，TMEP）所述：

暗示性商標是指應用於有爭議之商品或服務時，需要想像力、思考或洞察力，才能得出結論並理解這些商品或服務的性質。

因此暗示性商標與描述性商標不太一樣，描述性商標直接傳達商品或服務的內容，然而從市場行銷的角度來看，暗示性商標通常很有吸引力，例如，Microsoft（微軟）──一個用於微電腦的軟體品牌。

綜上所述，只有描述性字詞的商品或服務難以受到商標權保護，例如，快速筆記型電腦（Fast Laptop），這樣的字詞在任何國家中都不太可能受到保護，在某些國家中，如果可以證明描述性商標已達到「後天識別性」（acquired distinctiveness）或「第二含義」（Secondary Meaning），意即足夠使消費大眾與該商品或服務產生連結，該描述性商標就能通過註冊。從市場行銷角度來看，這樣的描述性商標可能很有價值，因此企業們多次試圖依據此法規來保護它們。

然而，有一個重點需要注意，倘若選擇與意含產品沒有任何連結的商標，因為嘗試使用與你相同或近似商標或字詞的競爭對手可能較少，故可以節省時間和日後的律師費。

「通用（generic）商標」（或稱「通用標章」）是一種應

保留給公眾使用的名稱，例如「escalator」之於電扶梯，這類的名稱完全不可被保護。

❖ 欺騙性和具有冒犯性的商標

倘若商標在某種程度上具有欺騙性、疑似詆毀性，或使用國家機構的名稱等，商標可能被拒絕註冊。根據美國法規，商標不能詆毀任何人，這也就是為何國家美式足球聯盟（NFL）華盛頓紅人隊所擁有的商標「Redskins」，在 2014 年被廢止的原因 [5]。

❖ 功能性商標

商標法規不能保護具有功能性的物品，如賦予功能性的物品商標權，將會阻礙該類商品競爭同業之公平競爭。有個例子是以紅底高跟鞋著稱之「Louboutin」的部分權利（limited right），系爭商標在美國獲准註冊，但前提為只在紅色鞋底與另一個顏色之鞋面形成鮮明對比的情況，其它一般情況不在此限 [6]，故不影響其它已有的紅鞋商品。

[5] 最初「Redskins」被視爲詆毀印地安人，致使商標被裁決廢止，但在本書完成後，另一個類似爭議的商標案《SLANTS 案》，遭聯邦巡迴上訴法院認爲原案引據之法條有違憲之虞，即使是詆毀字詞也應該有言論自由，讓本案一度有了轉圜餘地，故本案在隨後提起的上訴中，美國聯邦第四巡迴上訴法院亦引用《SLANTS 案》結論表示確實有違憲之虞，這個長達 25 年的「史詩級」訴訟落幕，目前狀態是法院認定無需更名，但社會輿論和部分名人都認爲球隊應主動更名。

[6] 例如鞋底、鞋跟和鞋面是紅色或其他相近色系的情況。

❖ 非傳統商標

嘗試註冊非傳統商標（例如顏色或形狀）時可能會遇到困難。例如，雀巢（Nestlé）和吉百利一直在爭奪吉百利的牛奶巧克力（Dairy Milk Chocolate）所使用的紫色包裝，雀巢也一直在爭取奇巧棒（Kit Kat）立體形狀的商標註冊。商標權潛在的無限效期及其法律效力意味著，企業在商標權戰爭上耗費心力，所付出的努力可能是值得的，這可從大型消費品公司的戰爭中得證。

❖ 地理標示（Geographic indications）

最後，商標法規針對特定類別規範了專門規則，例如地理標誌，這特別是指葡萄酒和食品產業的地理標示。《TRIPS》中有規範地理標示，就商業上的考量是，法律會保護在特定區域中製造相關產品的生產者，以避免他人誤稱或暗示其商品也來自該區域。

申請商標註冊的時間和地點

在大多數國家中，法規並沒有限制申請商標註冊的時間點，但因為大多數國家都擁有首次註冊制度，故提早申請是明智的選擇。而在美國，國內申請人所提出的商標註冊申請案，必須具有實際使用該商標的證明[7]；此外，也有一種常見的商標註冊申請案，是所謂的「意圖使用商標」（intent to use），意

7　如前所述，美國的商標採先使用主義，故申請人必須具備已使用之證明。

指申請人將來確實有使用商標的意圖，進而向商標專責機關提出使用證據。

申請人可以紙本或線上向商標專責機關提出商標註冊申請案，申請文件非常簡單，只需要依該國規範附上商標的文字且／或圖樣，並填寫指定申請類別，和該國家法規要求的其他資訊即可（在美國，商標需要提出商業中首次使用的日期。）

如上所述，商標必須指定所申請之商品或服務類別，換言之，應用在鞋類的商標就和應用在船舶的商標屬於不同的類別；但是，有些類別無法輕易確認指定申請類別，必須考慮公司當前（或未來）的業務狀態，例如船舶業可能有實際真實的船隻，但也可能有網路上或其他可能類別的產品。倘若產品類別增加，就需要增加指定申請類別數，會因此增加支出。

在歐盟，除了向所在國家的商標專責機關提出申請，亦可以向西班牙阿利坎特的 EUIPO，提出歐盟商標（European Union trademark，EUTM）[8] 的申請，只需進行一次註冊程序，就能自動取得所有歐盟成員國的有效商標保護。註冊後不需立即使用，但在註冊後五年內，若有不使用或繼續停止使用滿五年的情況，任何人得申請撤銷該商標。

商標之國際性保護

在許多國家中，可以依據國際條約來提出商標註冊申請案。除了前述的 EUTM（原 CTM）程序外，也可以依據

---

[8] 如前述 OHIM 更名為 EUIPO，原本的歐盟「共同體商標」（Community Trade Mark，CTM）亦隨之更名為「歐盟商標（European Union trademark，EUTM）」。

《巴黎公約》及《馬德里協定有關議定書》（*Protocol Relating to the Madrid Agreement*，簡稱《馬德里議定書》）[9]，遵循其指定程序，申請國際商標註冊。註冊通過後，申請人可同時在指定之《巴黎公約》締約國中取得商標保護。一般而言，申請人通常會於所在國家的商標專責機關提出註冊申請，並於首次申請後六個月內，依據《巴黎公約》和《馬德里議定書》主張國際優先權。

註冊程序

商標專責機關會根據其審查基準發出核駁通知，認為該申請案不可註冊，或因同一商標系統中已有他人使用，恐影響他人權利而被拒絕，亦需要留意是否有競爭對手或他人在其他商標系統中提出申請，而造成商標之註冊衝突。

與專利一樣，商標申請案一般是向所在國家的商標專責機關進行審查，須指定不同的申請商品類別，一般而言，是該商品或服務應用之特定行業所延伸而出的類別，據此取得商標的可保護權利。

在過程中，商標審查委員將審查商標並決定其是否可註冊。在某些商標系統（例如美國）中，審查委員會針對申請人提出註冊申請的每個商品或服務類別，檢索相同或近似的商標，因此，例如申請人為吉百利巧克力申請商標

---

[9] 通稱為「馬德里體系」，為 WIPO 轄下的商標註冊制度，目前締約國數量超過 110 個，注意其僅為註冊制度，實際商標權仍視各締約國之國內法規規定，且台灣並非締約國。

註冊會被拒絕，因為該商標已被註冊；然而，倘若申請人以「Cadberry」（非 Cadbury）之類近似的商標提出申請，應該也會被拒絕，理由可能會是：該申請與既存已註冊的「Cadbury」造成混淆。

某些商標專責機關對於他人既存權利之檢索，並不就相對事由（如是否與既存商標近似）進行審查，仍依賴申請人撤回其申請，或異議期內由第三方提出異議，EUIPO 即採用此方式。

異議程序

品牌擁有者必須保持警惕，並留意某些衝突商標的註冊。在許多商標系統中，一旦商標核准註冊，即進入異議期，在異議期內，認為該商標會影響其權利之公眾和他人，得對其提出異議，在商標專責機關裁定結果之前，會先進入冷靜期供雙方協商。

地域性

商標註冊取得是依據特定的司法管轄區域：可以是單一國家，也可以是一組成員國，以 EUTM 為例，則為歐盟成員國。商標有其地域性，某些國家中，商標權人的權利取決於：是否商標權人在該國以該商標開展業務，或在該國註冊，或是否被告使用與原告有關之商品或服務的商標；而在某些國家中，如著名商標和馳名商標因其商標和商標聲譽超越國界，而因此賦予更廣泛的地域性權利。

權利期間

不同於專利具有一定的保護期間,商標權雖有規範每次註冊的權利年限,卻可以無限次延展,例如,美國首次註冊的權利期間為十年,註冊的初始期限為十年,商標權期間得申請延展,每次延展專用期間為十年,註冊後第六年屆滿前一年內,且／或每次申請延展前,需提出使用證據及連續使用宣誓書。在歐盟,根據 EUTM 規範,商標註冊後,權利期間自申請日起十年屆滿,屆滿後每次可延展十年,倘若連續五年未使用,則有機會構成廢止事由。

商標權人的權利

商標註冊是針對指定類別的商品或服務,商標權人有權排除他人於相同指定類別中侵害其商標之使用,不過,著名商標則享有較高的保護程度(請參見下文)。大多數國家的相關法規中,商標侵害的認定基準是「混淆相似性」(confusing similarity)或「混淆可能性」(likelihood of confusion)。商標權人可提起訴訟,以排除他人使用商標權人擁有的商標,致使公眾誤以為商品或服務實際上是合法的,以上為商標侵權的基本概念,若是適用歐盟法規時,商標侵權情況會更為複雜,此處不多著墨。

舉例而言,在 2013 年英國的一個法院裁決中,法院裁決微軟的雲端儲存服務(名稱為「SkyDrive」)侵害英國天空廣播公司(British Sky Broadcasting Group plc,BSkyB)的「SkyDrive」商

標權,微軟隨後就將「SkyDrive」的名稱更改為「OneDrive」。另一例是英國、美國和加拿大之間的訴訟,這是由路易威登（Louis Vuitton）集團旗下的倫敦高級襯衫品牌「托馬斯品克」（Thomas Pink）,和著名內衣公司「維多利亞的秘密」（Victoria's Secret）之間的訴訟,「維多利亞的秘密」旗下有一個少女學院風的副牌「Pink」,在英國,法院認為「維多利亞的秘密」侵害「托馬斯品克」的權利；但在美國和加拿大,「維多利亞的秘密」主張,其使用的「Pink」不會侵害「托馬斯品克」的權利,因為這不會造成混淆。

著名商標

傳統上,著名商標的商標權不會超出商標權人銷售商品的原指定類別。然而,著名商標受到的保護程度更高,在美國稱為「商標淡化理論」（dilution）,在這種情況下,著名商標的保護程度會超出商標權人銷售商品的原指定類別。著名商標的另一例是「麥當勞」（McDonald's）,在美國,「Mc」商標均受到較高程度的保護[10]。

商標侵權救濟

禁制令、沒入和損害賠償

商標訴訟的典型救濟措施是禁制令,可排除侵權商品進

---

[10] 意指其他商標權人若擁有以「Mc」開頭的商標,僅管與麥當勞的產品類別毫不相關,也可能侵害其權利,麥當勞在許多國家（包含台灣）進行許多相關訴訟或異議程序。

一步銷售並獲得損害賠償，在許多司法管轄區域中，也可能對侵權商品執行沒入處分。《1994年英國商標法》（*UK Trade Marks Act 1994*）中規定：

> 在侵權訴訟中，所有針對其他財產權侵害可得之救濟措施，如損害賠償、禁制令、補償或其他方式，均得於商標侵權訴訟中主張。

在商標訴訟中，獲得快速禁制令（初步禁制令）十分重要，因為這既對侵權商品的市場銷售造成影響，商標權人因侵權銷售所遭受的損害賠償又難以計算，初步禁制令可能是原告唯一真正需要的唯一救濟措施，故許多案例會在法院核發初步禁制令後結束訴訟。

邊境保護措施

包括美國在內的許多國家，針對侵權商品會採用邊境保護措施，這種措施既便宜又有效。實務上作法是：在美國專利及商標局註冊的商標或登記的著作權，會記錄於隸屬國土安全部（Department of Homeland Security）的機構——美國海關暨邊境保護局（U.S. Customs and Border Protection，CBP），受保護的權利圖樣可上傳至該機構的電子記錄系統，以便海關人員識別可能侵權的商品。美國海關暨邊境保護局亦可接受相關商品指導，商標權人得為海關人員提供培訓課程，這是一種非常有效的執法方式。

歐盟也有類似措施，根據《歐盟第 608/2013 號條例》（*Customs Regulation (608/2013)*），針對每個成員國規範了相關程序，會在邊境直接管制侵權產品，管制措施不僅如此，還例如包括扣押經由歐盟轉運的貨物。ITC（請參閱第二章）也可用於排除美國境內侵權商標商品的商品訂單。

然而，仿冒的形式千變萬化，根據 2014 年 11 月的《華爾街日報》的報導：海關執法成效顯著，意味著仿冒者可能改由網路直接銷售給消費者[1]，儘管如此，執法機關仍可查扣此類網站。

仿冒

仿冒是一種商標侵權行為，侵權產品偽裝成與商標權人近似或相同的產品進行銷售，又稱為山寨品或假冒品，在包含美國的許多國家中，仿冒商標商品是一種犯罪行為，法定損害賠償可高達 200 萬美元。

隨著這種新形態犯罪行為的演化，政府和警察對此類實務也是與時俱進，例如，美國政府建立了一個網站（www.stopfakes.gov），而英國的倫敦市警察局（City of London police）有一個特殊的打擊智財犯罪小組（police Intellectual Property Crime Unit，PIPCU）。

山寨品的網路銷售

參閱後述第七章的討論，在許多國家中，網際網路服務供應商（Internet Service Provider，ISP）可依法執行下架程序，以保

護 ISP 免受因其客戶內容造成著作權侵害的索賠，許多電商平台對於商標商品都有類似的程序，智慧財產所有人可以聯繫 ISP 窗口並提出侵權內容通知，然後依據下架程序來刪除該內容。另一個例子是 eBay 的「VeRO」方案（保護智慧財產方案[11]，Verified Rights Owner），網址是 http://pages.ebay.com/help/tp/vero-rights-owner.html。

如果產品是透過獨立的網站（而不是電商平台）來銷售，在英國和其他一些國家中，上述執法機構也可以取得禁制令來封鎖並查扣網站。網路相關議題將在第七章中討論。

國際商標執行

一般而言，商標執行是以國家為單位，儘管某些國際品牌的影響範圍橫跨多國，但其在每個國家中的商標保護都將受到當地法律和程序所約束，故國際商標執行計畫的第一步，是確保已在主要市場取得註冊，接著，依據這些註冊所取得的權利，評估適用的各種當地救濟措施，進而決定最實用的解決方案：民事訴訟、在邊境（或海關）扣押商品、初步管制措施（例如禁制令和沒入）、與執法機構及政府合作等，其中商標侵權可能構成刑事犯罪。

商標執行之限制

倘若商標只是用於簡單且正確地描述一個物品或該商

---

[11] eBay HK 官網說明 https://www.ebay.com.hk/pages/help/policies/programs-vero-ov.html

標本身，或者，根據某些國家的法律，這些使用只能算是商標之戲謔仿作（parodies）（對於戲謔仿作者，目前的美國法規比歐盟法規較為寬容），既非商標侵權，亦非商標淡化。還有一種例子是從另一個國家輸入「平行輸入真品」（genuine products）的灰色市場（Grey-market），我們將在第十二章討論此類議題。

遲延

遲延將導致錯失緊急（審前）救濟措施的時機，進一步程度的遲延可能會導致失去追索特定侵權人的權利，商標權人應特別小心任何可能使侵權人認為將來不會對其提出指控的行為。

如前一章所述，大多數法系制度都具有消滅時效法規的概念，這可以避免在侵權發生時點後過長時間，才提起的侵權訴訟。然而，還有一些不合理的遲延、對被告的偏見所產生的遲延，或商標權人採取的行為使被告獲致不會起訴之理解（在英美法系國家中被稱為「權利懈怠」或「禁反言」），這些都可能會限制或排除商標權人對於侵權方提起的救濟措施。

對於商標權人而言，關鍵點在於，如果發生嚴重侵權行為且需要立即救濟，可能會因任何遲延，而喪失在開完審判庭前取得禁制令（初步強制令）的機會。

價值和優勢

當商標具有顯著商譽,並具有高度且正面的消費者或客戶認可度時,商標在商業和法律意義上就有很高的價值。

如第二章所討論,專利的價值是一個非常複雜的問題,而商標或品牌的價值就直觀得多,因此,可口可樂、梅賽德斯（Mercedes）或索尼等品牌的價值,可以從對它們的普遍了解,以及其與高品質產品的關聯性中顯而易見。負面宣傳可能會損害品牌價值,特別是展現其銷售產品品質的宣傳,也可能影響品牌所有人整體。

一般而言,商標的法律效力取決於其商業實力,具有法律效力的商標通常是一個鮮明而獨特的商標,使著名品牌受到保護,用於高品質產品,已在全球主要市場註冊,並且始終如一地正確使用和管理。商標愈著名,保護以避免侵權使用的力度就愈大。

商標也與品質有關,如不銷售優質商品或不提供優質服務,在法律和商業面上會損害到品牌,在英美法系國家中,商標與產品品質呈正相關,而商譽與品牌亦呈正相關。因此,倘若商標權人不維護和管理任何授權商標使用的品質,則商標價值將降低,甚至可能失去商標權利,這是因為該著名商標不再是公眾能聯想到其優質產品和服務單一來源（single source）。

商標準則

商標準則旨在確保商標僅以其核准形式使用,且隨著時

間推移,它不會成為商品或服務的通用性或描述性商標,已註冊之商標使用「®」符號,而非註冊之商標使用「™」符號。

商標的與時俱進

有時商標權人會決定變更商標的外觀呈現或文字,藉以「更新」(refresh)其商標。這是一個必須謹慎處理的問題,因為在英美法系國家中,如果對商標進行過多的變更,可能會因此失去權利,而且可能需要在世界各國重新申請註冊。此外,任何新變更都必須進行審查,以確保其不會侵害他人權利。

他人使用

針對在他人使用的情況,商標權人需要監控他人使用商標權人之商標的方式,以確保此類商標保留其身為商標權人之商品識別符號的功能,這至少有三個需留意的方向:

首先,商標權人需要注意他人使用並註冊相同或相似的商標,可能需要如前述般提出異議程序,如果是和銷售非競爭產品的合法企業打交道,每個商標權人並達成共識,不針對另一方產品使用商標註冊,這稱為「商標共存協議」(co-existence agreements)。然而,他人使用並註冊相同或相似的商標是一個棘手的難題,特別是當商標中包含他人可合法使用的字詞時,需要花費長時間解決許多問題。即便是大型企業,能運用的資源也有限,商標卻可能會使用數十年,而當前的妥協可能會在日後業務開展時,帶來商標權受限的風險。在某些情況下,除了提出異議,或在法庭上提出侵權訴訟,我

們將別無選擇。

其次，商標權人可能需要監視其產品和服務商標在媒體和其他地方的使用方式。在最極端的情況下，商標可能會因未經授權和不當使用而導致商標「通用化」（genericide），變成開放給公眾使用的產品通用性術語。曾為著名商標而現在已成為通用名稱的商標包括拉鍊（zipper）、阿司匹靈（aspirin）和電扶梯（escalator）。在推特公司（Twitter）遞交給美國證券交易委員會（Securities and Exchange commission，SEC）的文件中，已將以下因素視作風險因素[2]：

> 有一個風險是：「Tweet」一詞變得如此普遍，成為網路上公開發布任何簡短評論的代名詞，如果發生這種情況，我們可能會失去對該商標的保護。

這是一個不尋常的揭示，多半是因為商標權人無法控制網路上的語言使用。擔憂商標通用化的訴求很少見，但此問題確實存在當前的世界中，因此，強烈建議擁有著名商標的公司制定一套程序，來監視媒體對這些商標的使用。此外，建議向任何純粹以描述性方式使用商標，或者不承認其為註冊商標的組織，發送正式投訴通知。如果日後欲對他人使用的商標提出有效性質疑，這些投訴通知將會是有價值的證據[3]。

第三，在確保可控管正確使用的同時，商標權人必須與侵權人打交道，可使用「監視服務」（watch services）來檢索侵權使用，在過去，商標監控通常是相當嚴格的流程，透過

存證信函和偶爾為之的訴訟來追究侵權人。但隨著網路時代的到來，網路上出現大量侵害商標品牌的行為，針對電商平台可運用下架程序，但是對於許多品牌所有人而言，一天二十四小時都在不斷發生這些侵權行為，出於成本和速度考量，後來都直接採用自動化方式。

大量的侵權和盜版行為意味著眾多企業都難以處理，為了保持商標的法律和商業強度，必須維持商標的獨特性，但追索每一種侵權行為的代價都將非常高昂。如後述第七章和第十六章所討論的，可以根據侵權行為與商標權人業務的接近程度，進行優先排序，但忽略可能的侵權行為所帶來的風險。執行時可能會採用各種法律和非法律策略，像是確保品牌自身的供應商不會供應盜版產品，直接在產品的製造國執行，與知名電商平台和網際網路服務供應商合作，與海關和執法機構合作，以廣告和其他形式對公眾進行的宣傳和教育，確保商標持續與商標權人的業務相關聯，同時確保消費者了解仿冒產品及其風險等。再者，我們通常可以跟產業中其他受影響的成員協調這些行動。

授權：欠缺品質控管

經大量授權的品牌可能會出現低品質商品，而損害品牌形象，未經商標權人授權商標和控管品質就銷售商品或服務的情況下，可能會導致商標受到質疑並面臨潛在無效問題。理論上而言，當商標不再是公眾能聯想到其優質產品或服務的單一來源，這意味著，在授權他人使用商標時，大多數情

況下授權合約應提及商標權人可行使下述權利,包括:審查、批准和控管商標使用方式,以及被授權人的商品和服務品質。

移轉:欠缺商譽

英美法系國家較早期的概念中,不能將商標從其相關企業中移轉出來,因為這會將商標與其相關產品來源分開,進而誤導消費者。目前美國仍存在這個觀念,意即,如欠缺與商標相關的企業商譽,就不能移轉商標權,這種觀念是基於產品形態和品質應具有一定的連續性。但在英國,《1994年英國商標法》第 24 條規定:無論是否具有商譽,皆能移轉註冊商標;且《TRIPS》第 21 條也有類似規定。一些國家中(例如英國修法前)有宣稱移轉註冊商標時不受讓商譽的規定,但其他國家根本沒有受讓商譽的規定。然而,在企業交易中,當商標從其他公司資產中分拆出來,而被單獨移轉,尤其是如果商標涵蓋的產品要變更時,應尋求專業的法律建議。

商標控股公司

商標控股公司或智慧財產控股公司需要從智慧財產角度適當地組織結構,例如,從稅務角度來看,將智慧財產歸特定司法管轄區域的實體所有,並將權利金的金流流向該管轄區,這可能是有利的。或者,公司可以決定將智慧財產轉讓給該實體,以避免破產風險或債權人主張該智慧財產的風險。特別是在英美法系國家中,公司應確保已轉讓適當的資

產，且該實體能夠確實對其關係企業和他人的商標使用進行品質控管。

因不使用而喪失權利

長時間不使用商標，可能會喪失商標權，特定公司的品牌可能會停產，或者企業被清算或接管，且公司名稱也可能會停用。由於不使用，原品牌所有人可能會因為不使用商標，而被允許或被要求其註冊廢止。

在這種情況下，即使公眾仍然可以識別名稱或品牌，他人也有可能藉由申請註冊來使品牌或名稱復活。近年來，有些人創立公司來復活那些讓公眾引起共鳴的廢棄品牌，原品牌或原名稱所有人對此幾乎無能為力，也許，這也是一種依靠混淆而主張某種形式的不正競爭。有意識到這種風險的企業，則是嘗試繼續維持使用大部分已停產的名稱和品牌。

某些商標的有限使用，也可能是原自競爭，例如，由於歷史的糾結，萬寶路（Marlboro）品牌在加拿大是由英美菸草公司（British American Tobacco，BAT）所有；但在加拿大以外的國家，萬寶路品牌則歸菲利普莫里斯國際公司（Philip Morris）所有。

商業表徵（Trade Dress）和矇混（passing off）

在許多國家中，有一些與商標法規密切相關的法律領域，可以用來保護非註冊制度的權利，這些權利向公眾標示商品的來源，例如產品的獨特外觀或包裝，這在美國稱為

「商業表徵」，在英國則稱為「裝飾」（get-up），例如設計師手提包，公眾會將其與特定的時尚店家產生連結。根據美國法規，如果外觀設計元素不具功能性，則這些權利可獲得第二含義（即，公眾會將其與特定商品來源產生連結），且公眾可能會對於侵權商品的來源感到困惑，故可能存在商業表徵侵權的情況，可提出索賠；進一步言，此類權利也可能被淡化（請參見上文）。

除了英美法系國家的規範外，美國聯邦法規另主張包括商業表徵淡化。在 2012 年手機專利戰中的《APPLE v Samsung Electronics Co Ltd》案中，值得注意的是，蘋果主張，就 iPhone 和 iPad 而言，三星電子侵害了蘋果的商業表徵並致使商標淡化。

英國是使用類似的「矇混」概念（任何人都不能假冒和矇混他人的商品）。如《Reckitt & Colman v Borden, Inc.》案（又稱《Jif Lemon case》案）所述：

> 首先，原告必須藉由具有識別性的「裝飾」（無論其僅由品牌名稱還是商品說明組成，或以標籤或包裝成個性化特徵），在公眾心目中建立商品或服務的商譽或聲譽，使得公眾認可該「裝飾」顯著有別於原告的商品或服務。第二，原告必須證明被告對公眾做出虛假陳述（無論是否有意），致使或可能致使公眾誤信被告之商品或服務係原告之商品或服務……第三，原告必須證明自己遭受損失，或

者⋯⋯由於被告的虛假陳述，致使原告誤信被告之商品或服務來源與原告之商品或服務來源相同，導致原告可能遭受損害。

許多民法典國家（歐陸法系）有類似不正競爭防止法（unfair competition statutes）的概念。《保護工業產權巴黎公約》（Paris Convention for the Protection of Industrial Property）第 10 條即要求對不正競爭防止法進行保護。

使用他人商標

在同一商品上使用競爭對手的商標，很明顯是需要提出法律要求的，絕大多數商標權人都反對他人未經同意即使用商標權人的商標。商標的價值愈高，授權後正確使用，且沒有錯誤地暗示商標權人的背書就益發重要。

倘若新創公司張貼文章到其網站和發布新聞稿時，附上與他們有一定關係的較大型企業的商標，這可能只會讓商標權人感到其名號被拿去使用。如上所述，他人可被允許以某些方式使用商標（例如準確描述產品，或在某些國家中以藝術品或模仿產品的形式使用），但商標權人對其擁有之商標的任何使用，特別是被認為是貶損或利用其商業優勢的使用，均應保持一定敏感度。

4 著作權
Copyright

　　本章節討論：著作權,它保護原創性之著作免於未經同意的複製或以其他方式使用。著作權是一種簡單且幾乎零成本的保護方式,因此理應成為任何企業智慧財產策略的一部分。

　　著作權是授予原創性著作之作者的法定權利,在某些國家中是規範在憲法中。著作權涵蓋文學著作、音樂著作、戲劇著作及伴隨之音樂、圖畫、繪畫及雕刻著作、電影及其他視聽著作、錄音著作及建築著作等等創意性之表達,其被記錄下來或以其他方式固著 (fixed) 於媒介上[1]。當著作創作完成時或固著後,即產生著作權保護,顧名思義,著作權的本質是排除特定著作被複製的法定權利,故,著作權排除 CD 或藝術品著作的複製,並允許一段音樂演奏或複製樂譜得收

> 有關需注意之要點和策略考量的快速摘要,請參閱第 394 頁

---

[1] 最常見的「固著」在「有體物」形式是:流行歌曲錄製在 CD 上公開發行,或電腦遊戲軟體燒錄於 DVD 片中公開發行,但網路時代後另有規定。

取費用。但是,受著作權所保護的不必然是文學著作,大多數國家亦將軟體視作文學著作,而以著作權來保護,而商業文件的創意元素如宣傳手冊和客戶規格文件,也能受著作權所保護。

著作權是智慧財產的一種強大形式,著作權可以獨立於基礎業務之外,進行購買、出售及授權。的確,智慧財產最早的營利形式大致上是發生在音樂著作權領域,音樂發行商累積並授權音樂作品目錄。

限制

著作權有其限制,在商業環境中正確理解這些限制是十分重要的,而純粹觀念(idea)或單純為傳達事實不具創作性(creativity),故不受著作權保護;《世界智慧財產權組織著作權條約》(*WIPO Copyright Treaty*,WCT)規定:「著作權之保護及於表達,而不及於觀念、程序、操作方法或數理概念等。」著作權也不保護單純實用性物品的設計,美國對此類設計之保護是納入設計權或設計專利的標的,但各國之間的法規不同,如果實用性物品具有足夠的藝術原創性或可分離的藝術特徵,在某些國家中,同一物品可同時具有著作權和設計權的保護。

複雜性

除了著作權範圍以及著作權是否能保護公司的投資之外,當今至關重要的政策和政治問題是,著作權所有人和網

路公司之間在網路上對盜版內容控管的爭鬥，這得益於傳輸和儲存盜版內容的寬鬆法規，以及能輕鬆達到法律上的免責標準（請參閱第七章）。此外，還有一些因為新科技而威脅到傳統著作權形態之商業模式的新興議題，美國是以著作權的合理使用概念來捍衛這種商業模式。

廣播傳輸和演奏具有不同類型的複雜授權方案，超出本書範圍，此處不多著墨。著作權和授權結構難以套用現今這個年代的新發行銷售形式，且對於不熟悉此領域的人而言，很難確定一個特定專案需要哪些智慧財產權，或確定公司能在何處購得這些權利，而公司又已擁有哪些權利。例如，音樂作品的作者、歌詞作者和表演者擁有獨立的著作權，這在網路串流音樂的領域中造成緊張關係，因為在這些彼此獨立的著作權所有人之間，存在如何妥適分類權利金的爭議。同樣地，購入傳統賽璐珞底片的電影資料庫並不會轉讓著作權的任何權利，如《美國著作權法》（*US Copyright Act*）中規定：

轉讓任何實體物之所有權時……轉讓著作原件，並不會轉讓該著作原件之著作物的任何權利。

因為需要從參與該電影製作的眾多個人和公司處分別取得著作權，著作權相關規範可能也不足以涵蓋網路這類新媒體或新的發行銷售型態。

著作權保護的概念存在已久，但法律保護範疇可能會隨著歷史演進而改變，例如，在1972年之前，關於錄音著

作的著作權，在美國是受各州法律管轄，而非聯邦法律所管轄，這導致了現今那些網路上錄音著作侵權的爭論。而在許多國家中，在保護期間內，著作權之所有應歸作者或其繼承人所有。儘管著作權的原則很簡單，但在收購或使用現有著作時（例如電影和〔音樂的〕錄音著作），取得必要權利的過程相當複雜，必須確認哪些人擁有哪些特定著作的著作權，有些「孤兒」（orphan）著作甚至找不到著作權所有人，因此，處理可受著作權保護之著作案件，通常是詳細調查事實後，剩下對現實的奢望和訴訟問題。

改革

如本章節所述，新的科技和網路使得著作權變得更加複雜且充滿爭議，在數位的世界中，訴訟對於界定邊界和適用規範的改革速度相當慢。在 2013 年 3 月，時任美國著作權局（Register of Copyrights）局長的瑪麗亞帕蘭特（Maria Pallante），在國會發言時宣告：「我們需要新時代的著作權法（think about the next great copyright act）」並且要「胸懷大志」（think big）[1]，美國才逐漸加速了修法步伐。

小熊維尼的爭論

這是一個長達二十一年的法律傳奇案例,故事圍繞著小熊維尼展開,此案揭示了許多著作權的複雜性問題,以及迪士尼藉由小熊維尼角色商業化所獲得的可觀的收益。其中包括:著作權的權利期間非常長,舊協議被認為無法解決近幾十年來興起的高價值新商業模式和新產品,因此,三方之間就權利金的爭論引發分歧,特別是關鍵協議中,決定要受讓或進行授權,還有著作權是否應歸屬作者之繼承人等,產生意見分歧,正因這些涉及權利的巨大價值,讓此一連串問題一發不可收拾。這一連串問題的前因後果如下:

- 1920 年代,艾倫亞歷山大米恩(Alan Alexander Milne,通稱為 A. A. 米恩)在英國的蘇塞克斯(Sussex),撰寫出小熊維尼的故事;
- 1930 年,紐約的史蒂芬史萊辛格(Stephen Slesinger)自 A. A. 米恩手上,取得小熊維尼故事在美國和加拿大的獨家銷售權和其他相關權利,其中特別指明「在著作權個別之存續及延展期間內」;
- 1961 年,史萊辛格家族之繼承人[2]協議將小熊維尼故

---

[2] 史蒂芬史萊辛格是一位美國著名的電視電影製作人,於 1953 年逝世,故此處指的是其遺孀 Shirley Slesinger Lasswell,而其遺孀於 2007 年逝世。

事轉讓給當時的「華特迪士尼製片公司」（Walt Disney Productions）[3]；

- 根據美國《1976年著作權法》（*1976 Copyright Act*），作者或其繼承人可終止1978年以前的著作權授權（請參見下文）；
- 1983年，華特迪士尼製片公司與小熊維尼故事的著作權所有人達成一個新協議，解決了這個問題；
- 1991年，史蒂芬史萊辛格的繼承人提起訴訟，主張「華特迪士尼公司」（The Walt Disney Company）未支付對應的權利金，違反1983年的協議；
- 1998年，美國通過了《Sonny Bono著作權期間延長法案》（*Sonny Bono Copyright Term Extension Act*）；
- 2002年，小熊維尼故事的原作者繼承人克萊兒米恩（Clare Milne）與華特迪士尼公司聯手，依據新的《Sonny Bono著作權期間延長法案》，欲終止史萊辛格家族之繼承人的權利，但敗訴；
- 在此同時，史萊辛格家族之繼承人也提起其他訴訟，主張華特迪士尼低報年收金額，刻意規避應支付的真實權利金金額，侵害了其所有權，此訴訟於2013年被美國最高法院駁回；此外，史萊辛格家族之繼承人同時主張取消華特迪士尼擁有的商標所有權的訴訟，此訴訟於2012年被聯邦巡迴上訴法院駁回。

---

3 「華特迪士尼製片公司」（Walt Disney Productions）（1929-1986），因組織和跨國業務調整，其於1986年更名為「華特迪士尼公司」（The Walt Disney Company）。

如何取得著作權?

與專利或商標不同,著作權不需要特別登記,在符合著作權保護要件的前提下,著作創作完成時或固著後,即產生著作權保護。《美國著作權法》規定「原創性著作……固著於有形表達媒介」。有形的表達媒介是指任何「以現在已知或未來發展出來之任何方法,使該著作之內容可供直接或藉由機械或設備之幫助而被感知、重製、或其他播送」,因此,該法案旨在涵蓋所有形式的電子媒體。根據主要的國際著作權條約《伯恩公約》,將著作以有形之形式固著的要件因國家而異,根據英國的著作權法規:「文學著作、戲劇著作或音樂著作必須以書面或其他方式記錄下來,才能以著作權作為保護。

許多國家並沒有著作權的申請或登記規定,《伯恩公約》中也沒有規範這些事項,唯一例外的是美國,如果美國的著作權所有人想在法院中主張其權利,就必須在美國登記;對於非美國的著作權所有人而言,登記也一樣有用。同樣地,在其他國家主張所有權或其他權利時,登記或正在登記中的著作權也會有所幫助。在美國,著作權登記相對簡單,美國著作權局提供線上登記服務。

著作權聲明(如本書開頭所述)表示主張著作權之所有,但《伯恩公約》下並無規範此聲明的法律意涵。然而,在其他國家(包括美國)的法規中,此聲明之通知可以主張著作權之無辜侵害(innocent infringement),通知的形式規範為:

「Copyright 或 © [首次公開 / 出版年份] 和 [著作權所有人姓名]。

　　就商業上來說，無論著作權保護的限制到何種程度，著作權幾乎都是無價的創作，所有企業都應竭盡全力擁有其創作或委託之作品的著作權，並且應尋找任何可能擁有之權利並發出聲明主張著作權。關於著作權之所有會在第八章中討論。

著作權標的

❖ 觀念

著作權不保護觀念或發明，《美國著作權法》規定：

> 著作權不保護任何觀念、程序、製程、系統、操作方法、概念、原則或發現。

　　因此，著作權可以保護發明的描述，但不能保護發明的使用；著作權可以防止他人複製發明相關的附圖或文件，但不能防止複製其中所揭露的觀念，保護這些觀念歸屬於專利或保密協議的領域。

❖ 軟體

　　在電腦程式中編寫的特定形式（表達）是著作權之標的，但某種程度抽象化的電腦程式觀念、方法或功能性並不

受保護[4]。

　　至今我們仍在訴訟實務中繼續探索，著作權對於電腦軟體的保護可以到什麼程度，舉例而言，於本書完成之前，Google 與「Oracle」（甲骨文）公司的安卓作業系統美國訴訟已持續了一陣子，此案爭點在於，Java 程式標頭與應用程式介面（Application Programming Interface，API）是否為著作權所保護之標的，其中 API 的作用是允許一個程式與另一個程式一起操作。初審時地方法院裁定：著作權的保護對於功能性的程式而言是有限的，此 API 並非著作權所保護之標的；但聯邦巡迴上訴法院認為，著作權保護只要求有限分量的原創性，此案著眼於在編寫程式時，有「選擇」可用之表達方式，進而認為程式標頭的編譯以及程式的結構、次序與組織均受著作權所保護，此上訴案的爭點在於，Google 對著作權內容是否構成合理使用（請參見下文）。

　　在此同時，歐洲法院在《Case C-406/10，SAS Institute Inc. v World Programming Ltd》案中裁定（2012 年 5 月 2 日），電腦程式的著作權保護範圍受到很大的限制，至少，指稱之複製品不能存取相關程式的原始碼，而是只能研究其功能。在這種情況下，除非逐行複製程式代碼，否則可能難以認定其侵害著作權[5]。

---

[4] 這是著作權另一系列經典案例：在電腦程式碼領域中，抄襲究竟會達到何種「相似程度」的判定法則，可能因篇幅原因，作者此處未多做著墨。

[5] 此案爭點是討論解譯與還原工程的爭議。歐洲法院認為，只要不侵害電腦程式的著作權，權利人不能禁止有權使用電腦程式的使用人進行解譯或還原工程，此一概念較台灣看法略廣。

然而，就像其他產品一樣，軟體能受到多種形式的智慧財產權所保護：例如討論更多細節的著作權、探究功能性的專利，以及處理機密層面的營業秘密。

❖ 事實和資料

法院有時會設法避免其他類型標的公然搭著作權便車的模式，請注意著作權並不能保護「事實」（facts）。例如，在美國，根據「熱門新聞」（hot news）原則，在某些有限情況下，盜用侵權（tort of misappropriation）行為可能會阻止競爭性複製和傳播高時效之單純為傳達事實，例如新聞饋送（news feeds）。

儘管著作權無法保護事實，但可以保護事實的創作性配置。如《世界智慧財產權組織著作權條約》所述：

> 資料或其他素材之編輯著作，不問其係任何形式，基於對其內容之選擇或編排構成智慧之創作之原因，係被保護。此等保護並不及於資料或及他素材之本身，且不損害該編輯著作所含資料或其他素材原有之任何著作權。

《歐洲資料庫指令》（European Database Directive）為資料庫提供了獨特的保護，它將資料庫定義為：

> 有系統化或有條理的方式，且可透過電子或其他方式個別存取的資料或其他內容配置。

資料庫內容的選擇或配置受著作權所保護，另外，此一指令還為歐盟的資料庫製造商提供專門的保護，詳言之：

> 針對內容取得、實證或呈現上，有質且／或量上相當投資……以防止他人對資料庫內容進行質且／或量上、或全部或相當部分內容之擷取或再利用的行為。

美國並不保護這種「辛勤原則」（Sweat of the Brow），其資料庫的著作權保護依據一般的著作權法，且資料庫必須具有基本分量的原創性。日本和中國迄今還未有類似於《歐洲資料庫指令》的資料庫相關法規，故前述規範目前暫時只適用於歐盟。

不過，不符合著作權或特殊保護條件的資料庫，仍可透過合約使用條款和條件來保護，例如保密協議，或是具有合約之約束力的網站條款和條件，用以允許存取資料庫。

❖ 半導體布局

1984年，美國通過了《美國半導體晶片保護法》（US Semiconductor Chip Protection Act，SCPA），此法可以保護半導體晶片的設計或布局（光罩著作），這可以說是因功能性質不受著作權法所保護，而產生的特殊登記系統。其他國家也有類似法規，《TRIPS》第二部分第六節中有要求保護半導體布局。

❖ 實用性物品

從歷史上來看，服裝在美國一直未受到著作權所保護，但織物設計卻在著作權保護範疇內，美國時尚產業陸續在遊說保護時裝設計的具體立法。誠如前文所述，對實用性物品外觀或形狀的特殊保護形式，目前歸屬於設計權，在美國稱為設計專利（請參閱第五章）。

國際性保護

著作權受到幾個國際條約所保護，包括《世界著作權公約》（Universal Copyright Convention）、《伯恩公約》和《世界智慧財產權組織著作權條約》。世界上大多數主要國家均為前述一條或多條國際公約的締約國，作為締約國的公民，著作權所有人可以在發生侵害著作權行為的另一締約國家的法院中，主張其著作權。但注意，在另一個國家進行侵權訴訟時，應遵循該國當地的現行法規。

著作權保護期間

著作的著作權保護期間取決於許多因素：例如所涉及的文學、音樂或藝術著作的類型；是否僱用作者創作該著作；在何時及何地出版該著作；以及不同國家對該著作之著作權的規定等。並非所有著作權都具有相同的保護期間，即便是同一著作（例如音樂錄音著作）也是如此，錄音著作的著作權是依據其固著於有體物開始計算年限，而樂譜中的著作權則是取決於作者的年紀（終身享有）。

國際著作權條約規範了這些基礎規則，但近年來的趨勢是在國家層級立法中加入著作權保護期間，故實務結論是，所有著作都應假定其具有著作權保護。

關於博物館中的古老藝術品，經常引發著作權問題，倘若欲複製的圖樣不是從藝術品原件複製，而是從該藝術品的數位複製品來複製，就有可能遇到著作權保護的問題（儘管此類主張不夠有力），或者該數位複製品位於禁止攝影的區域等，都會讓問題複雜化。

本書結尾的「實用資源」段落中，有列出著作權保護期間的政府和其他資源的連結網址。

著作權所有人的權利

整體而言，根據美國法規，著作權所有人擁有排他權，可控管著作權著作的複製、發行、公開展示和演奏，以及從著作中轉換的作品（在美國稱為「衍生作品」）；根據英國法規，著作權所有人擁有排他權，可複製著作、向公眾發行著作複製本、出租或出借著作給公眾、在公開場合展示或演出、在公開場合傳播，以及對著作進行改編，或進行以上相關之任何改編著作。在音樂和廣播範疇中，則具有複雜的管理和授權規定。

侵權

所謂的侵害著作權是指，複製著作中具有原創性和可受

保護之表達形式（protectable expression）的元素；以及未經授權而行使著作權所有人的任何其他權利，例如發行銷售權。確認哪些是具有原創性和可受保護的元素，以及確認該著作是否已被複製或受到著作權侵害，是十分複雜的流程。

針對鼓勵或誘使他人造成的侵權，人們可能需要為此負責，這稱為第二侵權責任，例如網路P2P音樂侵權相關案件，美國最高法院於2005年的《Grokster》案中裁定：

> 倘若某人發行銷售設備具有促使他人侵害著作權之目的，而具有明確意思表示或採行其他積極步驟以協助侵權行為，應對他人造成的侵權行為負責。

同樣地，提供某些科技上規避措施（例如用於保護著作權而採取的加密措施）的人也應承擔侵權責任。如1996年《世界智慧財產權組織著作權條約》第11條所述：

> 締約各方應有適當之法律保障及有效之法律救濟規定，以對抗規避著作人所使用於行使本條約或《伯恩公約》所定權利或供作制止未經著作人授權或法律所允許對其著作所為行為之有效的科技措施。

例如，美國的著作權立法上禁止對具有著作權之著作「迴避」「可有效控管存取」的「科技上之規避措施」。

著作權侵權救濟

英國的著作權法規提供了廣泛的救濟途徑：

在著作權侵權訴訟中，所有針對其他財產權侵害可得之救濟措施，如損害賠償，禁制令，補償或其他方式，均得於著作權侵權訴訟中主張。

在美國，損害賠償會包括侵權人的利潤以及著作權所有人的損失，此外，還有一個法定賠償額的計算方式，依據每件經法院認定之已登記被侵權著作，依著作數量乘以每件 750 美元至 3 萬美元不等；故意侵害著作權的法定賠償金額可提高至每件 15 萬美元；而無辜侵害著作權的法定賠償金可減少（請參見下文）。在某些情況下，可能會收取額外律師費；另外注意，美國某些類型的侵害著作權可能構成刑事犯罪。

在許多國家裡，訴訟過程中可能會扣押侵權的印刷板模和複製品，且確定裁判時可能會發出銷毀命令。

在歐盟，可使用海關服務來禁止進口侵權商品；而在美國，登記著作權的另一個好處是可以登錄到美國海關暨邊境保護局的電子記錄系統。

限制

第七章會討論 ISP 的抗辯權，以及就 ISP 託管之侵權內

容所提供給著作權所有人的有限救濟措施，從著作權所有人的角度來看，這是就網路著作權侵害行為的主要執行障礙。

合理使用和新科技

《美國著作權法》中有提出合理使用的概念，其規範：若出於批評、評論、新聞報導、教授、學術或研究等目的所為之複製行為，應屬合理使用而不構成著作權侵害，其中通常以下列因素作為判斷系爭行為是否為合理使用：有著作權之著作的使用目的與特性（是否為商業用途）；有著作權之著作之性質；使用部分對於有著作權之著作的整體分量與重要性（依據特定的測試法則，例如，僅複製著作中的很小但很重要的部分，就可能會造成問題）；以及，使用之結果對於有著作權之著作的潛在市場與價值影響。

關於這些新科技，合理使用和著作權侵害的戰爭，可以追溯到 1984 年最高法院的《Sony Corp. of America（索尼美國公司）v Universal City Studios（環球影業公司）》案，法院堅持：消費者使用「Betamax VCR」技術錄製電視節目，以便以後在其所選時間觀看的行為，具有合法性。據此我們可得知，任何此類複製都在合理使用範疇內。

對於合理使用分析，近年的案例是「Google 圖書」（Google Books）的長期訴訟，在 2013 年 11 月，紐約南區地區法院判決，Google 圖書的行為符合美國著作權法之合理使用

（此案目前仍在訴訟中[6]），本案爭點是 Google 圖書已掃描並複製了數百萬本書籍，唯一問題是此複製行為是否屬於合理使用，就此法官認為法規中列舉之因素為「非專屬且僅提供『一般指引』，其應依據著作權之目的探索及整體衡量」，判決書中稍後提及：

> 我認為，Google 圖書貢獻了重大的公共利益，不僅有助於藝術和科學的進步，同時維持並尊重作者和其他創造者的權利，沒有對著作權所有人的權利造成不利影響，它成為一種有價值的研究工具，可以允許學生、教師、圖書館員和其他人能更有效率地識別和找尋書籍，讓學者能輕易地在數千萬本書籍中進行全文檢索，它也保存了書籍，特別是針對絕版書和已被圖書館遺忘的古老書籍，賦予它們新的生命。此外，它還為閱讀障礙讀者和遠距或缺乏相關服務的人們提供閱讀的管道，它吸引了新的受眾，並為作者和出版商創造新的收益來源，綜上所述，整體社會都能受益。

據此，業內確認此複製行為是合法的。

---

[6] 此案自 2005 年提起訴訟，作者此處指的時點是 2013 年 11 月紐約南區地區法院的判決，該案判決認為 Google 圖書的行為係合理使用；但原告繼續上訴至美國第二巡迴上訴法院，本上訴案於 2015 年 10 月（作者完成此書後）仍舊判決：Google 圖書的行為係合理使用；同年底，原告繼續上訴至美國最高法院，最終，2016 年 4 月美國最高法院駁回此案重新審理的請求，長達十一年的訴訟，自此塵埃落定。

任何合理使用案例的結果都取決於其具體事實，但是美國法院對著作權內容的商業使用情況所考量的點是，新科技對於具有著作權的著作使用是否為「轉化利用」（transformative）？例如在用途、功能或表達方式上添加新的或不同的內容。

　　《伯恩公約》中，對於合理使用的概念是：

對於依法已向大眾公開發表之著作，得於符合公平合理方法，並且亦未超過引用目的之必要限度內，予以摘錄引用。引用刊載於新聞報紙上之文章作品及期刊雜誌上的著作，以作成新聞時事之摘要者，亦為本項所指之摘錄引用。

　　然而，相較於美國對合理使用所採取的靈活方式，英國和其他國家對於著作權所有人的權利，具有更嚴格且具體的「合理使用」或「公平處理」例外制度，不過，英國在2014年修法時，又擴大了合理使用的範疇。

新的發行模式

　　2012年，美國一家新創公司「Aereo」推出了一項服務，該服務藉由網路串流來傳輸電視內容，Aereo建立了許多遠端微型天線，當用戶想收看廣播電視節目時，就可以指定一個微型天線專供該用戶使用，進而可以觀看、儲存和下載廣播電視節目內容。這對廣播電視產業來說影響重大，因為大

部分觀眾選擇昂貴且令人沒有好感的有線電視提供者，主要原因就是可以觀看廣播電視節目，但現在只要透過網路，就能下載和串流觀看合法的電視和電影節目，因此 Aereo 隨後惹上了多宗訴訟，案件進入美國最高法院，爭論的重點在於 Aereo 的服務是否侵害了著作權所有人的公共表演權（public performance right），最終 Aereo 在此案中敗訴，並於 2014 年申請破產。最高法院站在廣播電視節目服務商的立場表示，Aereo 的服務，實質上近似於有線電視提供者的服務，故 Aereo 侵害了有線電視提供者網路的權利：

> 就此案而言，兩者存在差異，但這些差異與 Aereo 提供的服務性質無關，而是與 Aereo 提供的服務技術方式有關。

另一位持不同意見的法官認為這只是「看起來像有線電視」（looks like cable TV）的分析。

Aereo 在某種程度上，與以前的著作權和新科技案例有所不同，因為最高法院自行決定以廣義解釋填補反對者所稱之法律漏洞[7]。該判決為網路新科技供應商帶來了不確定性，但這個經典案例的教訓可能是，法院對待新科技的態度並不太友善，認為這些新科技可直接自著作權所有人取得收益，

---

[7] 此案中多位法官抱持不同的立場，除了技術方面的爭論之外，此處作者提及的是，這個判決係「結果導向」（result-driven rule），先依據公眾多數人所期望的結果，再回頭解釋原因，而不是正面地依據法律來探討並研究得出的結果。

又沒有提供給消費者與眾不同的新科技。

首次銷售原則

首次銷售原則是指，允許一本書的所有者將其贈與他人或出售給他人，這並不會侵害著作權所有人的權利；但隨著數位檔案的問世，事情變得複雜化。

在美國的《ReDigi》案中，爭點在於數位檔案（例如合法下載的音樂）的二手交易是否適用首次銷售原則；「國會音樂集團」（*Capitol Records*）控告數位音樂轉售商「ReDigi」侵害權著作，而在此同時，有報導指稱亞馬遜（*Amazon*）也對此領域有興趣，正計畫成立一家銷售二手數位媒體的公司。回到《ReDigi》案，紐約地方法院裁定，就技術層面上而言，ReDigi 系統中涉及了不允許複製的「國會音樂集團」著作權內容。

在歐盟以及著作權法規的一般原則中，軟體保護受「歐盟電腦程式指令」（*European Software Directive*）的管轄，該指令規範對電腦程式的保護，但同時也限制了軟體所有人的某些權利，其中該指令特別規定，電腦程式的首次銷售將耗盡所有人限制發行銷售的權利。此一限制來自歐洲法院 2012 年一起涉及大型美國軟體公司「Oracle」的案例。根據先前的判例法，已確認無限期使用某軟體權利的一次性授權視為商品銷售，且根據「歐盟電腦程式指令」，軟體所有人不可將該軟體的實體複製物的轉讓給他人。《Oracle案》的爭點是，這是否適用於所有人在網路上發行銷售軟體，讓使用者下載

軟體的情況。

法院認為，根據允許使用以下內容的授權協議，一旦著作財產權人授權給使用者，提供使用者該軟體的複製品（無論是有形形式的 CD-ROM 或無形形式的下載程式），收取費用，且該複製品無使用期限限制，則著作財產權人實質上是將複製品發行銷售給使用者，並且耗盡其專屬發行權。即使授權協定中禁止軟體進一步轉讓，著作財產權人也不能阻止該複製品的轉售行為。而在美國，似乎不存在這種情況，一般認為首次銷售原則不適用於具有授權使用限制的軟體。

針對發行銷售數位檔案（如《ReDigi》案），歐盟是否存在權利耗盡的議題而導致了裁決意見不同，此議題及其範疇最終將由歐洲法院決定，儘管 2015 年的法院案件跡象表明，在軟體領域之外，耗盡僅適用於實體發行銷售而不包括數位發行銷售。

執行上的限制

如前幾章有關專利和商標的章節中所述，大多數法系制度都具有消滅時效法規的概念，這可以避免在侵權發生時點後一定時間，才提起的侵權訴訟。至於美國著作權法規規定，必須在請求權產生的三年內提起訴訟，但注意每一次請求權（新一次的侵權行為）產生時都會新增三年期限；而英國的請求時效則為六年。除上述的請求時效之外，還有一些概念，例如不合理的遲延、因對被告的偏見而造成的遲延，或著作權所有人採取的行為使被告獲致不會起

訴之理解等，這些都可能限制或排除著作權所有人對侵權方提起救濟措施。

在《Petrella v Metro-Goldwyn-Mayer（米高梅公司）》案中，美國最高法院縮小了適用原則的範圍，其指出：

> 著作權所有人幾乎沒有責任⋯⋯去處理每項可起訴的侵權行為，並等待看著侵權人是否會針對著作權之著作剝削其價值，這說來也無濟於事⋯⋯即便侵權造成損害，所造成的損害也可能太小，找不到支付訴訟費用以進行訴訟的理由。

這在侵權行為成比例倍增的世界中似乎是正確的作法，但法規因國家而異，即便是《Petrella v Metro-Goldwyn-Mayer》案後的美國也一樣，具體取決於事實，由於遲延或誤導性的行為，可能導致其權利喪失或限制權利。

價值和優勢

著作權價值取決於有多少人想要擁有、收聽或觀看具有著作權的著作，如果發生無法制止且氾濫的侵權行為時，或者當新科技創造出一種規避著作權的方式，但尚未有適用的著作權法規可規範時，此時著作權可能會失去價值。第七章會討論到：受著作權和ISP所保護的內容所有人，以及網路上其他內容發行銷售商之間的鬥爭，是現今智慧財產法規的

一個主要議題，主因是此議題涉及巨大的經濟成本。

與專利相比，著作權受到的法律挑戰比較少，如果不是逐行複製的情況，那麼判定侵權的流程可能會很複雜，且對於是否可保護被複製的元素存在疑問；然而，如果是直接且實質地複製著作，那麼執行著作權就會非常簡單。面對眾多著作權案件，有一句頗具影響力的法律箴言：「值得被仿冒（複製）的東西就是值得被保護的東西」（what is worth copying is worth protecting），最佳證明就是著作權所有人的原創性著作已被用於二次作品（secondary work，俗稱「二次創作」）的製作。反之，專利則是存在專利範圍、有效性和可執行性的法律議題。

當許多人意圖對受著作權保護的軟體或創作性著作，以明顯侵害所有人法定權利的方式複製或以其他方式規避時，著作權就具有強大的法律效力，舉例而言，編寫本書所用的微軟 Word 軟體著作權非常有價值。同樣地，例如安妮・萊柏維茲（Annie Leibovitz）和大衛・貝利（David Bailey）等著名攝影師的作品，其著作權也非常寶貴。

有了著作權保護的限制，複雜的文字處理軟體程式或特定圖像的著作權才不會因此失去價值。創作出一個新的軟體程式需要耗費大量的工作心力，而照片中的景色無法精確地重現拍照瞬間，就不會有相同的視覺效果，在前述兩種情況下，著作權都是一種有效的保護形式。然而，作為事實著作的本書著作權價值較低，不僅是因為此類興趣或用途不那麼廣泛，也是因為只要不複製我表達這些事實和觀念的具體語

法，只要複製書中的事實和觀念就可以了。換言之，著作權保護事實和觀念的表達方式，而不是保護事實和觀念本身。

開源和著佐權（copyleft）軟體

開源軟體是指免費提供原始碼給他人使用、修改或散布的軟體，但必須遵循指定的授權條款，就某種意義上來說，由於作者並沒有放棄其權利，故開源軟體並非公共軟體。開源軟體也不一定與免費軟體或共享軟體相同，免費軟體或共享軟體可以免費使用，但要遵守專屬的授權條款。更確切地說，開源軟體是作者按照特定條款所提供的軟體，這些特定條款例如有：要求被授權人公開並散布其創作完成的任何修改過的原始碼（甚至是以機器可讀的形式）。

開源軟體有些理念，著作權會阻礙程式的創造性修改，如果將原始碼免費提供給一個討論區，則該討論區的使用者可以透過其個別的努力來改良程式。然而，這存在一種二分法，因為開源討論區中的使用者傾向於以最大的懷疑態度看待智慧財產，而商務軟體的使用者則擔心，倘若不經意地使用了帶有「授權感染性」（viral）的軟體，也會依據「著佐權」而將使用者的開源軟體變更（感染）為公有領域的授權狀態。

著佐權是一個出現在開源軟體中的概念。著佐權授權的最主要形式是根據自由軟體基金會（Free Software Foundation）創辦人理查・史托曼（Richard Stallman）開發的「GNU 通用公共

授權條款」（GNU General Public License，GPL）。GNU 網站（www.gnu.org/licenses/licenses.html）中闡明了開源（或免費）軟體背後的理念，並解釋為何應公開發布開源軟體的修改和擴展版本。

但是，將此類衍生著作向公眾公開的要求被歸類為「授權感染性」，讓開源軟體這個層面引起了銷售或授權專屬軟體的公司關注，他們擔心的是，使用開源軟體時帶入專屬程式碼，並由此修改開源程式碼，專屬程式碼的所有人會被迫將其專屬程式碼以原始程式碼的形式變更（感染）為公有領域的授權狀態，從而實際上失去著作權和營業秘密的保護。

這種擔憂不只包括故意使用開源軟體，還包括員工或承包商在未通知管理方的情況下，使用著佐權授權之開源軟體的風險。常見的例子是：軟體工程師也會使用網路上免費的開源軟體，他們會「借用」某些實用的程式碼，作為程式研發的省事捷徑。

就軟體工程以及適用但有時模糊的法律語言授權而言，由於開源軟體與專屬軟體交互作用的細微差別，以及這種交互作用的法律實務具高度技術性，此一事實造成這些困難更加複雜。因此，謹慎的律師會擔心任何開源軟體的使用，例如，在專屬軟體公司的融資或軟體研發人員授予的主要軟體授權中，第三方（例如銀行或被授權人）會確認有關開源軟體使用的合約保證。

使用商用工具掃描程式碼，來檢測專屬程式碼中開源程式碼的使用，在許多情況中，可以在專屬環境中「補救」（remediate）開源軟體的使用，意指可以將開源程式碼從軟體

發布者所發布的所有副本中刪除,並替換成專屬程式碼。

當軟體研發公司被較大型的公司收購,或者科技公司計畫在重要的應用程式中使用第三方程式碼時,執行這類預防掃描變得愈來愈普遍,但是,請最好在使用開源軟體之前,確實解決在私人控股公司內使用開源軟體的問題。

著作人格權和其他權利

美國著作權法規規定,1978年1月1日之後,由作者授權或轉讓的著作權,在某些情況下,可於授權或轉讓起三十五年後終止(意即該法規自2013年開始產生影響)。在某些國家和某些較古老的著作中,「英國復歸權」(British Reversionary Right)——這個十分響亮的稱號,就是在說著作權的復歸權,意指授權或轉讓終止。

與著作權密切相關的是人格權,即便作者已經將著作權受讓予他人,但他或她仍可能繼續擁有作者的姓名表示權,或有權阻止著作被進一步修改。歐陸法系國家中的人格權被認為比普通法系國家更強,之所以產生這種區別,是因為歐陸法系更注重著作權著作創作中的人為因素,而非其商業利用的部分。然而,即便在歐陸法系國家之間,人格權法規也存在很大差異,像歐盟內部就尚未就人格權法規做出一致協調,實務上的作法是,企業應確保創作者已放棄其人格權,並確保相關著作中的任何著作權受讓狀態。

此外,在某些國家(例如加利福尼亞州[8]),藝術家可以依據所謂的「追及權」(droit de suite)原則,在其藝術品的銷售轉手後,持續獲得權利金。

梳理權利(clearing rights)

在商業環境中使用第三方內容會產生很多問題,科技使得創作多媒體檔案時可包含圖像、電影剪輯和音樂,這些內容都可以從網路下載取得[9]。

在某方面來說,圖像和音樂的問題比著作中的文字簡單得多,某人可能擁有圖像、音樂作品和錄音著作本身的著作權,如果要複製一個片段,就需要取得授權。這是因為,可以下載具有著作權的著作,並不代表可以複製具有著作權的著作。此外,圖像的主題可能會根據使用方式,而有不同的權限要求,包括被拍攝對象的個人公開權或人格權,以及被拍攝對象(例如藝術品著作)的潛在商標權或其他著作權。

合理使用也有例外情況,但原則尚待解釋。例如,目前已經有網路檢索結果中使用「縮圖」圖像的相關訴訟。

如果是涉及文字的著作權,簡短的引用和近似用法通常

---

[8] 作者指的是美國加州針對追及權有立法規定(Civil Code section 986),但 2012 年加州地方法院在一個相關案件中認為該法規違憲,並上訴至第九巡迴法院,2015 年第九巡迴法院同意加州地方法院的觀點,並修正對應條款,該案最終在 2016 年(作者完成此書後)由美國最高法院駁回原告請求,即同意第九巡迴法院的觀點。

[9] 梳理權利是指,將權利分開授權的前提下,需要整理清楚各權利的所有人和來源,傳統上台灣習慣是採行集合授權方式,而不盛行分開授權,但近年來,台灣有逐漸套用公眾授權條款作法,故日後可能會漸漸興起此一概念。

會被認為合理，重點在於必須考慮引用的比例、與著作權所有人的任何競爭行為，以及確認來源。

最後要注意的是，幾乎所有的網站以及畫廊和博物館等許多機構，都有使用條款和條件，依據著作權法規，其中某些內容可能已屬於公有領域，但可能依然適用合約條款限制。

5 設計權
Design rights

本章節討論：保護物件外觀和形狀的智慧財產形式，其涵蓋如連帽衫和冰淇淋車之類的多樣設計，是一種愈來愈重要且低成本的智慧財產形式。

經歷「手機專利戰」後，凸顯出設計權愈來愈重要，有關 iPhone 和 iPad 的《APPLE v Samsung Electronics Co Ltd》案核心議題，正是設計專利和設計權，而設計權也逐漸運用於時尚產業中，英國在 2014 年修法後，設計權涵蓋範疇變得更加強大。

另外有一種情況，儘管 3D 列印目前還未普及到每個人的生活中，但保護「物件」形狀的智慧財產權可能變得愈來愈重要，這是因為，如果預測成真，3D 列印可能普及到讓消費者能夠自行複製和列印其擁有的物件，因此，當設計檔案透過 P2P 共享予特定對象，就像音樂透過網路共享那般，將非常不利於音樂發行商，以設計檔案為主題的物件將被列印並遍布世界各個角落。

有關需注意之要點和策略考量的快速摘要，請參閱第 396 頁

如前一章所述，實用性物品（而製造實用性物品所依據的圖紙則受著作權所保護）通常不受著作權所保護，且根據商標法規，實用性物品如需要商標保護，則需要證明其產品特徵具有識別性。設計權或工業設計權（industrial design rights）旨在填補此一空白，是一種實用的保護形式，從汽車到玩具，再到複雜的工業機械組件等物件，以及例如具有區別性（distinctive）的電腦介面等物件，都在其保護範疇中。

如何取得設計權？

歐盟

若欲在歐盟受到設計權保護，必須具有新穎性（novel），一般可以向位於西班牙的 EUIPO 註冊設計專利，該機構也負責歐盟商標的註冊事宜，歐盟設計專利註冊為期五年，最多可以延展四次；除了註冊設計專利之外，歐盟還有一種非註冊設計制度，在歐盟境內首次公開設計後，即自動獲得自公開日起算三年的保護，但這不像註冊設計專利的排他概念，非註冊設計制度僅為避免他人抄襲，倘若他人創作並無抄襲嫌疑，仍做出相近設計，這並不構成侵權。另外，WTO 的《TRIPS》中也有就設計權提供國家層級的保護。

有關 iPhone 和 iPad 的《APPLE v Samsung Electronics Co Ltd》案中，歐盟註冊設計專利一直存在爭議。2012 年，英格蘭及威爾斯高等法院（High Court of Justice of England and Wales）做出判決，其認為三星的「Galaxy 平板電腦」未侵害對應的蘋

果註冊設計專利,判決書中包括一句後來變成名台詞的理由:「三星產品不如蘋果的設計『那麼酷』(not as cool)」。而在德國,德國法院發出對三星的初步禁制令,德國該初步禁制令卻與英格蘭及威爾斯上訴法院(Court of Appeal of England and Wales)的判決結果相衝突。上訴法院法官羅賓雅各(Robin Jacob)的此一判決,對於已註冊之智慧財產權的範圍具有指標性意義(例如 iPad 這種流行產品),並說明了註冊設計專利與商標權或著作權的區別:

> 由於此案(以及其他國家進行中的平行訴訟)已經引起各國社會大眾的關注,所以此案根本就不會有設計專利要件中的「混淆」的問題,這與三星是否仿冒了蘋果公司的 iPad 無關,侵害註冊設計專利並不涉及是否存在仿冒的任何問題:這問題十分簡單,只在於依據法律所規定的測試方式,被告的設計是否與系爭註冊設計專利太過相近。蘋果公司是否能就仿冒爭議在英格蘭及威爾斯提起訴訟(可能可以,但他們沒有這樣做),這也與本案完全無關。同樣地,就任何發明專利來討論,也沒有侵權問題。

因此,本案僅與蘋果公司的註冊設計專利與三星產品有關,此註冊設計專利與 iPad 的設計不同,相當地不同,舉例來說,iPad 的厚度要薄得多,且其側面曲線明顯相異,它們之間可能還存在其他差異,我自己就擁有一台 iPad,但我並

沒有進行過詳細的比較。回過頭來說，iPad 是否落入註冊設計專利的保護範圍完全無關緊要，所以就當作 iPad 不存在，此案必須做出裁定，但我們仍沒有決定要採用哪種方式。

美國

設計專利在美國一直被世人所遺忘，直到 2008 年左右，大眾才普遍公認能以合理的價格去提供潛在有價值的保護。在那一年的判例中，顯示對侵權的測試沒有以往那麼複雜，再者，儘管美國在發明專利訴訟中，有降低損害賠償金額的趨勢，但根據《美國專利法》第 289 條（35 USC 289）的規定，針對設計專利不同程度的損害賠償，侵權人須支付一定比例的利潤：

> 任何人⋯⋯銷售或為銷售而公開展示應用該設計或模仿該設計之任何製造物品，應向專利權人賠償其全部利潤，但不少於 250 美元，可在任何具有管轄權的美國地方法院予以追償。

設計專利的這些層面正是《Samsung v. Apple》美國案中，蘋果公司獲得鉅額損害賠償金額的依據，也是提起上訴的主因。

申請設計專利時，實際上只不過是少量文字加上一組專業圖式，因此撰寫費用遠比發明專利申請案便宜得多，申請和取得設計專利的成本也遠低於發明專利（參閱第九章），

而且核准專利的速度更快,其中設計專利和發明專利的優先權期限限制也相同(見參閱第二章)。

2015 年 5 月 13 日之後提出申請的設計專利案,有效期限改為自領證日起十五年。

國際性保護

《工業設計國際註冊的海牙協定》(*Hague Agreement concerning the International Registration of Industrial Designs*,簡稱《海牙協定》)提供設計專利的國際性保護,而《2012 年專利法相關條約實施法》(*Patent Law Treaties Implementation Act*)是《海牙協定》的美國配套修法,美國後期才決定加入《海牙協定》體系,故美國專利及商標局隨後制定了相關規範,使其成為國際海牙體系的一部分,這個改變把美國納入設計專利的國際申請體系,使得國際設計專利的申請程序比先前更加簡單而便宜。

其他保護形式

針對設計師手提包或設計精美的手機,可以有多種層次的保護,其不僅適用於設計權,還能涵蓋到商標法規的一部分,即前述的「商業表徵」或「裝飾」,在某些國家中,還能受到不正競爭防止法的保護。此外還有立體形狀商標註冊(請參閱第三章),而某些國家還能以實用性物品作為保護,

因為這些國家對實用性物品的著作權保護範疇更為慷慨。

價值和優勢

　　設計權（或設計專利）訴訟往往涉及許多複雜技術，它時常同時涉及設計專利的創作性（originality）或新穎性要件，以及可保護的元素是否受到侵害，設計愈具新穎性，則該設計在市場上的吸引力愈強，其設計專利就愈有價值。反之，漸進式的設計改良可能缺乏價值（也確實可能無效），但有鑑於許多國家的設計權仍和著作權一樣採取非註冊設計權制度，這種保護實際上是零成本，也意味著任何限制都不應排除取得這些權利的所有權，再者，設計專利或註冊設計專利並非免費，但它們卻比發明專利便宜得多。

6 營業秘密
Trade secrets

　　本章節討論：機密資訊的保護，資訊的機密性和資訊科技系統的安全性，是大多數企業的基本預防措施和保護措施。

　　許多公司的競爭優勢都建立在對資訊保密的基礎上，機密資訊不僅包括可口可樂的著名秘密配方，還包括生物科技中特殊的發酵方法，以及費時費力建立的資訊資料庫（請注意，在歐盟，資料庫為特殊形式的著作權所保護）。倘若一個產業中只有少數幾個大型製造商（例如飛機產業），營業秘密會是保護生產多個層面中的首選，因為市場參與者不太可能會相互授權專利，或提出專利申請案，因為這將讓競爭對手警覺到對方具有這個創新。

　　為了得到保護，就必須對資訊保密，這需要實體和資訊科技的預防措施，例如安全的建築物、房間或電腦系統，以及合約保護，例如與員工和合作者簽署的資訊保密協議，然

有關需注意之要點和策略考量的快速摘要，請參閱第 397 頁

考慮到國家資助的網路流量間諜活動、工業間諜活動、員工使用自己不安全的資訊科技設備，以及雲端資料備份和服務等問題，使得資訊究竟能否真正保密的實際問題令人擔憂。

由於對網路安全的擔憂，使得許多國家提出增加對營業秘密保護的提議，2013 年 11 月，歐盟提出了一項針對整個歐盟的指令提案——「保護未公開揭露之專門技術和商業資訊（營業秘密），防止其遭受非法收購、使用和揭露」（on the protection of undisclosed know-how and business information (trade secrets) against their unlawful acquisition, use and disclosure）[1]。美國也在進行各種立法努力，包括命名恰如其分的《防衛營業秘密法》（*Defend Trade Secrets Act*）[2]。

何謂營業秘密？

營業秘密的概念包含對公司而言很重要的各種資訊類型，例如從技術到策略再到財務都有，《TRIPS》第 39 條第 2 款中規定：

> 自然人和法人對其合法持有之資料，應有防止被洩露或遭他人以有違商業誠信之方法取得或使用的可能，該資料須：

---

[1] 這部法案於 2016 年 6 月（作者完成本書後）通過，即《歐盟營業秘密保護指令》（*European Union Directive 2016/943*）。

[2] 這部法案已於 2016 年 5 月通過，細節請見作者後述的美國州法與聯邦法規差異段落。

(a) 具有秘密性質，且不論由就其整體或細節之配置及成分之組合視之，該項資料目前仍不為一般處理同類資料之人所得知悉或取得者；

(b) 因其秘密性而具有商業價值；且

(c) 業經資料合法持有人以合理步驟使其保持秘密性。

在美國的大多數州中，營業秘密受《統一營業秘密法》（*Uniform Trade Secrets Act*，UTSA）所保護，紐約則明顯除外，與專利和著作權受美國聯邦法律保護不同，營業秘密是受美國州法保護，儘管該議題正在考慮由聯邦立法規定之[3]，但營業秘密屬於美國州法之範疇。

《UTSA》中將營業秘密定義為：

係指包括配方、模型、編纂、程式、設備、方法、技術或製程的資訊，而其獨立之實質或潛在的經濟價值，係來自於非他人所公知，且他人無法以正當方法輕易確知，而其洩漏或使用可使他人獲得經濟上之價值者；以及，已盡合理的努力維持其秘密性者。

---

[3] 作者提及的是聯邦法律《防衛營業秘密法》，這部法案已於2016年5月（作者完成此書後）由巴拉克‧歐巴馬總統簽署並公布施行，讓美國企業能更有效地於聯邦法院就跨州或跨國侵害營業秘密案件採取救濟途徑。故，原文中提及「營業秘密屬於美國州法之範疇」已不復見。

個人資料

　　一些成功的網路公司會藉由廣告或其他方式,利用其使用者的個人資料獲利,但是,濫用或丟失恐有安全性漏洞的個人資料,可能會造成嚴重的法律、財務和聲譽之風險損失。

　　個人資料是指有關個人的資訊,包括其出生日期、地址、聯絡方式、國民保險號碼、社會保險號碼[4]、財務資訊(例如信用卡號碼和銀行帳號)、醫療資訊或透過其網路或手機取得的設備活動資訊。

　　從技術面來說,個人資料並非機密(例如,您的鄰居知道您的住所,而您的雇主知道您的收益),與個人資料有關的權利通常不是智慧財產權,但這些個人資料的使用可能具有商業價值,且濫用會對個人造成傷害。規範第三方使用個人資料的法律,一般來說會與營業秘密法區隔開,況且,隨著資訊技術和網路發展,無論這是好是壞,在這個年代人們都可以跨國界收集、傳輸和共享各種資訊(請參閱第七章)。

如何產生營業秘密?

　　營業秘密來自於在機密環境中研發出的具有「新穎性」和「價值性」之標的,在這些機密環境中,有權取得資訊的人必須承擔保密義務;舉例來說,一組員工在研發化學產品

4　此處的國民保險號碼對應英國法法規,社會保險號碼對應美國法規,而台灣的類同資料為健康保險號碼或勞工保險號碼。

新配方時,必須對該配方保密,那麼在該配方被揭露之前,該配方就是營業秘密。

個別團體可以獨立研發出相同或相似的營業秘密,但是,獨立研發出的營業秘密並不能阻止那些不知道此營業秘密而已申請專利的人,向你主張專利受到侵害。儘管許多國家對使用者有特定的「先使用權抗辯」(prior user rights defense),可以保護早於專利申請前的發明使用,但這在事實和法律上通常難以證明,被告還要負責證明其先使用,這種辯護卻不一定有用(有一種解決此問題的方法,稱為「防禦性公開」(defensive publication),這是將發明內容清楚地公開到公有領域,用以避免第三方對同一發明申請專利的問題,但如此一來,該發明會失去智慧財產權的保護)。

未經授權取得他人研發產生的營業秘密,通常會引發問題,這可能是經常無意中盜用了屬於他人的營業秘密所引起的,例如僱用曾為競爭對手工作的員工或顧問,而該員工或顧問帶來了競爭對手的營業秘密。因此,應採取一些措施來確保進行專案的員工或顧問不會做出這種事,例如調查他們先前的工作,以及請他們保證,不會使用他人的營業秘密來進行該專案。

如何保護營業秘密?

法律上並沒有針對營業秘密的註冊形式,營業秘密是透過保密來維持自身價值。

每一個研發或知悉營業秘密的個人都必須同意對其保密，同時應採取預防措施，以避免該營業秘密丟失、遭到濫用或竊取。除了與員工和其他可能知悉該營業秘密的人員簽署合約協議之外，還有一些預防措施，例如，以實體安全設施和適當的資訊科技安全措施，鎖住保護內容或以金鑰保護內容，以防止未經授權的連網或以網路連線至該營業秘密所在的電腦。

有鑑於公司的多數價值都在於內部資料，潛在的買方會仔細注意所採取的預防措施，以確保其機密的專門技術不會在任何時候輕易地「溜出大門」，這不僅要檢核實體和資訊科技的安全性，還要審核與員工和第三方的協議。

營業秘密通常會因疏忽而丟失，例如允許公眾存取資訊，或因員工或第三方的粗心或不法行為而丟失，看過這些丟失資料報告的人應該會驚訝於未加密筆記型電腦丟失的頻率。

雲端

現今，許多公司都透過第三方服務（一種雲端的商業模式），來進行遠距儲存資料和運行程式，有些服務提供防止入侵的安全性，對小型公司來說很難自行撰寫出這類服務，但在使用這些服務之前，至少應調查這三個層面：

- 使用條款和條件對於服務供應商及其員工的機密性和存取權有何規定？

- 防止第三方入侵的實際安全性系統和管制措施為何?
- 如果這是你所關心的,那麼在什麼情況下可以要求服務供應商依據法律或政府命令存取資料?

保護營業秘密

全面的營業秘密和個人資料保護計畫要素,包括以下內容:

- 了解哪些資訊是機密並具有價值,以及公司擁有哪些其他類型的資訊,例如有關客戶的個人、健康或財務資訊,給予關鍵保護。
- 了解並遵守管理安全性和存取不同類型資訊(例如,客戶相關的個人、健康或財務資訊)的特定法律,並遵守與第三方之間關於管理提供給企業之資訊的合約。
- 員工政策和培訓應涵蓋下述的優良實務:機密資訊的儲存、筆記型電腦的安全性、電子郵件的使用(包括如何處理內含惡意軟體之電子郵件的培訓)、網路和社群媒體的使用、辦公室外使用和存取機密資訊(包括控管記憶卡和其他容易丟失或失竊之電腦儲存媒體的使用,以及個人設備(如筆記型電腦、智慧型手機和平板電腦)的使用。
- 使用開源軟體的政策。
- 在公開之前審查可專利發明之公開內容的政策。
- 將資訊標示為機密的政策(卽,在相關文件上加蓋或加

註「機密」字樣）。
- 對員工進行保密協議的教育（請參閱下文）。
- 對員工的出入會面強調保密義務。
- 安全性設施，例如存取流程和登錄日誌、識別卡和其他管制措施，以及確保沒有訪客能存取關鍵內容所在的安全區域。
- 使用加密技術。
- 藉由銷毀或破壞電腦儲存媒體，來處置不需要的副本檔案或資料。請注意，可儲存資料的電腦儲存媒體包含影印機、掃描機、員工設備，甚至是汽車中可下載內容的個人設備。
- 保護內部和外部連網，不僅需要了解敏感資訊的存取權限，還需要具有周邊安全性，並可偵測連網內部未經授權行為的理想方式。（如果資深管理層無法理解其資訊科技部門的術語和資訊，則應聘請顧問或其他「翻譯」。）
- 至關重要的是，審核承包商的安全控管程序，這通常是一個薄弱的環節。
- 規劃違反安全性的計畫，該計畫要遵守管理公司所擁有之資訊類型的適用法律，包括向第三方發出必要的通知，以及試圖緩解可能的後果。

第七章將討論隱私權、資料保護法規和網路安全風險，但資料安全性絕不僅是網路才有的議題，重大的資料洩露事件通常是持有連網憑證的承包商竊取所致，以及員工存

取憑證的濫用所致,其中一些風險可以藉由過網路責任保險來減輕。

營業秘密與專利

特定資訊可以選擇兩種保護方式:作為營業秘密,或以專利保護。由於專利申請失敗後,發明內容會公諸於眾,致使其失去營業秘密的保護,故除非公司所擁有的營業秘密資訊能不同於在專利中所揭露的程度,否則這兩種保護形式無法長期共存。

每種智慧財產保護形式都有某些要求、優勢和劣勢(請參閱第6.1圖):

- 對於可被易於逆向工程或觀察的發明,專利是一種有利的保護形式,倘若他人可以使用某種設備並最終推測出其實施的製程,則該製程就不能以營業秘密的形式來保護;反之,營業秘密可保護他人無法推測出的製程。
- 對於可滿足新穎性、非顯而易見性及其他法定要件的發明,可使用專利來保護,而不需使用營業秘密來保護。倘若專利檢索結果顯示,取得有價值之專利的機會很小,那可能會需要考慮以營業秘密來保護。
- 取得專利後將有一個特定保護期間,相比之下,只要沒有被不經意洩露並持續保持營業秘密,營業秘密的保護期間理論上為無限期。

- 某些特定類型的機密資訊無法取得專利，因其非屬於專利所保護之標的。
- 專利公開到專利核准之間存在時間差。
- 專利很昂貴，但一個營業秘密保護的完整計畫需要考量員工政策和合約的成本及複雜性，以及需維持保密性的實體和資訊科技保護，所花費的預算可能也相去不遠。
- 愈來愈多連網的安全性漏洞，導致人們質疑應如何有效地保護有價值的營業秘密，使其免受政府、犯罪或競爭對手間諜活動的侵害。然而，許多人認為美國專利制度的變化正在削弱專利權，故主張應加重依賴營業秘密的比例。
- 保密一項有價值的發明，並且不申請專利，這具有一定程度的法律風險，因為他人可以獨立地研發出此相同之發明，然後他人也能自行申請專利。

我們從上述內容中得出結論，考慮主要市場的專利成本，和專利取得所需時間的長短，對於較不重要的研發產品，或是市場壽命短且易快速被淘汰的產品，可以考慮使用營業秘密來保護。

未經授權使用或洩露

未經授權使用或洩露營業秘密，可向違規者採取各種民事訴訟，在某些國家和某些情況中，違規者還應承擔刑事責任。

6／營業秘密　171

圖 6.1｜專利 vs. 營業秘密和其他智慧財產形式

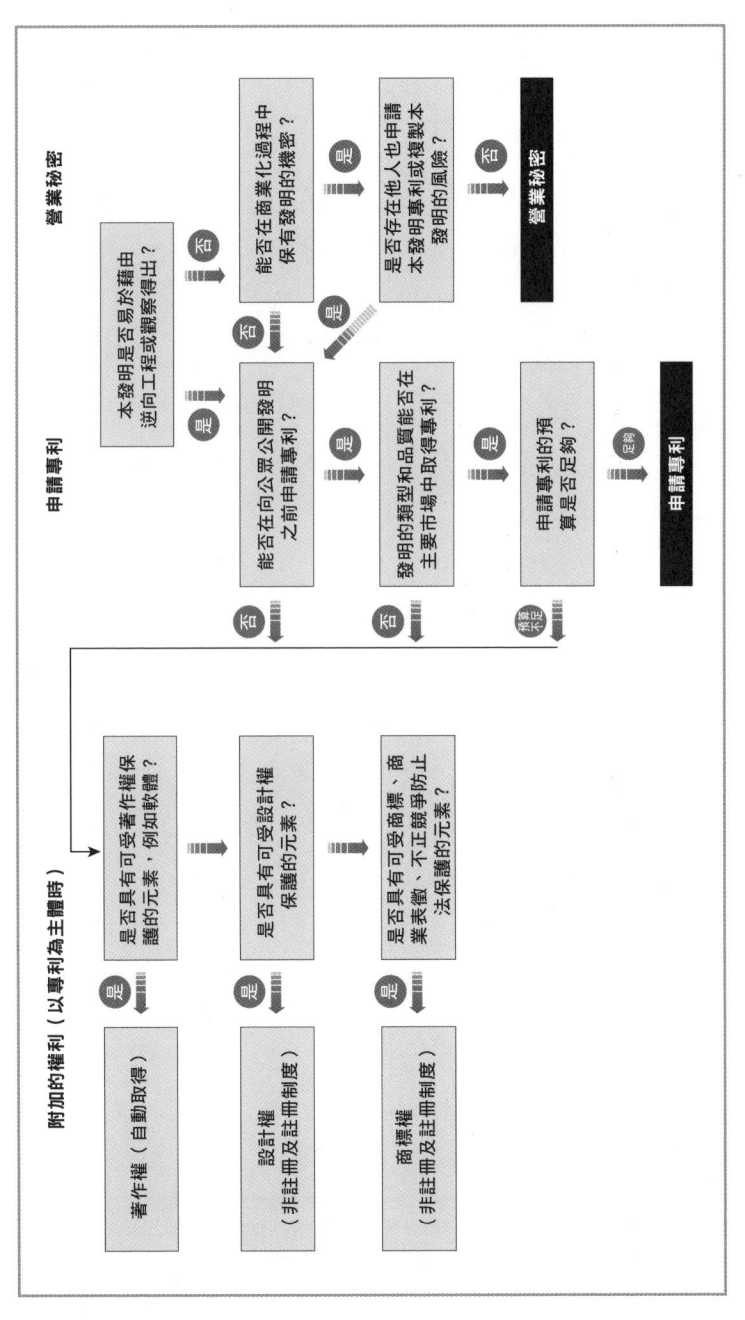

營業秘密

本發明是否易於藉由逆向工程或觀察得出？
- 否 → 能否在商業化過程中保有發明的機密？
  - 是 → 是否存在他人也申請本發明專利或複製本發明的風險？
    - 否 → **營業秘密**
    - 是 ↓
- 是 ↓

申請專利

能否向公眾公開發明之前申請專利？
- 是 → 發明的類型和品質能否在主要市場中取得專利？
  - 是 → 申請專利的預算是否足夠？
    - 足夠 → **申請專利**
    - 保證不足 ↓
  - 否 ↓
- 否 ↓

附加的權利（以專利為主體時）

是否具有可受著作權保護的元素，例如軟體？
- 是 → 著作權（自動取得）

是否具有可受設計權保護的元素？
- 是 → 設計權（非註冊及註冊制度）

是否具有可受商標、商業表徵、不正競爭防止法保護的元素？
- 是 → 商標權（非註冊及註冊制度）

來源：作者

有關於營業秘密違反合約，是以違反協議的形式，來主張其行為具有刑事責任並提起民事訴訟，協議內容例如：員工必須對資訊保密的協議，或他人僅出於特定目的使用資訊並對資訊保密。例如，在美國，依據《1996年商業間諜法案》（*Economic Espionage Act 1996*），以某些形式取得的營業秘密也構成犯罪。

　　針對營業秘密，《TRIPS》第 39 條禁止「以違背商業誠信的方式」，本條所稱之「『違背商業誠信的方式』至少包含下列行為：違約、背信及誘引違約或背信，亦包括使第三人得到未公開之資訊，而該第三人知悉或因重大過失而不知其行為在於取得該資訊。」

　　提案中的歐盟營業秘密立法概括了下列一連串不當行為[5]：

> 未經營業秘密所有人同意而獲取商業秘密，以下列方式故意或因重大過失而實施時，視為非法：
> (a) 未經營業秘密所有人授權而存取或複製營業秘密所有人所合法控管（包含營業秘密內容以及可推測出營業秘密內容的）的任何文件、物件、內容、實體檔案或電子檔案；
> (b) 竊取；
> (c) 賄賂；

---

[5] 如前文所述，此提案已通過為《歐盟營業秘密保護指令》，作者此處提及之要件亦列於完成本書後通過的《歐盟營業秘密保護指令》內容中。

(d）欺詐；

(e）違約或誘引違約保密協議，或任何其他保密義務；以及

(f）任何被認定為違背商業誠信的其他行為。

在美國，不法取得營業秘密謂之「不當取用」（Misappropriation）的形式。《UTSA》中「不當取用」的定義如下：

(i）取得他人營業秘密，自明知或可得而知該營業秘密係不當手段取得者；或（ii）揭露或使用他人營業秘密，而未取得明示或默示同意者：（A）使用不當手段取得營業秘密；或（B）在揭露或使用營業秘密時，明知或可得而知其所悉之營業秘密係：（I）源自或藉由使用不當行為取得者；（II）衍生營業秘密保持或使用限制義務之情況下所取得者；或（III）源自或藉由對尋求減免營業秘密保持或限制使用者，負有責任之人；或（C）在工作職位發生重大變更前，明知或可得而知其為營業秘密，然而因意外或錯誤已取得該營業秘密。

針對此類行為所尋求的典型法律救濟，是禁止進一步濫用或擴散營業秘密的禁制令。如《UTSA》所規範：

實際或有不當取得營業秘密之虞之行為得予禁止，向法院聲請禁制令後，如因營業秘密不復存在，法院得終止禁制令，但禁制令為消除因不當取得營業秘密而產生之商業利益時，可繼續執行該禁制令。

然而，如果訴訟時已經向公眾公開該營業秘密，則「為時已晚」（horse has left the barn），若營業秘密所有人欲主張其損害賠償，往往難以明確提出證明其所遭受之損失內容。

價值和優勢

具有商業價值的營業秘密，可保護對於公司競爭對手而言具有重要價值但其不可用的秘密。著名例子包括可口可樂的配方、製藥方法以及投資銀行用來衡量風險的軟體。

營業秘密的法律效力取決於其機密，以及其不為人所知的，在法庭上論證能力。根據《TRIPS》，採取營業秘密的法律行動時，要求證明該資訊不為公眾所知、其價值為何以及保密該資訊的步驟。

保密及僱傭協議

與第三方及員工簽署保密協議（Non-disclosure agreements，NDA），是保護營業秘密之計畫的關鍵部分。

在許多國家中，員工需要承擔法律默示的義務，對雇

主的資訊進行保密,這通常需要透過書面形式來強化這些義務,倘若沒有書面的保密協議,如要向第三方提供機密資訊,可能會受到限制。簽署保密協議者需同意不向他人洩露機密資訊,且最好僅將這些資訊用於特定之有限目的。

員工之保密協議可能涵蓋許多智慧財產問題,此處的相關法規可能會有認知模糊之處。例如:

- 哪一類的資訊會被視爲機密?
- 何時才能將機密資訊公開?
- 爲確保機密性而須採取哪些預防措施(協議、實體保護和資訊科技保護)?
- 保密義務以及可能洩露資訊之人員的限制,在什麼情況下,有什麼要求?例如,接受者必須接受其必須保密的限制。
- 允許和禁止機密資訊的使用。
- 透過使用機密資訊並根據協議(或僱傭關係)所研發的智慧財產之所有權及轉讓。
- 機密資訊之繳回,以及銷毀和刪除檔案。
- 有鑑於管理和識別個人身分的個人資料、有關個人健康之資訊或有關金融交易之資訊的法規,而就使用、流程、安全性,揭露或匯出個人資料的法律要求。
- 有義務舉報任何違反機密性或安全性的行爲。

保密性和協作

現今的非正式合作,特別是有關網路和電子商務新創企業方面,以及開放式的研究協作等,往往無法與傳統上對智慧財產的重心契合良好。研發出可專利的發明時,會公開揭露予公眾知悉,因此也可能致命地損害可專利性。所有權爭議通常因商業模式而起,就像哈佛大學(Harvard University)的學生創立臉書(Facebook)的訴訟案例一樣,儘管臉書沒有本段落提及的問題,但大學員工的參與,可能會由於其就業政策或使用其設施,而導致大學可主張擁有所有權。在這種非正式合作中,對於所有權等問題,即使接受也沒有書面形式的記錄,因此企業家應該自我教育非正式合作的風險問題。

想法提議

許多人會想要提出想法給公司,無論是汽車的新科技,或是新的電視節目或電影的概念。不請自來的想法提議對所有參與者來說會造成問題,已有規模的公司可能已有類似的想法正在研發中,而個人可能會因為其想法不被接受而感到不滿;如果這些人日後看到類似的產品,可能就會認為自己受到欺騙。

根本問題是,想法通常不受著作權所保護,且很多想法都無法申請專利,最後就剩下保密一途,但保密行為通常需要一些明示或默示的協議。

在美國的紐約和加利福尼亞(娛樂產業中心),已有許

多案例試圖解決這些議題,並透過各種法學理論得出公正的結果,這些內容過於複雜,故無法在此處著墨太多,但有一些常識準則可適用:

- 如果有想法提議,請留意公司的想法提議表單內容,這些表單通常是設計來排除提議人的法定權利。
- 盡可能地避免揭露想法。
- 一般最好包括著作權聲明和保密聲明。
- 一定要試圖協商保密和有限使用協議。
- 如果收到不想要的想法,請限制不要在您組織內公開,並直接溝通回覆,不要承擔任何責任,可以將副本封存在業務人員無法使用的合法檔案中,並告知提議人此事。

限制競業協議

僱傭協議中的競業條款十分有用,但為確保可執行性,應徵詢法律建議。

員工限制競業協議會限制該員工在規定時間內,無法在競爭公司中就業,這種協議很實用,可以防止知悉公司營業秘密或其他機密資訊的前員工,前往競爭對手公司工作,或出於個人利益使用這些資訊。比起只依賴員工協議中「在未來就業時不可洩露前任雇主的機密資訊」規定,相比之下,不允許員工在一段時間內為競爭對手工作可能更為安全。

但是,由於涵蓋的範疇過大或限制期間過長,大多數

國家不允許執行這種範圍不合理的員工協議，因為這實際上會使得員工失業。身為科技和娛樂產業中心的加利福尼亞州，在這個領域走得更前面，《加州商業及專業守則》（*Business and Professions Code*，BPC）第 16,600 百條中指出：任何人被限制從事任何合法職業⋯⋯的合約「在某種程度上是無效的。」

7 智慧財產和網路
IP and the internet

　　本書的主軸是網路與法律，本章節討論：識別出智慧財產保護和風險的網路背景下，所引起的商業（及政治）議題，並且結合第十六章，提出處理智慧財產議題的策略。

商標和網域名稱的策略

　　網域名稱是一種相對較新的智慧財產形式，最基本的概念是：網域名稱是網路上一個網站的地址，與網域名稱註冊商簽訂合約，可取得網域名稱。網域名稱是二級域名（例如「Profilebooks」）和頂級域名（top-level domain，TLD）（例如「.com」或「.co.uk」）的組合，據此創建出網域名稱：「profilebooks.com」[1]。「網際網路指定名稱與位址管理機構」（The Internet Corporation for Assigned Names and Numbers，ICANN）

> 有關需注意之要點和策略考量的快速摘要，請參閱第 399 頁

1　在本書前言中提及的本書參考網址 www.profilebooks.com/stephen-johnson。

負責管理許多網域名稱系統,並且與有權提供服務的註冊商簽約。人們透過提供服務的註冊商,依據想要的頂級域名,來取得網域名稱,註冊程序是一個簡易的網路流程,網域名稱的權利,很大程度上取決於申請人與註冊商之間的合約內容。

在 2012 年,ICANN 制定了「通用頂級域名」(generic top-level domain,gTLD)的流程,讓提供服務的註冊商以每個 185,000 美元的費用申請通用頂級域名,除了開放新的網域名稱予公眾使用,亦允許公司能夠使用通用頂級域名作為品牌名稱,或控管具有商業意義的通用術語,例如「.search」。ICANN 還建立了「商標資訊交換中心」(trademark clearing house),其中包含一個支援新通用頂級域名的驗證商標資訊資料庫,已註冊之商標權人能夠將其商標記錄到註冊管理機構中,從而獲得針對網路蟑螂(cybersquatter)的某些防護和通知(請參見下文)。因為通用頂級域名和商標資訊交換中心程序的問世,開闢了與網域名稱相關的法律和實務新領域。

網域名稱與商標策略息息相關,但實務上往往並非如此,律師或商標代理人負責處理商標申請程序,而業務人員或廣告代理機構則處理網域名稱的購買,兩方不一定有互相交流。理想情況下,選擇新商標時既要檢索在先商標權,也要評估可用的網域名稱,商標申請程序也與網域名稱註冊程序相關,因為這兩種權利在法律上有著密不可分的關係。

取得網域名稱時，會發生一些常見錯誤。首先，網域名稱很容易取得，以至於員工或機構可能出自善意就直接購買，而忘記將所有權轉讓給雇主或客戶，或是網域名稱的延展通知仍發送給員工而非客戶；其次，儘管商標律師在記錄商標延展的截止日期很謹慎，但有時卻忘記了網域名稱延展期限，導致他人趁機購入了此網域名稱。

公司通常會註冊一些主要的頂級域名（例如「.com」和「.net」），並註冊本地市場的重要名稱或商標（例如「.co.uk」、「.de」或「.jp」），來保護名稱或品牌。有些公司還會註冊如印刷錯誤導致的錯別字，或者註冊避免名稱被濫用的字眼（例如美國俚語「xxxxsucks.com」或新頂級域名「.sucks」）。也有一種第三方公司提供網域名稱管理服務，會將網域名稱搭配成產品組合來管理。

網路蟑螂

取得網域名稱只是一個可用或不可用的是非題，有些法律和程序可以保護個人和公司的名稱，避免被不法取得。網域名稱領域中，有個被稱為「網路蟑螂」的智慧財產爭議問題，網路蟑螂會在合法的所有人取得網域名稱之前，搶先收購品牌、公司名稱或名人的網域名稱。另外，還有一些濫用行為，包括搶先註冊錯別字（例如註冊一個著名品牌的錯別字），或者取得意外失效的網域名稱等。

網路蟑螂通常採用與他人擁有權利之商標相同或容易混淆的網域名稱，但這會被禁止使用，因為網域名稱的保護本

質,是根據商標權所取得。「統一網域名稱爭議解決政策」（Uniform Domain Name Dispute Resolution Policy，UDRP）是由 WIPO 和其他一些組織所管理的仲裁程序,依據該程序,註冊商標的所有人可以從網路蟑螂手上,取得這些與自身註冊商標相同或容易混淆的網域名稱。

依據某些法規,可針對不法的註冊網域名稱行為提出異議,例如《一九九九年美國反網路侵佔消費者保護法》（US Anticybersquatting Consumer Protection Act 1999）,但《UDRP》提供了一種更快、更便宜的解決方案,商標權人可採取的救濟措施是取消不法網域名稱或轉讓註冊,以及提起《UDRP》訴訟,這獨立於任一國家的法院訴訟之外,彼此無涉。此外,《ICANN》還建立了一個較簡單的新制度——「統一早期凍結」（Uniform Rapid Suspension，URS）,該制度可「對遭受極度明顯之侵權案件所影響的商標權人,提供了一種成本較低且快捷的救濟途徑」①。

地域性和使用領域的權利

一般而言,除了著名商標或馳名商標之外,不同的公司可註冊相同文字組成的商標,例如餅乾（Ritz）和旅館（Ritz）,只要他們的使用類別不同即可；但是,網域名稱並非涵蓋特定的商品和服務領域,當分別擁有相同文字組成之合法商標的不同公司希望使用相同的網域名稱時,就會出現問題,因為一個頂級域名只能對應一個的商標,故只有一個可用網址。公司取得此網域名稱的順序是先到先

得,後到的註冊人就必須使用其他頂級域名或其商標的變體,例如美國製藥公司「默克藥廠」(Merck & Co),早在第一次世界大戰期間,就自德國母公司默克集團(Merck KGaA)獨立出來,而網域名稱「merck.com」由美國公司「Merck & Co」使用,另一個網域名稱「merck.de」則由德國公司默克集團(Merck KGaA)使用,後者將來自美國的使用者轉址到一個英語版本網站,並公告免責聲明:「在美國和加拿大等國家,德國達姆施塔特(Darmstadt)默克集團(Merck KGaA)的子公司以家族品牌「EMD」為名來營運。②」這是一個非屬於網路蟑螂的特例(真正的網路蟑螂是指,在合法的商標權人有機會註冊該網域名稱之前,惡意地試圖取得該網域名稱的權利),在這個例子中,是有兩個或更多個合法的商標權人,且如前所述,可能需要採取一些處置措施,來避免客戶造成混淆。

網站、電子商務和隱私權

與網站相關的法律以及與個人資料有關的法律本身,並非智慧財產相關法令,儘管有關個人資料的法律規範了該資料所有人的義務,但毫無疑問地,龐大的個人資料資料庫是非常有價值的無形資產。

風險抵減

建立網路型的業務涉及潛在的風險、義務及責任,且

通常具有國際性質。在英國建立的一個簡易型網站來銷售產品，會收集有關其客戶的個人資料，包括信用卡資訊，並且受到歐盟關於合約、資料保護和隱私權的全面監管，例如，使用「Cookies」（網路伺服器提供給網路瀏覽器的訊息）之類的設備須遵守歐盟法規。

如果該網站也銷售給美國客戶，該網站就要遵守有關隱私權和安全性的聯邦法律和美國州法，在美國，專利主張實體和其他機構也會針對電子商務等各個方面提出許多專利訴訟，這些透過網路向美國客戶提供授權之商品、服務或軟體的公司，可能會面臨專利侵權的索賠風險。

這是網路無國界特性而導致索賠潛在風險的例子，一種解決方案是，從本國開始建立網站，然後透過使用不同的網域名稱和頂級域名（例如「.co.uk」，而非「.com」），進而將客戶導向針對特定國家／區域的風險和法規所量身定做好的網站，以此一系列步驟來建立網路業務。例如某個英國網站並不接受特定國家（例如美國）客戶的訂單，而是將其導向到一個為解決美國客戶問題而建立的附屬網站。

條款和條件，以及架構

創建新網站時通常很草率，例如，參閱其他網站而大致了解到，需要加上使用條款和條件，以及隱私權政策，但這通常會從其他網站中拼湊而來，有時顯然不適用於該新網站的商業模式和技術。網站的技術架構與法律和合約方面之間，通常也很少進行協調，導致購買產品的客戶可能永遠不

必勾選同意銷售時的使用條款和條件,或即便他們勾選了同意,網站上可能也沒有留存該協議的記錄。

再者,網站的使用條款和條件以及隱私權政策,可能與網站的業務和資料實務不相似,故每個網站都需要結合有關如何處理第三方、客戶或員工個人資料的法律對策,整合並制定出使用條款和條件以及隱私權政策。在美國,聯邦貿易委員會將運用其權限,並根據《聯邦貿易委員會法》(Federal Trade Commission Act)第五條的規定,調查有關涉嫌不遵守其隱私權政策之公司的投訴案件,而主要涉及網路業務的案件也依此方式進行。

正確地建立網站的使用條款和條件,以及內部和外部技術架構,應能減輕網路公司的許多風險,遵守最直接適用的監管法規,並試圖控管其國際風險。另外,網站架構應盡可能避免遭到第三方駭客和入侵的侵害,並且應遵守適用於管理客戶資料(包括信用卡資訊)安全性的法律。

對於一個經營良好的網站而言,除了建立安全的法律和技術框架之外,還應藉由正確使用之商標、著作權聲明,以及闡明何者為允許及不允許使用形態的使用條款和條件,來解決智慧財產問題。網站內容的著作權(文字和圖片形式)應盡可能地歸網站所有人所有,以便在第三方複製時,得以採取救濟措施,當競爭對手或其他人複製其設計和功能特徵時,這也能保護網站。此外,真正具有新穎性的網站操作功能,也能受專利所保護。

隱私權和資料保護法

有權存取個人資料的公司和個人要承擔使用該資訊的法律義務,即便不須嚴格保密的資料也是如此。例如一個人的姓名、地址、電子郵件地址、身分證字號、工作資訊、醫療資訊、財務資訊、宗教信仰、種族以及信用卡號等等。針對網站使用者、客戶和員工,法律規範或禁止收集和使用此類資訊,故剛開始從事國際化業務(尤其是透過網路)的公司,或剛開始收集和使用個人資料的公司,應特別注意其開展業務之主要司法管轄區域的法規和技術(資訊科技安全性)合規性。

現在有一百多個國家擁有現行的資料保護法規,以及根據這些公司在其網站上隱私權政策中所做出的承諾,可規範或限制此類資料的使用、揭露、匯出或處理,並要求基礎保密性和安全性標準。他們可能還需要向客戶發出有關安全性漏洞,和第三方未經授權存取的通知。

隱私權和個人資料適用的法律制度很複雜,舉例而言,在美國,適用法規依據所涉及的產業而異,不同的產業,可能會同時適用聯邦法規和美國州法;而在歐盟,有一個全面涵蓋「個人資料」的「蒐用」(process)作法[2],它本身涵蓋了您能想到的大多數行為(定義很廣泛)[3];而加拿大、日本,以及亞洲、非洲和南美等許多自由市場國家,也採用了類似

---

2 相當於台灣個人資料保護法中規範的「個人資料之蒐集、處理、利用」。
3 作者指的是歐盟擬議多年,並於 2016 年 4 月(作者完成此書後)通過的《一般資料保護規範》(General Data Protection Regulation,GDPR)。

的制度。總之，資料保護是所有網路企業都必須認識和解決的問題。

對公司而言，合規性是巨大的成本和管理負擔。一般而言，除了醫療照護領域以外，美國法規均較歐盟法規寬鬆，歐洲法院 2014 年 5 月一項眾所矚目的裁決，宣告了歐盟資料保護法規的適用範圍和效力，在《González v Google》此案中[4]，法院裁定 Google 必須遵守西班牙的資料保護法規，且必須確保 Google 搜尋引擎中，提及 González 的新聞文章連結都被移除，該案的後續影響仍有待觀察[5]，但此案結果揭示，對個人資料的控制，最終仍將保留在個人手中，而非資料收集者手上。

對於位於歐盟外的公司而言，有個典型問題是，透過連網，將有關歐盟客戶或員工的個人資料搬移到歐盟以外的位置，這違反歐盟法規。有一個擬議中的新資料保護規範提案，這關乎整個歐盟統一但嚴格的隱私權規範標準，引起了仰賴資料收集和使用的美國公司（例如臉書和 Google）重大關切，該擬議中的法規包含一項條款，是將依據企業在全球範圍內營業額的一定百分比，對企業處以侵權罰款，這也是反托拉斯制裁行之有年的模式，無論最終頒布的百分比是

---

[4] 此案是著名的「被遺忘權」（Right to be Forgotten），起因是一位西班牙律師 González 向西班牙的資料保護署投訴，希望 Google 能移除某些影響當事人形象的報導連結，此案最後由歐洲法院裁決，Google 必須移除 González 要求的眾多連結。

[5] 自《González v Google》案裁決之後，對 Google 帶來不小的衝擊和額外業務，其收到超過十萬個申請，以及超過四十萬個連結移除請求，而且繼續快速增加中，此案帶來的後續問題，可能是當初 González 無法想像的。

10%、5% 還是 1%，違反此新規範的後果都將會很嚴重[6]，反對該規範的遊說活動也因此創下史上紀錄。此外，和美國政府有關的愛德華‧史諾登情報洩漏案[7]，又進一步引起大西洋兩岸國家對資料存取議題的關注。

即便在美國，對資料收集和分析的作法也令人感到不安，追蹤網路行為以及結合線上和離線資料庫所建立的「大數據」商業動機，是能有效率地將廣告投放給消費者的偉大聖杯。正如不只一個著名商人所說的那般：「我花費在廣告上的錢，有一半是浪費的；問題是我不知道哪一半，才是浪費的。」在網路上追蹤消費者的習慣和喜好，有助於回答此問題，因此這存在巨大的商業價值。

通常，丟失或濫用客戶的個人資料，是一間公司的重大（甚至可能是災難性）聲譽、法律和財務問題，在美國，如果有一個代表人代表許多受影響的客戶提起訴訟，以及州和聯邦監管機構的相關法律行動，會有面臨主張損害賠償的集體訴訟機會。回到歐盟，違反歐盟現行的資料保護法規，可能會受到罰款或監禁。故對於任何公司，客戶資料的使用和保護，都應列在主要合規性和風險管理議題的每個工作清單上。

6　這裡指的也是歐盟《一般資料保護規範》的規範細節，最終定案是最高罰款為企業全球營業額的 4% 或 2000 萬歐元（取兩者中較高者）。

7　2013 年 6 月，前美國中央情報局（CIA）職員愛德華‧史諾登於將美國國家安全局關於稜鏡計畫監聽專案的秘密文件披露給了英國《衛報》（*The Guardian*）和美國《華盛頓郵報》（*The Washington Post*），遭到美國和英國的通緝，自此展開流亡生涯，其故事並被翻拍成電影《神鬼駭客：史諾登》（*Snowden*）。

部落格經營、社群媒體和智慧財產風險

員工為了商業目的,使用自己的平板或智慧型手機,使用雲端服務來儲存或備份資料、社群媒體、網站、部落格以及其他網路活動,這會帶來各種智慧財產風險,有些專屬資訊可能會從公司網路中被刪除、公開或放置在不安全的位置;故建議員工進行私人活動時應使用個人帳戶,而不要使用可被公司監視和終止的公司帳戶,讓公領域和私領域的相關性降到最低。

如果允許經理或其他員工撰寫部落格或發表內容,則有洩露機密資訊的風險,進而損害公司利益,或是將來發表的聲明可能在法律上造成麻煩,例如:在申請專利之前,揭露了產品發布內容;商標使用方式可能不正確;關於專利或其他智慧財產的聲明可能不正確等。所以,應該制定政策來解決這些問題,而且應有妥善應對個人設備和雲端服務使用的安全性策略。

連接和框架

從一個網站透過網頁連結可以連接到另一個網站,進而將使用者帶到另一個網站上,例如超連結;透過原始網站瀏覽第二個網站時,通常以框架形式呈現,使得使用者變成在原始網站的同一個頁面上瀏覽第二個網站內容的狀態,倘若讓使用者對兩個網站之間的關聯性產生混淆,或是使用了被連結之網站的標誌,則連接和框架可能會引發商標法規或不正競爭防止法的問題,另外,被連結之網站的使用條款和條

件也可能有表明禁止某些行為。

這些慣例作法可能會受到著作權法規的挑戰，然而，從商業角度來看，某種程度可以說是，前述連結的作用是讓被連接之網站吸收了原始網站所有人的收益，故產生了爭議。德國考量到此一問題，故通過了所謂的附屬著作權（ancillary copyright）立法，旨在讓新聞媒體能夠分享新聞匯集網站（例如 Google 和 Yahoo）的收益，新聞匯集網站可以在新聞列表中發布短文章，並帶有指向原始網站的連結。

描述標籤（metatag）和關鍵字檢索中的商標使用

在各種網路實例中，如導流至網站或使用競爭對手商標作針對性廣告等行為，因其合法性問題而可能會面臨訴訟，但結果仍依據每個案例事實而定，例如商標的使用方式，透過使用這些商標可調用何種類型的廣告，以及這些廣告會包含哪些商標等。

在 2013 年英國一起案例中，馬莎百貨（Marks & Spencer）在 Google Adwords 購買了「Interflora」的關鍵字檢索廣告，如此一來，以「Interflora」進行 Google 檢索的搜尋結果中，會連結到馬莎百貨的鮮花快遞服務網頁，致使馬莎百貨侵害了「Interflora」[8] 的註冊商標，事實證明，馬莎百貨的鮮花快遞服務對「Interflora」的鮮花快遞服務來源造成混淆。此案

---

[8] 這是一間起源於歐洲的鮮花快遞網站，透過與各國簽約的實體花店合作，使用者可以透過網站下單，將鮮花送達 140 多個國家的指定地點，為本案中馬莎百貨的鮮花快遞服務業務的競爭對手。

在 2014 年的上訴裁決中被駁回，理由是舉證責任應由商標權人承擔：

> 要確認被投訴的廣告不會致使「合理知悉且合理注意的網路使用者」（normally informed and reasonably attentive internet users）產生混淆誤認，或致使前述網路使用者難以探究該廣告是否源自商標權人……或，反之該廣告是第三方所投放。

於搜尋引擎所提供的可讀網頁資訊中，在 Meta 元素或描述標籤中使用商標，藉以導向非商標權人所擁有的網站，這在美國來說，可能會構成侵害商標的基礎，這種情況下的問題是，一家公司可能會在其網站上標記競爭對手公司的品牌，以便讓搜尋引擎將搜尋競爭對手公司品牌的結果，導向自己公司的網站。回到《Interflora》案，前述英國的上訴法院認為此類「初始興趣混淆」（initial interest confusion），非屬歐盟法規範疇。

網路犯罪、營業秘密和駭客

網路本身就是進行網路攻擊的工具，例如「魚叉式網路釣魚」（spear phishing），是指向一間公司的員工發送帶有惡意程式碼的電子郵件，一旦打開該電子郵件，就會藉著惡意程式碼入侵該公司網路。從智慧財產的角度來看，只要使用網

路和公用網路,就有丟失營業秘密資訊的風險,故需要將其視為業務計畫的一部分並加以解決。直至今日,風險識別和風險抵減,已被視為是公司內部董事會的義務;另一方面,就政治層面而言,網路安全和國家安全導致政府與網路公司和使用者兩方不在同一陣線上,主因是他們對於隱私權和法規的立場完全相異。

就政府的行政層面而言,根據 2013 年的美國總統行政命令,美國國家標準暨技術研究院(National Institute of Standards and Technology,NIST)在 2014 年 2 月發布了「改善關鍵基礎設施之網路安全」(Improving Critical Infrastructure Cybersecurity)的框架,其中提供了適用範圍廣泛的最佳實務指南。到了 2015 年,總統的行政命令進一步鼓勵共享有關網路安全威脅的資訊,然而,人們強烈反對這種為了打擊駭客和網路安全威脅的立法之擬議。此一「美國網路情報分享及保護法」(US Cyber Intelligence Sharing and Protection Act,CISPA),旨在共享有關駭客和網路攻擊的資訊,但人們擔心在網路安全調查過程中,個人資料會轉移到政府手上。儘管如此,對於營業秘密之不當取用,人們普遍上仍支持以聯邦法規層級來立法(因為聯邦法規比對應的美國州法層級更高),並補強現有適用的刑事法規漏洞,例如《美國經濟間諜法》(US Economic Espionage Act)和《美國電腦詐欺及濫用防制法》(US Computer Fraud and Abuse Act,CFAA)。

在歐盟,也有解決類似議題的立法正在擬議中,根據擬議中之立法,「關鍵基礎設施」(critical infrastructure)的供應

商，諸如能源、運輸、醫療照護和金融服務等，應承擔與安全性有關的各種義務，包括必須向當局報告違反安全規定的行為[9]。

著作權和盜版

網路讓著作權內容的盜版風潮開啟了另一個世代，並且讓品牌商品的山寨品易於銷售，從音樂數位化，以網路作為複製和傳輸手段，到大量且低成本的數位儲存設備的種種結合，從根本上改變了音樂產業的經濟，並且免費提供電視節目和電影的盜版，因此合法的公司也正在設法推展著作權法規的界限。例如，新聞匯集網站匯集了新聞服務的新聞報導，而 Google 圖書的專案從根本上改變了出版業，將數百萬本書籍複製成數位形式，並開放複製本的檢索功能。從美國的角度來看，這些議題中有許多涉及合理使用原則（請參閱第四章），而法律界限不斷地在受到挑戰。

網路上的侵權內容數量龐大且無所不在，這意味著內容或品牌產品的所有人，必須鍥而不捨地努力制止此類盜版行為，致使智慧財產所有人試著將責任加諸於網際網路服務供應商（例如檢索引擎和電商平台）身上。

---

[9] 在作者完成此書後，2017 年提出了「歐盟網路安全法」（EU Cybersecurity Act），並且已於 2019 年 6 月 27 日生效，目的是強化原「歐盟網路與資訊安全局」（European Union Agency for Network and Information Security，ENISA）的權利，將其改制為「歐盟網路安全局」（European Union Agency for Cybersecurity），該機構將主導一系列強化網路安全的歐盟政策。

因此，網路成為著作權所有人的權利受到檢驗的主要戰場，在某種程度上，這是言論自由和網路自由擁護者（以自由言論為名，來尋求寬鬆互聯網法規的商業擁護者），與音樂、出版、軟體、電視和電影等內容行業之間的爭鬥。此外，即使在美國，不同地區的利益也存在分歧：加利福尼亞州北部，尤其是矽谷，是專注於網路並受益於寬鬆法規和寬鬆責任標準的公司所在地；而加利福尼亞州南部（洛杉磯周圍）和紐約則是內容產業的所在地。這些利益衝突持續地發生，與旨在減少盜版的擬議中之立法和條約產生衝突。

網際網路服務供應商和電商平台的責任

許多合法的公司都能進行盜版產品的廣告和銷售，但侵權責任難以證明，且法規仍舊寬鬆，這是由智慧財產所有人的救濟措施與網路自由之間的立法平衡所引起的，此一爭議引起了廣大討論。依據修訂後的美國的著作權法規——《數位千禧年著作權法》（*Digital Millennium Copyright Act*，DMCA），可處理網路數位議題，服務供應商可避免因使用者發布的內容而導致的著作權侵權責任，前提是服務供應商係：

（A）（i）對於系統或連網中該內容或使用該內容之行為係侵害著作權，不了解或確不知情者；

（ii）非不知情，對於明顯侵害行為之事實或情況不了解者；

（iii）知情或了解後，立即採取行動刪除或禁止存

取該內容者；
(B) 服務供應商雖有權且有能力控制該侵害行為，但未直接因侵害行為蒙受經濟利益者；以及
(C) 接到侵權通知後⋯⋯立即採取行動刪除或禁止存取經認定為涉嫌侵害或為侵害標的者[10]。

這些保護措施，必須以服務供應商指定代理人接到聲稱侵權通知為前提，只要服務供應商符合法定要件，並在著作權所有人通知後將侵權內容取下，就得以避免承擔責任，這通常稱之為「安全港」條款。

歐盟的類同立法為「電子商務指令」（e-Commerce Directive，2000/31/EC），其中第 14 條第 1 款規定，以下情況毋須承擔責任：

(a) 供應商對違法行為或違法資訊確不知情，且就損害賠償而言，供應商對顯然存在違法活動或違法資訊的事實或情況毫不知情；或
(b) 供應商一旦獲得或了解相關資訊，立即採取行動移除或禁止存取資訊。

儘管這看起來很公平，但侵害著作權的內容在網路上非常盛行，執行的重擔卻落在智慧財產所有人身上，而實務

---

10 此即所謂的「通知／取下」（notice and takedown）程序。

上，智慧財產所有人會僱用人員或服務來持續監控網路上的侵權內容。進一步言，著作權內容供應商在世界各地提出了許多法律訴訟，他們聲稱網際網路服務供應商未履行其職責，無視已被指出為侵權的內容，或故意忽略危險信號，並且應承擔起銷售仿冒產品的責任。這些訴訟的結果勝負參半，但大部分的法院裁決傾向於支持網際網路服務供應商。

網路盜版行為的增加，促使音樂和娛樂行業等著作權內容供應商的積極遊說並造成政治壓力，進而頒布新的法案並簽訂以智慧財產為核心的條約，但電信公司和網路公司則強烈反對這些作為，他們認為此類立法會限制言論自由。

在 2011 年和 2012 年的英國，《2010 年數位經濟法》（*Digital Economy Act 2010*）[11] 的條款面臨法律挑戰，該法要求網際網路服務供應商要向可疑之侵權人發出通知，並可能切斷其服務；在愛爾蘭，2012 年的政府命令中，規範了對網際網路服務供應商實施連線禁制令的可能性，這引起了人們的高度關注；在美國，2011 年提出的《終止網路盜版法案》（*Stop Online Piracy Act*，SOPA），旨在強化美國執法人員打擊網路侵權和侵權銷售的能力，但這項立法遭到有組織的網路遊說與技術公司的抗議，他們聲稱這可能扼殺網路自由，特別是針對：可能需要網際網路服務供應商阻止存取提供侵權內容之網站的規定方面，或者停止搜尋引擎連接到此類網站等措施。《反仿冒貿易協定》（*Anti-Counterfeiting Trade Agreement*，ACTA）

---

[11] 為改善《2010 年數位經濟法》的缺失，英國於 2017 年 4 月（作者完成此書後）通過現行的《2017 年數位經濟法》（Digital Economy Act 2017）。

在美國和歐盟遭遇到類似的反對聲音，而歐洲議會否決了該法案，《反仿冒貿易協定》針對電影產業有特別的保護議程，該法案針對著作權侵權和仿冒提出各種救濟措施，並要求所有簽署國都需具備類似程度的智慧財產保護。

同樣地，對於允許銷售「山寨品」的電商平台，努力推動電商平台負責並願意下架侵權產品，這在美國顯然不是太成功，這在歐盟亦收到了好壞參半的結果。

然而，在英國，《1988 年英國著作權、設計和專利法》（Copyright, Designs and Patents Act, 1988）第 97A 條（該法案早於《2010 年數位經濟法》）規定，法院有權對服務供應商發出禁制令，當「服務供應商確實了解他人使用其服務侵害著作權時」，可禁止使用者存取該網站，此規定成功用於禁止其他使用者存取該侵害著作權之網站，並且進一步地在 2014 年頒布了類似的救濟措施，可禁止其他使用者存取銷售侵害商標權之商品的網站。

與網際網路服務供應商合作

無法在法院訴訟層面或立法層面上取得勝利的前提下，電影、音樂和時尚產業已轉向與 Yahoo! 和 Google 等主要產業參與者進行談判，主動採取打擊盜版的措施。在 2013 年 9 月，Google 發布了一份報告——《Google 如何打擊盜版》（How Google Fights Piracy），大約同一時間，「美國電影協會」（Motion Picture Association of America）也發布了一份報告——《了解搜尋引擎對於網路盜版的作用》（Understanding the Role of Search *in Online Piracy*），該報告指出搜尋引擎是提供存取盜版內容的關鍵角色，該報告對於此議題做了詳盡介紹，很值得大家研究。另外，網際網路服務供應商採取「追查金流」的模式，網際網路服務供應商的廣告計畫可為這些侵權網站帶來收益，故許多公司已採取「通知／取下」（notice and takedown）程序，將侵權網站從其廣告計畫中移除。

減少對仿冒產品的需求

當前針對盜版對策，最初是聚焦在盜版行為是否為跟著公司市場行銷策略的面向走，因此可修改市場行銷策略，進而限制仿冒者的動機，例如具有著作權的著作（作品）採用全球同步公開發行的模式，而不是讓某些地區的公開發行時間有先後順序。音樂產業正在採用新服務，能夠在網路上以合理價格，提供具有著作權之著作（作品）的合法數位複製品，並藉由合法串流服務來獲取音樂。隨著時間流逝，對於具有著作權之著作（作品），提供隨時可用、合法且便利的取得管道，可減少人們對於盜版的需求。

藉由網路銷售實體產品，應審核和檢查供應鏈和供應商的關係，以確定這些商品的貨源是否為不具獨家供應義務的正牌供應商，並嘗試將這些供應商納入反仿冒策略。

此外，也可以使用科技管制措施，例如在銷售著作權檔案（例如軟體）時，運用授權金鑰和密碼來限制複製行為。

網路侵權的策略

網路上的權利侵權仍是一個巨大且令人沮喪的問題，解決方案因產業而異，但這裡提出一些可以先行確認的問題：

- 公司全球市場行銷或定價策略的各個面向，是否因未滿足顧客需求，而導致鼓勵盜版？是否可以調整這些策略，便於顧客合法地取得網路內容？
- 是否可制止公司供應鏈中的仿冒產品來源？
- 這是否為整個產業範圍內的問題？是否有可集中管理的貿易協會資源？貿易協會是否能與合法的網際網路服務供應商或政府遊說團體進行談判？若與遭受同樣問題的競爭對手合作，我們可以做些什麼？是否可以說服合法的網際網路服務供應商採取某些措施（例如，減少某些網站的曝光，或者從廣告計畫中移除侵權網站）？
- 倘若網際網路服務供應商或其他中間人有不合法的行為，或未遵循所使用的一般規則？根據現行法規，它們可為訴訟對象嗎？
- 針對盜版是否可使用技術上的解決方案，例如授權金鑰？
- 如何優先考慮侵權問題？例如，哪些網路行為會損失收益，或可能威脅到智慧財產的所有權或其價值？
- 如何確認對象的優先順序？例如，合法公司會採取哪些行為（這可能最容易進行）、客戶會採取哪些行為，而非法公司會採取哪些行為？

- 公司能使用其智慧財產與合法公司進行交易或和解嗎？
- 可識別的侵權人位於何處？
- 公司的智慧財產權是否已在這些地方註冊／申請／登記？
- 公司母國和其他國家適用的法定權利優勢為何？是否有特定國家的法律有利於特定產業？
- 在任何受影響的司法管轄區域中，是否任何活動都可能構成犯罪？執法部門是否能藉由扣押侵權網站等行為來提供協助？

8 智慧財產的權利歸屬
Who owns IP?

本章節討論：智慧財產所有權的規則，它們之所以重要，不僅是因為智慧財產所有權的爭議屢見不鮮，而是因為法律預設的規則通常難以符合商業期待，這通常起因於：

- 雇主及員工之間，雇主訝異於自己未擁有智慧財產權；
- 公司及獨立的承包商之間，包含軟體撰寫者與網站研發人員，為專案付費的那一方發現自己未擁有該智慧財產；
- 合作夥伴之間，當預設的聯合所有權規則未能實現所謂「聯合」行動的共同想法；
- 公司、大學院校及大學員工之間，當大學院校主張所有權權益；
- 製造商與各國經銷商之間，當經銷商主張在經銷商所在國家享有製造商商標的所有權；
- 個人與公司之間，當個人姓名被用於公司名稱及後續事宜。

有關需注意之要點和策略考量的快速摘要，請參閱第 401 頁

在沒有書面協議的情況下，每一種智慧財產都有不同的預設規則來管理所有權，且這些規則因國家而異，故建議應有一份規定管理所有權的書面合約。

專利

在美國和歐盟，專利的發明人是該專利的原始所有人，不過他們可以轉讓該專利的權利；由於確認誰是專利發明人一事，取決於誰對專利所要求之實際發明做出了必要的發明貢獻，若沒有確認清楚，日後狀況可能會相當複雜，故發明人在美國提出美國專利申請案時，須附上發明人宣誓書。

而在歐盟，《歐洲專利公約》第60條規定：

（1）歐洲專利權應歸屬發明人或其權利繼承人，如發明人為員工時，歐洲專利權則依員工主要受僱用所在國家之法律定之……
（3）就歐洲專利局程序之目的，申請人應被視為有權行使歐洲專利權。

不過，申請人不必是發明人，可以為繼承人，無需發明人提出發明人宣誓書或類似文件。

雇主和員工的權利

根據美國法規，倘若雇主和員工之間就發明一事沒有

協議,當員工執行雇主交付的職務內容而完成發明時,此發明的專利權歸屬於雇主,這稱為「員工之職務發明」(shop right);另一種情況是,在雇主雇用員工的期間內,倘若雇主和員工之間就發明一事沒有協議,員工利用雇主資源(並非執行雇主交付的職務內容)而完成的發明,則員工享有專利權,而雇主則享有發明的非獨占之實施權(但此實施權不可轉讓),這是所謂的「非職務發明」,其中,員工能將該專利權授權給他人,甚至是公司的競爭對手。但即便是「員工之職務發明」,雇主和員工之間就發明一事沒有協議的情況下,雇主和員工之間也需要一紙文件,證明員工係執行雇主交付的職務內容。

在英國,在一般僱傭關係下,雇主通常一如預期地擁有發明的專利權;而在德國,依據《員工發明法》(German Act on Employee Inventions),員工必須向雇主揭露並說明發明之技術說明和實施方法,而雇主可主張此為「職務發明」(service inventions),確切地說,雇主對於員工的「職務發明」有請求權,同時應給予員工補償(請參見下文);而中國也有類似「職務發明」的法規,德國和中國法規的明顯差異在於,在中國,倘若雇主欲出售專利,則員工擁有優先購買權。

顯然,各國對於此一權利關係的規範並不相同,且在同一國家中,規則和分類也不一定明確,因此,就算協議不能排除各種保護員工權利的法規,但明智的唯一作法是讓雇主與員工簽訂關於智慧財產相關之所有權的協議,至於雇主與員工之間協議的其他優點,請參閱第六章。

員工補償

在某些國家,例如德國、法國、日本、中國和英國,當雇主使用員工之發明時,發明人(員工)可獲得一定補償。當然,各國的細部法規又有些不同:在英國,若發明對於雇主具有顯著利益時,員工具有補償請求權;而在德國,基本上雇主都應給予員工合理之補償。

共同所有權人的權利

倘若是不同公司的人相互合作而完成發明,僅管每個發明人的貢獻高低不一,但每個人都是智慧財產的共同所有權人,各國就專利的共同所有權人權利有不同規範,在美國,每個共同所有權人都能在未經其他共同所有權人的同意(或補償)下,將權利轉讓予他人;在美國以外的許多國家中,規範卻並非如此,而是規定必須經共同所有權人合意,才能將權利轉讓予他人。

面對多人完成的發明,共同所有權似乎是一個合理的折衷方案,然而各國規範不同,且共同所有權人的權利基本上是非專屬權利,若一開始沒有明確協議,事情日後的演變往往無法預測,還有可能因此失去有價值且專屬的專利權,所以,以一紙協議來明確規範各共同所有權人,針對專利權所有權分配和授權的條款,是至關重要的流程。

改良權

針對系爭專利進行改良發明,則該改良發明歸屬於發

明人（或其雇主）所有，但授權合約中須規定，原系爭專利之專利權人同意該改良發明之發明人進行改良。在某些國家中，此授權合約須受競爭法審查（這種觀念是，有價值之技術的原始所有人不應在某個領域獨占改良權），然而，在任何協作或授權中，均應考量改良之所有權、授權改良和相似之研發。

獨立承包商

一般而言，當獨立承包商完成一項發明時，則該發明歸該承包商所有，即便該承包商為受聘工作也一樣；與第三方簽訂協議時，應以書面形式明定智慧財產的所有權和提出受讓的內容，例如公司出售時，由於未能取得書面形式的智慧財產受讓合約，使得被認為是歸屬公司的權利，實際上屬於第三方承包商所有，此類情況，往往一而再、再而三地發生。

倘若沒有書面協議和受讓協議，一般而言，在專案期間，獨立承包商、製造商或供應商，擁有自身所研發的智慧財產，且也許存在某些型態的默示授權，可讓雇主可使用專利。但再次強調，一紙明定智慧財產所有權的書面協議十分重要，況且，許多簽約製造商自身都擁有許多智慧財產組合，故不應認定，其不重視智慧財產問題。

綜上，僱用獨立承包商時沒有明定專利權益歸屬，以及軟體研發協定中沒有明定軟體所有權，可說是商業往來時，常發生的經典失誤例子。

大學和專利權益歸屬

在考慮與任何國家的大學院校或大學學者進行研究計畫時，建議瀏覽大學院校的官網，查閱學校對於智慧財產所有權和利益衝突的規則，確認能否資助這些學者為第三方工作，因為這會影響該工作或計畫的權利。

在美國，大學通常所採取的立場是：倘若所有發明均在校內完成，或是教職員工受雇於大學期間使用校內設備完成，則該發明歸屬於大學。然而，其他各國的原則並不一定與美國相同，有個學說稱為「教授特權」（professor's privilege），是指學者們主張自己具有發明的所有權。發明是否自動歸屬於大學，或大學是否有權獲得發明的所有權，或歸屬學者所有，是根據各國的僱傭法規和其他相關法規為準。

許多大學都具備利益衝突的規則和程序，產業界與學術界進行商業合作時，必須遵循這些規則和程序，當學者們接受了條件彼此衝突的各種資金來源時，他們經常忽略了這些規則而陷入混亂的局面，但大多數的大學對於尋求技術移轉和成立新創公司的機會，仍抱持正面積極的態度；所以，產業界與學術界之間要有成功的商業夥伴關係，關鍵在於理解學術機構的規則並在這些規則下工作。

許多大學的研發工作資金來源是政府，在美國，大部分資金來自於「國立衛生研究院」（National Institutes of Health，NIH）和「美國能源部」（Department of Energy），並且有特定法規來規範由政府資助研發的可專利之智慧財產所有權；例如《拜杜法案》（Bayh-Dole Act），該法案允許大學或實驗室獲得

智慧財產的所有權,但未經政府同意,不得將智慧財產所有權轉讓給他人,且該法案進一步針對專利,規範特定的權利和限制,以及專利的授權和使用方式:例如,美國政府有權在世界上任何地方使用該專利,且專利可優先授權予中小企業,讓中小企業能利用這項技術,在美國境內製造該研發成果之商品。

即時更新智慧財產所有權的歷程記錄

專利的相關資料會記錄在各國的專利專責機關中,可透過網路檢索取得:在某些其他國家,可能只會有原發明人的記錄;而在美國,可從原發明人追溯到當前的發明人的所有權利移轉歷程,不過,專利各方的詳細資訊究竟能揭露到何種程度,與隱私權政策相關,故日後仍可能再調整相關規則。

通常來說,由於可追溯來自原發明人(在美國)或其雇主(在其他許多國家)轉讓而來且不中斷的專利所有權鏈,因此只有當前記錄上的所有人(或其專屬被授權人)有權能提起侵權訴訟;在考慮執行權利時,最重要的是確保相關專利的所有權鏈皆已適當更新,如果沒有及時更新所有權,日後會難以追溯,有可能無法追蹤到必須簽署文件的人員。

在某些未記錄所有權轉讓的國家中,專利專責機關的記錄上顯示所有權為最早的一方,倘若日後所有權轉讓給第二方,由於此一所有權受讓過程沒有在專利專責機關中進行記錄,故存在最早一方所有權人將同一專利再次出售給第三者的風險。

所有權負擔

與其他財產形式一樣,專利可以抵押,為確保所獲得的專利具有明確的所有權,應進行檢索流程。在美國,究竟是在專利專責機關記錄擔保物權(抵押),還是根據州法進行記錄,法律沒有明確認定,因此有必要請專家進行檢索,必須同時檢閱專利專責機關和特定州辦公室(通常是負責美國公司之公司狀態的機構),確認根據《統一商法典》(*Uniform Commercial Code*)記錄上的「擔保利益人」。

一般來說,每個國家都有負責記錄專利抵押之權利的專責單位,且當地法律將規定是否進行記錄,以保護買方因未公開之抵押行為而受到損害。

商標

當商標要在不同國家使用時,建議以註冊制度來確立商標所有權,在允許第三方使用商標前,應與經銷商和被授權人就商標所有權取得協議,再進行商標申請案。此外,使用個人名稱作為商標,可能會引起爭議。

註冊

相較於第三方創作完成的著作權應屬委託方所有,以及專利發明人資格的普遍認知,商標所有權的相關爭議較不常見。如第三章所述,普通法國家(英美法系)和民法典國家(歐陸法系)對商標所有權的規則存在極大差異,整體而言,

在歐陸法系國家，商標權是透過首次註冊來取得；在英美法系國家，商標被視為高品質商品或服務來源的標誌，而商標所有權主要是透過首先使用來取得。明顯看出，註冊制度總是具有所有權記錄的顯著優勢。

國際化的問題

國際商業上容易出現商標所有權的問題，因為商標權人通常未經事先考慮，就跨國註冊了商標，以便在日後可能開展業務的國家中保護其商標。這個風險是國外經銷商可能也會在該國申請商標註冊，而在某些國家中，甚至可能會爭辯說，進口商品的經銷商實際上才是在該國首次使用商標的人；因此商標所有權的處理方式應列於與經銷商的合約中，並且藉由註冊來解決此一可能發生的爭議。

個人與家族姓名

此類問題通常發生於家族企業中，例如家族成員的爭執，或者一個或多個家族成員欲分家，而必須對家族名義的財產進行交易；也可能發生於，一位設計師出售了設計師為名的財產，但該設計師日後又想以相同（自己）名義另外開設新公司業務。後者的情況可在開設新業務前解決，但前者的情況，因為家族問題的發展往往難以預料，法規上只能試圖在商標權和個人使用自身姓名的權利之間取得平衡。

共同所有權

法規上允許商標的共同所有權，但在共同所有權人欲分拆權利時，可能就會出現問題，儘管《1994年英國商標法》第23條中有關於此議題的明確規定，但商標通常代表受信任品牌的單一來源，故共同所有權的情況相對比較少見。也正因為商標通常代表商品或服務的單一來源，故在建立公司或合作時，共同所有權議題可能會導致日後的法律複雜性。然而，就共同擁有的實體（例如合資企業）而言，處理具有共同所有權的商標就簡單得多，但日後有關商標所有權終止後會發生的相關業務問題，例如共同所有權人之一能否獲取其專屬權利，或商標能否出售給第三方等，是仍須解決的問題。

所有權記錄

和專利的情況類似，商標註冊具有記錄所有權的系統，當前記錄上的所有人，才有權提起訴訟。考慮到公司合併或資產剝離等問題，商標所有權也必須如同專利那樣持續更新，否則日後會引起問題。

所有權負擔

商標可以作為財產的一種形式進行抵押。在美國，與專利的情況類似，究竟應在商標專責機關或州政府層級記錄此第三方權利，也存在爭議，故應同時進行對應的檢索，以檢查商標是否已被抵押，並確認抵押權人遞交給前述兩個機

構的文件是否正確。而在歐洲,包括英國,商標也可以作為抵押品。

在美國,由於對此類轉讓申請存在法規限制,因此使用「意圖使用商標」申請作為貸款擔保品時,會有一些複雜性(請參閱第十三章)。

著作權

一般來說,作者是著作權的原始所有人,在許多國家中,有一種例外情況是:員工在受僱期間中創作完成的著作(請參見下文)。

有形著作之所有權與原始著作權之所有權

如前所述,著作(繪畫)的所有權與該著作的著作權並不相同,《美國著作權法》中有明確規定,原藝術品出售後,其著作權通常仍為藝術家所有,因此藝術家仍舊能出售該藝術品的複製品,購買原畫的買家也不會對此感到訝異。

雇主和員工:職務著作

如果員工在受僱期間創作完成具有著作權的著作,英國規定,該著作在法律上歸屬於該員工之雇主;而在美國,此類著作稱為「職務著作」,是「員工在僱傭期間內於其工作範圍內執行的工作」,此一規定對企業而言很有利,因為

法律上雇主視為作者，故各種保護都不適用於實質上的作者（即員工）。

共同所有權

不經意間產生的著作，可能會有共同作者，就可能產生共同所有權的問題：例如，當兩家公司共同合作時，在任何藝術、文學著作或軟體合作專案中，應以書面形式闡明相關權利，包括利潤分配或權利金等任何權利。

當著作有兩個或兩個以上作者時，就會出現共同所有權問題，根據美國法規，共同著作定義為「由兩人以上之作者，意圖係為使其個別創作之部分合併為不可分離或相互依存之單一整體的一部分（intention that their contributions be merged），而作成之著作」；而在英國，「共同著作」（work of joint authorship）定義為「由兩人以上之作者作成之著作，且每個作者的貢獻無法與其他作者的貢獻做出區分」。某些國家中得依法產生共同著作，例如根據英國法規，從廣播產生的共同權利，進一步說，每個共同所有權人都有可利用／授權（或阻礙其利用／授權）的共同所有權相關問題，倘若關乎金錢收取，是否必須與其他共同所有權人共享，各個國家對此類問題的規則差異極大，故事先達成書面協議相當重要。

衍生著作和改編

如果是對既有著作進行修改或改編，或是衍生著作，如果該既有著作本身受著作權所保護，則改編或衍生著作的所

有權,通常要與原始著作權著作區分開來。在沒有授權的前提下,衍生著作或改編著作的行為會侵害原始著作權,但是在大多數法系中,提出侵害著作權並不會導致改編著作的所有權轉移。

衍生著作或改編著作的一個例子,是文學著作的翻譯,公開出版翻譯著作時,需要取得原始著作的著作權和翻譯的著作權;反之,倘若沒有書面協議,翻譯著作的譯者將擁有該翻譯著作的著作權。

獨立承包商

與專利的情況類似,在與獨立顧問、承包商或人事代理機構合作之前,應就著作權的所有權達成書面協議。倘若缺乏書面協議,由獨立承包商創作完成之著作(委託著作)的著作權將歸屬於該承包商,而與當事方業務上的期望背道而馳。當公司出售或需要籌集資金時,以及軟體產業中派遣員工撰寫程式碼時,就會引發問題。就軟體而言,由於某些司法管轄區域中的軟體著作權歸類為著作人格權,因此書面協議中應包括明確放棄此類著作人格權的條款,讓研發人員無權插手產品的商業化進程。

如果缺少所有權受讓的明確協議,則需尋求有利於委託方(如果有)的默示授權;不過,缺少明確協議,日後總會有潛在問題。或者,缺少明確協議,可能會導致此一著作被視為共同著作,如此一來,依據法規條款,針對收益共享的部分,可能會產生無法預測的後果。

針對前述問題,依據英美法系統,在美國,可主張僱傭期間產生的職務著作原則上歸屬於機構(發包者),所以在某些情況下,可主張對承包商的控管層面太過廣泛,致使承包商被視為此著作過程中的員工,並進而主張此為職務著作的範疇來挽救整個局面。

大學院校

大學院校的著作權問題,與前述專利段落中提到的類似,許多大學都制定了相關政策,來主張由其員工創作完成之著作的著作權所有權;對於大學的教職員工而言,除獨立學術研究以外,還有一個主要問題是:上課教材內容是否為學者或教職員工,在聘用期間內所創作完成的著作。

所有權記錄

許多國家都有著作權所有權或所有權受讓的記錄系統,這有助於提供所有權的證明,美國採用著作權登記制度,著作權所有人需要向美國著作權局遞交足以識別該著作的相關登記文件,並提供其他相關事實。然而,著作權的保護期間很長,這意味著某些著作很難尋得著作權所有人,甚至無法追蹤到該著作的所有權,使得該著作成為「孤兒著作」。

所有權負擔

著作權也是一種可抵押的財產形式,在美國,一般的看法是,針對登記之著作權的抵押行為,必須記錄到美國著

作權局；而針對非登記之著作權，則記錄在州政府，如果可能的話，大多數貸方會同時對這兩個單位提出記錄申請，因此，建議同時在這兩個單位進行檢索；在其他國家，著作權是根據當地法規進行質押或抵押；而在某些司法管轄區域中，可將此權利轉讓給有權之貸方，藉以償還貸款全額。

歸還

在美國和某些其他國家中，著作權轉讓在若干年後可能會終止，或者歸還給作者或其繼承人，對於「未來」的著作權歸屬相關規則可能十分複雜，故針對取得任何舊著作之權利的過程都需要仔細審查（請參閱第四章）。

音樂、多媒體和戲劇著作

音樂和娛樂著作的所有權也很複雜。例如，一個音樂組合是由歌詞和該作品之演奏的錄音著作所組成，其中歌詞和錄音著作都有單獨的著作權，而多媒體著作中可能存在許多個別的權利所有人。

人格權和個人公開權（right publicity）

在美國，個人公開權（俗稱為名人權），是一種可控制其形象表徵在商業利益上的權利，最著名的就是加利福尼亞州，加利福尼亞州法規，對個人公開權的規範如下：

任何人故意在產品、商品或貨物上或之中，或出於

廣告、銷售或推銷購買產品、商品或貨物目的，以任何方式使用他人的姓名、聲音、簽名、照片或肖像，且事先未徵得該人同意，或未成年人未事先徵得其父母或法定監護人同意的情況下，因前述使用而對此人造成的任何損害，均應承擔責任。

個人公開權與著作權是不同的權利，但可以存在於同一著作中；例如，電影明星照片中的著作權可能歸攝影師所有，但電影明星可主張對其肖像擁有個別權利，若要在商業作品中使用該肖像，需徵得其的同意。

取得涉及個人內容的相關權利時，就需考慮到個人公開權。在美國，儘管電子遊戲發行商與體育聯盟之間有簽署授權，但大學運動員仍針對其肖像被用於電子遊戲中，而提出賠償要求；而在英國，儘管英國法規中沒有類同的權利，但在《蕾哈娜 v Topshop》一案中，Topshop 將蕾哈娜的照片印在 T 恤上並銷售，讓人們誤認為該 T 恤是由蕾哈娜所授權，但事實並非如此，最後蕾哈娜依據假冒理論（passing-off theory）（詳情請參閱第三章），成功獲得賠償。

設計權

對於 2014 年 10 月 1 日之後創作完成的設計專利，也適用於英國設計權的專利規範。在此時點之前，倘若是根據委託所創作完成的設計，則委託人為該設計的第一所有人，

不過這與各國適用的著作權規範和美國法規不同,在美國,沒有協議的情況下,設計權是歸屬於設計者而非委託方。所以,英國根據此一新法,讓所有權最初歸屬於設計者,進一步地讓英國和美國的設計權法規趨於一致。

營業秘密

一個以上的公司可能會研發生產出相同或相似的營業秘密,且每個公司都能擁有該所有權;但還有一個問題:營業秘密之共同所有權相關法規仍不完善。營業秘密所有權的問題,一般發生在離職員工到競爭對手公司工作,或創辦新公司的背景下,或者是洩露營業秘密洩露的情況(例如,與商業交易有關),營業秘密的資訊接受方明顯根據所接受到的資訊,而研發出產品。因此,藉由與員工及第三方簽署使用和保護機密資訊的書面協議,通常就能解決大多數的營業秘密相關問題。

公司結構和稅務

大型公司集團內部的智慧財產所有權可能很複雜,且對於稅務影響層面極大,建議智慧財產預設為僱用該智慧財產創作者的實體所擁有;因此,美國員工在美國境內創作完成的智慧財產本就歸屬於美國實體,倘若歐盟的關係企業欲使用該智慧財產,依據大部分國家的通常稅法,美國實體必須

授權,或「讓稅務機關視為已授權」,歐盟的關係企業(實體)再支付與第三方所給付之相同程度的權利金,藉以使用該智慧財產。最後收益會回流至美國,並在美國繳納稅金。

避稅港

各國對智慧財產的相關收益稅務規範有所不同,有些國家是避稅港(俗稱的避稅天堂),有些國家則因政策不同,而對智慧財產收益適用較低稅率,例如,2013年4月,英國建立了「專利盒」計畫(Patent Box scheme),只要滿足特定的所有權和研發條件,針對特定專利權產生的收益,可適用較低的公司稅率,該計畫之目的是促進研究和研發,並鼓勵英國境內的智慧財產所有權發展。然而,有鑑於避稅問題(請參見下文),英國此「專利盒」相關規範,日後倘若被修正或重新審視也不無可能。

跨國集團

跨國集團所建立的智慧財產持有結構,主要目的通常是要極力降低其全球稅金總額,在不同的關係企業之間轉讓現有智慧財產的所有權時,可能需要繳納稅金,因為轉讓時的計價徵稅規則要求該交易應有公平考量(價格),而該轉讓收益會計入稅金計算基礎。

所以,建議可以透過分擔費用的方式,先決定未來預定研發的智慧財產所有權之稅務模式,再將費用分攤予各關係企業,如果是依據全球銷售額公式,而與離岸關係企業分擔

費用,則該離岸關係企業有權在公司母國管轄範圍外的國家,收取並保留收益。運用涵蓋現有智慧財產的購入安排,和涵蓋未來智慧財產的成本分攤安排,搭配稅務考量而在司法管轄範圍內分配智慧財產所有權。整體言之,對於智慧財產所有權,因稅務考量,可透過位於離岸司法管轄區域中之實體與該司法管轄區域之實體簽署合約,來研發該智慧財產。

此類稅務安排,致使某些公司在某些司法管轄區域中,只需繳納非常少的稅金或根本不必繳稅,讓歐洲和美國公眾及政治圈驚愕不已,例如,歐盟執行委員會調查了愛爾蘭和盧森堡的某些稅率設計是否構成違法的國家補助[1],且英國一直有減免稅率的政治運作。然而,2013年5月《紐約時報》的頭條新聞中說:「對蘋果繳稅策略的一種回應就是學習複製它」[1]。

實務和法律問題

專注於節稅的財務部門與負責智慧財產的法務人員之間,必須相互協作而不脫節。在行政層面上,法務人員可能不了解實體應擁有的智慧財產之財務原理,而以錯誤的實體名義提出智慧財產文件申請,且所提出的智慧財產授權使得錯誤的關係企業受益。再者,因稅務考量所構成之無形資

---

[1] 作者意指2013年爆出的蘋果公司避稅風波,身為全球規模前幾大的公司,蘋果藉由愛爾蘭的稅制漏洞,以及設於愛爾蘭的特殊公司架構,避掉了數十億美元的稅金,進而引發全球許多大企業跟進模仿,由於歐盟緊追不捨的稅務調查,最後蘋果將資產轉移至英國屬地澤西島。

產，以及因智慧財產考量所構成之所有權，彼此概念不同，進而造成哪一個實體擁有哪一種智慧財產權（例如，執行之權利）的混淆。因此，控股公司結構，實質上應就專利和商標層面，做通盤的法務策略。

至於專利，應根據適用法律，考量控股公司是否能與經營實體一樣，具有尋求利潤損失和禁制令的權利，但在某些國家中，情況可能並非如此。

如第十二章中所討論，英美法系國家中的商標授權需要控管所授權商品或服務的品質，但離岸智慧財產控股實體不會設立於該國境內，就難以進行此品質控管的要求。再者，在某些國家，移轉商標會要求一併移轉商標與公司商譽，故建立持股結構時，也必須遵循此一要求。

總結而言，應謹慎了解集團內哪一個實體擁有擬議交易所需的智慧財產，特定的關係企業可能根本無權轉讓集團內另一間公司所擁有的智慧財產，或者進行授權；故建議可透過註冊或登記之智慧財產權的公眾資料庫來取得資訊，並要求與之簽訂合約的一方，提供其擁有之相關智慧財產的擔保，交叉對照以確保內容無誤。

9 智慧財產的取得、維持和執行成本
What IP costs to obtain, maintain and enforce

　　本章節討論：保護智慧財產的成本，這是智慧財產策略不可或缺（和限制）的一部分。

　　保護智慧財產的費用高昂，但著作權（在大多數國家不需要特別登記）例外，欲在其適用市場（國家）提出商標註冊或專利申請案時，還有申請案的審查程序費用，以及各種維持規費等，實質上都必須支付大量費用。此外，面對第三方使用，可能必須採取執行措施，來維護智慧財產的價值，例如在美國執行專利相關權利或為侵權索賠辯護，可能要花上數百萬美元。本書結尾的「實用資源」段落中，有列出各個專利和商標專責機關規費的連結網址。

有關需注意之要點和策略考量的快速摘要，請參閱第 402 頁

專利

專利是最昂貴的智慧財產形式，與專利相關的費用可分為三大類：

- 應支付給律師或專利代理人撰寫專利的費用、繪製專利指定規範圖式的費用，以及在整個專利審查程序中，與專利專責機關就審查意見進行核駁答辯的對應費用；
- 繳納給專利專責機關的規費；
- 取得專利後，日後為了執行專利權，支付給律師、專利代理人和專家的費用

如果是橫跨多國的案件，需增加翻譯和公證費用（由具有該國公職身分的人員在文件上加蓋印信，以證明簽名之真正性），以及每個國家的前述費用。由於中途放棄可能會致使發明進入公有領域，並失去任何商業秘密形式的保護，故建議先依類別擬出的預算表，以確認擬議方案在國內和國際上的成本和收益。

檢索費用

在決定是否提出專利申請案之前，通常應進行一次檢索，以確定取得專利的機率；以及，如果有機會取得專利，那麼該專利範圍可能會較狹窄或較廣泛的。因為專利不能涵蓋先前發明，如果該技術領域已擠滿了先前專利和公開出版

物,那麼就只能取得一個較狹窄(或針對特定產品)的專利。而關於檢索費用,從發明人自行線上檢索(近乎無成本),到花費數千美元的專業檢索都有。

初期專業費用和專利專責機關規費

在專利申請案中,需要撰寫技術性的說明書,並仔細擬定申請專利範圍,此外,大多數專利申請案都需要附上指定規範的圖式。在美國,根據專利申請案的複雜性和重要性,撰寫專利申請案的律師費用為 5,000 美元至 15,000 美元之間或更多[1],指定規範的圖式費用通常需另加。

美國可以提出臨時申請案,臨時申請案能保留優先權日期(較早的申請日期,請參閱第二章),而費用要比正式申請案低得多,是一種可以在進一步研發發明內容並更加確認其商業價值前,以較低的成本保留權利的一種策略。

提出專利申請案的同時就必須繳納申請規費,在美國和歐盟,簡易型的專利申請規費通常不到 1,000 美元,但必須強調的是,這只占總成本的一小部分而已。美國另外建立了一種專利加速審查程序「Track One」,只要申請人額外支付 4,140 美元[1],就不需要與眾多待審查的積案一起排隊,約可在一年內獲得專利。

---

1 作者此處採用了最高費率,若是較小規模的公司,規費會更便宜一些,細節請參照美國專利及商標局官網。

申請程序中持續產生的費用

專利申請的整個流程將花費數月甚至數年，此一流程的技術術語稱為「審查程序」（prosecution），提出申請案時即繳納了專利專責機關的規費，接著在審查程序期間，需要根據所選擇的各種細項措施，支付各階段對應的費用，最後取得專利的階段也有應付規費。通常來說，每一次與專利專責機關往來，就會進入下一階段，同時也需要支付費用，所以專利專責機關提出的問題愈多，費用加總後就會愈高。

核准後異議階段可能產生的費用

許多國家都有核准後異議程序的規定，在專利核准公告後一定期間內，第三方可對核准之專利有效性提出質疑，此一程序比擬一般訴訟，可能會產生大量的法律服務費和專利代理人費用。

國際化的費用

如果要在其他國家提出專利申請案，就需要支付所選國家之技術性的說明書翻譯、申請程序和審查程序等相關費用，有些國家的文件需要公證手續，專利核准後，每個國家也都會收取核准費用（俗稱領證費）和維持規費（俗稱年費），當然還有所選國家的律師和專利代理人費用。此外，可以根據 PCT（藉由共同檢索和審查來節省資源）提出專利申請案，也可以提出歐洲單一專利申請案（請參閱第二章），來推遲支付金額的時間點，並節省整體花費。跨國產生的費

用多寡,取決於提出專利申請的國家數量,包括可能會面臨侵權的主要市場數量,以及可能製造產品的國家數量。

專利維持規費

收到專利核准審定書後,須繳納專利領證費,在美國,應在核准公告之日後的三年半、七年半和十一年半時再次繳納相關規費;而在歐盟,收到專利核准審定書後,依據「歐洲單一專利」的規則繳納後續規費。

執行

執行專利的費用相當昂貴,除了律師之外,經常需要專家出庭就技術問題進行解釋或作證,並協助損害賠償金額的計算,尤其是在美國,專利訴訟的費用總金額可能高達數百萬美元,英國的費用也相去不遠。如果是德國之類的歐陸法系國家,由於程序規範的差異、與案件相關之收集證據數量和開示文件數量限制,執行成本實質上會大幅降低。無論是選擇歐陸法系的「截斷法則」(truncated approach),還是英美法系的「全面法則」(full-blown approach),都是展開任何執法行為時必須做出的重要決策[2]。

在美國,律師允許約定成功報酬制,勝訴後律師可收取

---

2 作者提出這兩個法則較少討論及論述,但就前後文理解而言:「截斷法則」(truncated approach) 應指訴訟中偏向自由心證主義,只要證據數量足以使法官達成心證而做出判決即可,不需準備並提出大量證據,原告花費的心力和金錢會略少;反之,「全面法則」(full-blown approach) 應指訴訟中偏向法定證據主義,原告需盡可能地蒐集並提出所有可能證據,致使原告需要耗費更多金錢與心力。

賠償金額的一定比例。而在某些國家，專利訴訟「投資者」的市場正在增長，他們為訴訟提供資金，換取一定比例的收益；例如專利主張實體也可以協助公司執行專利的相關權利，這是一種靠第三方融資來支付大筆訴訟費用的機制。

專業人員

申請專利還需要管理時程表，工程師、律師助理或法務人員會收集資訊，與外部專利專業人員溝通並維護記錄，故公司需要決定採用內部單位或外包單位來處理前述工作。

成本效益分析

申請專利是一個花費高昂的工作，故內部應先審查智慧財產保護整體範圍的成本和收益，進行初期檢索以確保不浪費任何金錢，並在啟動專利策略之前，就準備好一個涵蓋所有方法和考量層面的完整預算表。請牢記，一旦專利申請案公開，就沒有回頭路可走了，該發明內容的技術將在當初決定不申請專利的國家中，進入公有領域。

專利只是智慧財產的一種形式，還有其他保護智慧財產的選擇，如第六章討論的，可以選擇：取得發明專利、成為營業秘密，或進行所謂的「防禦性公開」。而在軟體產業中，除專利保護之外，只運用著作權作為保護形式，但目前軟體受專利保護的範疇較不明確。此外，可以尋求專利律師或專利代理人就專利保護的具體增值（incremental value）提供指引，而製造商可以在中國提出實用新型專利申請案（請參閱第二

章），再者，以設計權提供保護也是選擇之一。

可使用決策樹方法來考量成本（請參閱第 9.1 圖），如果初步決定要尋求專利保護，那麼下一步是進行檢索，以確定能取得專利的機率，並確認能取得之專利範圍；下一階段的問題將是：是否申請專利？以及該在哪些國家申請專利？此問題建議依據：可能發生侵權的主要市場，以及可能的製造產品的國家地點來決定。同時要考慮到，一旦專利申請案公開，便可以在所有未申請該專利的國家使用（所謂的進入公有領域）。特定產業會採用一些特定策略，例如，一些公司僅在大型的美國市場上尋求軟體專利保護，然而 2014 年，美國出現不利於此的判例見解，故這些公司日後可能會修正其策略。

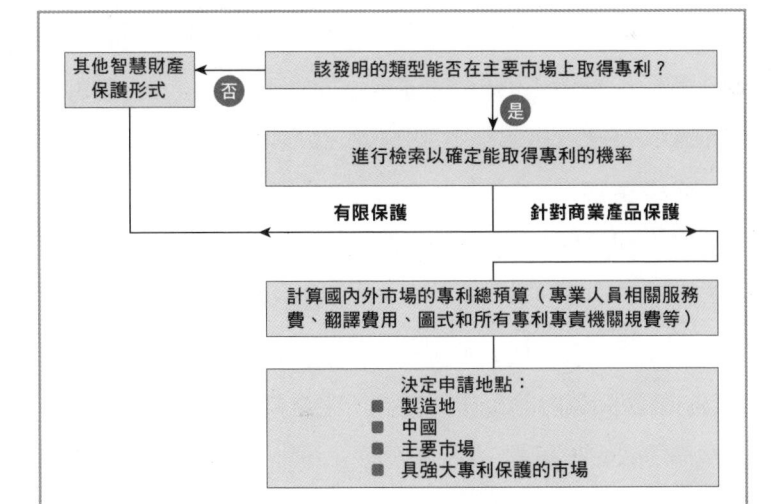

圖 9.1 │ **專利預算流程決策**

```
┌──────────────┐  否  ┌──────────────────────────────┐
│ 其他智慧財產 │◄─────│ 該發明的類型能否在主要市場上 │
│ 保護形式     │      │ 取得專利？                   │
└──────────────┘      └──────────────────────────────┘
        ▲                            │ 是
        │                            ▼
        │             ┌──────────────────────────────┐
        │             │ 進行檢索以確定能取得專利的機率│
        │             └──────────────────────────────┘
        │   有限保護             針對商業產品保護
        └─────────────────────────────┐
                                      ▼
                      ┌──────────────────────────────┐
                      │ 計算國內外市場的專利總預算（專業人員相關服務 │
                      │ 費、翻譯費用、圖式和所有專利專責機關規費等） │
                      └──────────────────────────────┘
                                      │
                                      ▼
                      ┌──────────────────────────────┐
                      │ 決定申請地點：               │
                      │   ■ 製造地                   │
                      │   ■ 中國                     │
                      │   ■ 主要市場                 │
                      │   ■ 具強大專利保護的市場     │
                      └──────────────────────────────┘
```

來源：作者

商標

商標的相關費用包含：

- 初期的品牌選擇和檢索；
- 撰寫商標申請書的費用；
- 繪製圖式的費用；
- 申請時和申請程序期間內，繳納給商標專責機關的規費，以及商標註冊核准時的領證費和之後的維持費用；
- 申請商標程序期間律師或商標代理人的服務費；
- 執行商標的相關權利，或為商標爭議提出辯護時律師或商標代理人的服務費。

如果是跨國案件，還要包括符合每個國家規範的前述費用，當然，這些費用總金額通常遠低於專利申請案的費用。

商標選擇

與專利檢索相比，商標檢索相對較簡單，但要為尚未使用的新產品找到可用商標，可能會比較困難（請參閱第三章），初期費用包括與品牌顧問、標誌設計師、檢索服務和商標申請顧問等討論擬申請商標所生之費用。

申請程序

商標申請費用遠低於專利申請費用，一旦選定商標並進

9／智慧財產的取得、維持和執行成本　　**229**

行過檢索，除非商標與已註冊的商標很近似，否則申請商標的程序相對較簡單。倘若第三方對商標註冊提出異議，那麼花費可能會略為增加，但大體而言，費用總金額取決於申請時填寫的指定申請類別（例如商品和服務）數量。至於商標的國際性保護，可以利用歐盟商標（EUTM）和《馬德里議定書》的商標申請程序，這是將多個國家申請案簡化成單一程序的模式。此外補充，若商標日後欲延展，一樣要持續繳納相關規費。綜上所述，在英美法系國家，欲取得商標保護並不需要註冊；而在歐陸法系國家，註冊是取得商標保護的先決條件，由於商標品牌很容易被複製，所以除了在重要市場申請商標註冊之外，我們別無選擇。

　　品牌所有人除了需要支付申請和維持商標註冊的費用，還需要支付網域名稱的購買費用，例如其品牌名稱，以及各個主要頂級域名中的某些衍生形式，如「.com」、「.net」、「.eu」、「.jp」和「.cn」，或適用於其產業的任何新類別頂級域名（如「.services」或「.bank」）。

執行

　　商標訴訟通常比專利訴訟便宜，因為問題通常不那麼複雜，且技術性較低；但在英美法系國家，需要自行調查並蒐集證據，來主張商標優勢，或主張侵權產品可能有使公眾混淆誤認之虞，執行調查的花費十分高昂，所需證據數量愈多，導致調查花費變得更多。

　　必須面對眾多山寨品的商標權人會面臨艱難的決定：

如何以合理的成本對商標進行有效監控，以維護排他權？此處建議是應使用包括政府監控在內的各種選項來制定策略。（請參閱第七章和第十六章。）

在許多國家，如果商標已註冊核准，海關人員就能在邊境阻止侵權商品進口，執法機構會主動追蹤仿冒者，特別是仿冒者與犯罪分子有聯繫時，又例如，銷售產品的網站（例如拍賣網站）可針對仿冒商品採取下架程序。除了這些可用的救濟措施之外，建議依據競爭程度，來決定對哪些侵權人提起訴訟，例如，一家奢侈品製造商會優先對銷售高品質仿冒商品的侵權人起訴，後續再追擊銷售低品質山寨品的街頭小販。

著作權

在執行著作權的相關權利之前，著作權幾乎不需要付出費用（除了任何購買價格之外），故執行著作權的困難點在於著作權對技術的保護有限。

著作權應該是成本最低的智慧財產保護形式，在大多數國家，作品創作完成時就自動擁有著作權，而無需進行註冊；然而，註冊或所有權記錄有其本地優勢，倘若對特定國家的市場感興趣，則建議應在該國家中取得註冊或所有權記錄。在美國，必須先註冊著作權，才能對美國作者的著作執行著作權相關權利，且任何著作權所有人都有權取得某些強化的救濟措施，它也助於建立具有著作權之著作的所有權。最後關於註冊程序，這是一個相對簡單的流程，只要查閱美國著

作權局的官網，就能獲得許多教學。

執行

相較於著作權基本概念的簡單易懂，著作權法反而令人驚訝地複雜，倘若複製行為並非不具獨立性地重製（slavish），那麼欲證明受保護的著作權受到侵害，可能會比商標訴訟更為複雜（也因此花費通常更高昂）。但著作權訴訟的費用一般還是比專利訴訟的費用便宜，執行著作權的主要困難是複製和數位銷售內容（包括藉由網路）的便捷性，以及對網際網路服務供應商的保護（請參閱第七章）。此外，著作權所有人需採取能夠降低複製動機的商業策略，並運用現有的政府、執法和民事救濟措施，與商標情況一樣，首要策略是阻止競爭中傷害最大的「複製」行為。

設計保護

實用性物品的外觀或形狀通常不受著作權所保護，但可以藉由商業表徵之類的權利來保護，而其他特殊保護則必須依據設計權來取得。依據《歐盟共同設計法》（*Regulation 6/2002 on Community designs*），在歐盟境內首次公開具有新穎性的設計後，即自動獲得自公開日起算三年的保護，而美國並沒有類同的非註冊設計權。

另外，在歐盟也能取得獲得較廣泛的註冊設計專利，但需要繳納註冊規費和延展規費。

在美國，可透過設計專利來提供保護，設計專利實質上是少量文字加上一組專業圖式的集合，由於《2012年專利法相關條約實施法》已納入《海牙協定》體系，這使得美國設計專利的申請程序會比以前更為簡單且價格低廉。

執行

設計專利的訴訟費用與商標的訴訟費用相當，兩者的費用均遠低於專利訴訟，訴訟爭點通常為設計是否被複製，或是該設計專利是否值得以法律保護。

營業秘密

維持營業秘密所衍生的費用是：制定書面保密協議、維護安全場所和連網，以及避免員工和承包商洩露的政策等各種行政成本，考慮到網路安全風險和個人設備的多樣性，這些逐漸增加的費用是無法避免的。

執行

營業秘密訴訟需要提出許多證明，包括明確地完整陳述秘密性、不當取用和損害賠償細節，所以營業秘密訴訟不必然是簡單或費用低廉的。

10 保護產品銷售時智慧財產的作用
IP's role in protecting product sales

　　本章節討論：智慧財產可作為競爭產品的障礙，並作為一種資產，視為給予創新者的回報，以創造和銷售新產品，以及可用來與另一家公司討價還價的可交易資產，以取得進入市場的機會。閱讀本章時建議與第七章一起閱讀，尤其是制定網路策略的章節，並搭配第十六章的制定智慧財產總體策略。

　　智慧財產至少藉由三種方式，為公司創造價值：首先，專利、商標、著作權、設計權和營業秘密會成為競爭對手進入市場時的戰略壁壘，從而保護從產品銷售所獲得的收益，從某種意義上來說，有部分是被動壁壘，例如資源（營業秘密）不可用於公眾；有部分是主動壁壘，例如，倘若智慧財產的相關權利受到侵害，智慧財產的法定權利人可以藉由訴訟或其他方式積極地執行這些權利；其次，可以將智慧財產

> 有關需注意之要點和策略考量的快速摘要，請參閱第 404 頁

（主要是專利）交易為其他所需的智慧財產，從而使原本在市場上受到銷售阻礙的產品得以進行銷售；第三，智慧財產可以作為收益來源（請參閱第十一章）。

以專利作為進入障礙

專利可以藉由禁制令，讓專利權人排除競爭對手銷售侵權產品，如第二章所述那般，雖然法院發出禁制令的時間點有一定限制，但禁制令可執行專利權人的權利，將侵權產品從市場中強制下架。

在製藥產業中，我們可以看到專利在促進創新和保護收益方面的經典作用，其特點是研發成本相當高昂，特別是確認新產品的安全性和有效性的過程，花費極高。依據許多國家的監管機制，製藥公司研發新藥，並開始收集新產品的臨床數據時，監管機構會授予一個獨占期間，在此期間內，競爭對手無法複製該新產品並使用其數據提出申請[1]，但此獨占期間並不長；故成功取得專利，進而在此獨占期間結束後，藉由專利排除他人複製，並讓研發新藥的製藥公司能回收投資，是至關重要的大事。

藥品專利的顯著特徵是，涉及特定產品的專利數量很少，而涉及有效成分的專利可能只有一個，只要取得一項藥品專利，就可作為進入市場的障礙，以保護特定產品的未來

---

[1] 通稱藥品專利的「資料專有」權，在特定期間內，其他學名藥廠商不得將原廠藥商的臨床數據挪作己用，例如用於申請學名藥的文件。

銷售時免受競爭。

　　技術類專利就是完全相反的狀況，一個設備涵蓋成千上萬的技術類專利，其中一些專利還是依據 FRAND 授權得來的（請參閱第二章），其餘專利只是涵蓋一個較大型設備的技術特徵，或者執行一種特定流程的製程方法，搞不好該製程方法也能以其他方式執行，不需受限於此。因此，就如手機製造商那般，因為可用專利太多，比起藥品專利更容易繞過專利技術門檻，故可選擇將哪些專利的技術特徵（可取得授權）做到手機裝置中，再支付權利金給該智慧財產所有人即可。

　　在科技產業中，取得專利主要有三個目的：首先，可以針對設備使用者所需的功能來申請專利，目的是禁止競爭對手使用這些功能，從而製造出他人無法使用該功能的障礙；其次，在訴訟中，其餘專利主要有「交易籌碼」的作用，來進行談判和防禦性用途（反訴）；第三，其餘專利還能拿來向競爭對手收取權利金，以增加競爭對手的費用，實施上達到「收保護稅」的作用。在許多案例中，申請專利或購買專利的動機，通常同時包含前述三者考量。

　　在手機專利戰中（請參見下文），蘋果公司運用手中的專利和設計權，來阻礙競爭對手使用那些對消費者很有吸引力的特定功能（蘋果公司的專利），其相信這些特定功能可帶來市場優勢，因此，蘋果公司試圖以傳統的策略方式，利用手中專利作為進入障礙，逼迫其他手機製造商各自拿出自家專利作為議價籌碼，進而向蘋果公司交叉授權，以取得其

手上之所需專利。然而，許多專利權人以為手中的技術只能向市場中更成功的大型公司，尋求可以「出租」專利或「收保護稅」的途徑，事實上專利具有更多運用可能性。此外，美國的法院對此具有許多規則細節，例如倘若只有一項技術特徵受到侵害時，能否據此發出禁制令禁止整隻手機銷售，以及發出禁制令的時間點（請參閱第二章），這些都可以列入策略考量。

三思而後行

專利執行策略需要仔細的計畫和準備，針對競爭對手發起專利訴訟時，通常心中早有一長串的潛在目標名單，特別是，針對競爭對手的專利提起訴訟時，競爭對手可能會報以更具威脅性的攻擊──「反訴」的風險；電影《法櫃奇兵》(Raiders of the Lost Ark) 中有一個場景，被稱為「槍與劍的對決」(the gun versus sword)，哈里遜・福特 (Harrison Ford) 飾演的英雄印第安納・瓊斯，受到對手持劍的威脅，哈里遜・福特持槍並及時開槍擊中持劍對手。而世上沒有哪家公司願意揮舞弱小的專利劍，然後被更強大的專利子彈射中。

在美國，提出專利侵權訴訟的威脅，可能會導致被威脅的一方提起訴訟，並在有利於被告的司法管轄區域中尋求無侵權聲明（請參閱第十一章）；英國針對不合理的專利侵權威脅具有法律救濟措施，而其他歐盟國家也有類似的程序。

考慮針對小型競爭對手提起訴訟的大型公司應牢記，損害賠償金額通常依據當事方的銷售規模，因此小型被告提

出可信度高的反訴時，反而會從大型原告身上取得更高額的損害賠償金；假定雙方勢均力敵，那麼和解時，對小型公司較有利。

提起訴訟或威脅提起訴訟，還可能導致被指控的侵權人反過頭尋求該專利無效，此時雙方的注意力雖然集中在被指控的侵權人身上，但如果關鍵專利被判決無效或被撤銷，那麼，後面可能還有其他公司等著進入戰場填補此一空缺，因此，考慮不周的行動會帶來糟糕的後果。

使用專利對抗山寨品

專利也能運用於打擊進口產品（山寨品）或廉價的複製品，儘管這種作法的頻率較著作權、設計權和商標要低；例如複製已取得專利的一般消費品，像是手電筒或玩具等，但專利取得的費用太昂貴且速度太慢，難以運用在快速消費品產業，也難以對國外公司提起訴訟。如果專利產品被廣泛地大規模複製，在美國，至少可透過 ITC 提起訴訟，並阻止其進口，以克服這類國外司法管轄權問題。

對於消費品，設計權和美國的設計專利會比美國的發明專利更有效，因為設計權和美國設計專利的取得速度較快、花費更少，而且藉由訴訟執行權利的費用也較低。處理涉及專利產品的山寨品時，還應考慮其他智慧財產權，例如著作權、商標權和商業表徵，它們都和設計權一樣，具有比專利成本更低且更靈活的訴訟策略。

以專利作為「交易籌碼」

專利除了製造障礙來保護收益之外，還有一個重要作用，即在交叉授權中作為談判的交易籌碼，用以突破其他公司阻礙專利的戰略位置，來實現產品的銷售成長。或者，藉由內部研發或收購專利，來取得防禦性專利組合，藉以達到交叉授權的目的，特別是用於防禦競爭對手的反訴主張（請參見上文）。交叉授權通常是透過商業談判和訴訟所進行的和解中所產生；然而，這種注重專利數量而非專利品質的防禦性專利「軍備競賽」，在累積了大量專利組合的科技公司中，被嘲笑為「向下競逐」（race to the bottom）①。

手機專利戰

隨著產業參與者尋求在快速發展市場中藉專利取得優勢，智慧型手機產業開始出現高度複雜的訴訟，這個風潮到了 2015 年間，訴訟數量似乎有緩和下來（儘管印度和中國爆發了另一波專利訴訟潮），但它至少繪示出了智慧財產訴訟的整個輪廓——蘋果公司等新進入者勝過諾基亞、摩托羅拉和易利信等傳統手機製造商，Google 和三星電子則是蘋果公司的挑戰者，另外也有一些強大的公司，例如微軟，試圖進入市場，並影響市場或從中取得收益。

手機技術的整合涵蓋了相機、資料和影片，這意味著該產業以外的專利權人，諸如柯達公司（Kodak）及其數位相機產品組合，都在尋求能在智慧型手機產業中獲取收益的機會。甲骨文公司顯然希望挑戰安卓作業系統的生態體系，依

據 Java 程式語言與甲骨文擁有的 Java 應用程式介面，主張安卓作業系統侵害其專屬權利，甲骨文公司主張，由於 Google 創造了與 Java 不相容的安卓作業系統，而將原本彼此相容的 Java 生態體系打散了。

智慧型手機產業的訴訟規模和複雜性幾乎前所未見，其所涉及的眾多專利屬於 FRAND 授權制度，致使訟爭事實也變得複雜，而 FRAND 授權制度的具體法律定位，也是經歷這些訴訟之後才變得更明確。

較老牌的手機廠商使用訴訟手段，初期可能會減緩新進入者的成長，但最終會變成建立收取「保護稅」的一種工具，也就是那些新進入者使用老牌參與者的專利組合，所必須付出的權利金。因此，即便較老牌的參與者產品銷售額相對下降，他們仍然可透過幾乎涵蓋整體市場的權利金，而獲得可觀的收益。

諸如蘋果公司之類的創新型手機廠商，試圖避免使用競爭對手的某些特定功能，以降低蘋果公司向競爭對手所須支付之權利金。

關於手機作業系統曾有的激烈競爭，史蒂芬・賈伯斯（Steve Jobs）曾大動作地痛罵 Google 的安卓作業系統「剽竊」蘋果公司的技術，並表示他打算發動「核戰」來「摧毀」安卓作業系統[2]，而且，微軟被認為想要藉著用戶使用「免費的」Google 安卓作業系統來獲取權利金（Google 在其中藉由廣告回收投資），既可以為其 Windows 行動作業系統提供有利的競爭環境，又能簡單地獲得可觀的授權收益。根據

2014年的資訊顯示，在 2013 年期間，微軟單單靠著三星一家廠商，就獲得了超過 10 億美元的安卓作業系統權利金，三星是採用 Google 安卓作業系統的全球第一大手機製造商，且三星只是微軟所授權的眾多被授權人之一。

　　2014 年，微軟收購了諾基亞的手機業務，因此，隨著微軟以參與者（而非專利權人）的身分進入手機市場，其策略會發生變化，後續的事實證明，三星在 2014 年提起的訴訟中主張：微軟與諾基亞的交易，破壞了三星與微軟在 2011 年簽署的授權和合作協議基礎。

　　諾基亞退出手機製造商市場時，競爭對手就表示過同樣說法，擔心諾基亞不再需要承受其手機業務的訴訟風險時，會更加積極地執行其專利，並且表示反對微軟與諾基亞的交易。然微軟與諾基亞在中國的交易需要獲競爭法權責機關的批准，前提是交易雙方同意依據 FRAND 授權制度，來授權其所持有的標準必要專利，並且微軟須同意依據至少與其當時商業條款相當程度的條款，將特定專利授權給中國安卓作業系統製造商，對於中國電信市場的後起之秀（華為和中興通訊）來說，這可是主要的戰術優勢。

　　包括 Google、三星和易利信在內的主要公司，近年來都硬著頭皮進入了交叉授權協商，但蘋果公司和摩托羅拉行動是藉由互相撤回彼此的訴訟來解決分歧，而非進行交叉授權，蘋果和三星之間也互相撤回彼此的訴訟，以解決他們在美國以外國家的分歧。

❖ 經驗與教訓

手機專利戰是在缺乏法律前例的情況下，大量資金一次投入賭局的後果：與有實力的新進入者進行談判時，如何在專利組合層面上評價 FRAND 專利權；是否就 FRAND 專利取得禁制令與何時取得禁制令；以及如何執行這些功能專利。有鑑於專利可能因許多理由，被認定無效或未受侵害，因此有高度的商業動機針對個別專利提起訴訟。

手機專利戰的經驗告訴我們：

- 在一個需要依據 FRAND 原則授權標準必要專利的產業中，事實證明，在大多數情況下，手機產業的市場參與者不可能阻止新競爭對手進入市場，激烈的核戰並沒有成功。
- 總體而言，FRAND 的專利制度似乎運作良好，可以在手機市場進行蓬勃發展的新競爭。
- 在手機專利戰開戰初期，幾乎沒有法律規定 FRAND 專利權人的權利，例如是否能取得禁制令救濟與何時取得禁制令救濟，也幾乎沒有法律有建立大型專利組合的權利金計算規則，至少在美國，幾乎沒有法律規定，針對手機中產業標準下非必須的選擇性執行功能，何時能取得禁制令。
- 在手機產業中，由於新技術的結合、極大的法律不確定性，以及鉅額資金的賭注，通常引來訴訟紛爭。況且，智慧型手機上的許多技術整合已經超越了原始的語音電

話技術（例如相機、資料儲存、資料傳輸、音樂和影片），這意味著該產業內外的許多專利權人都對該領域產生了興趣，也因此增加了專利訴訟的總量。

- 然而，由於依據 FRAND 專利取得的禁制令使用限制、FRAND 專利在美國的初始損害賠償金，以及認定標準必要專利未受到侵害或無效的事實等逐漸明確，FRAND 專利在訴訟中並不像許多人想像的那樣具有價值。
- 市場不需要涵蓋產業標準各個功能的一系列專利，這通常也無法有效阻礙新市場競爭的產生，只能使競爭對手之間的產品差異化。
- 專利組合被用作向競爭對手收取高額權利金，以及所需交叉授權的交易籌碼，因此，在不阻礙新市場競爭產生的同時，專利已成為產業參與者之間權利金收益的一種手段，手機產業以外的專利權人還使用這些專利，從非競爭對手身上獲取鉅額權利金。
- 手機產業的大量跨國訴訟告訴我們，面對同一個專利的不同國家版本，各國法院可能會得出不同的結果，這使得我們在多個國家同時進行訴訟時，面臨極高的挑戰性。
- FRAND 專利和手機專利戰中，功能專利的戰略價值可能令其專利權人失望，但品牌、商標權和設計權仍具有驚人的價值；在美國，蘋果公司訴訟的成功，設計權和商標權占了至關重要的地位，蘋果公司因此維持其高級品牌的市場地位，部分原因是其產品「酷」的程度，這正是精心設計產品和品牌的成果。

以商標作為進入障礙

即使同領域市場中不存在專利競爭,客戶仍會因為其專利產品以及其品牌,而維持客戶忠誠度;製藥產業會發生這種情況,因為消費者可能會懷疑學名藥不如原廠藥來得好。而在許多行業中,新品牌需要投入比既有品牌更多的廣告,或著降低價格來贏得客戶。因此,既有品牌的生產和銷售成本會比新品牌來得便宜,或是比新品牌具有價格優勢。

許多公司使用商標、字體、顏色和設計來精心打造品牌識別性,以提升消費者對品牌的識別性和忠誠度。網站、市場行銷內容、產品和包裝上的獨特設計或品牌特徵在許多國家都可受到各種形式的保護,其中包括商標權;而產品包裝或顏色的獨特設計,則可由商業表徵、設計權和著作權所保護;所以,品牌可受到消費者的強烈認可,並享有相關的法定權利。

使用商標對抗山寨品

商標能成功地用於對抗合法的競爭對手,並在如零售據點識別出抄襲者。網路成為山寨品廣泛銷售的管道,由於很難對街頭小販等無信用的被告執法,相對地海關記錄在案的商標可阻止山寨品進口,並讓執法機構主動追蹤犯罪組織的仿冒品;故建議將法律執行面納入品牌管理、客戶教育,供應鏈管理和貿易協會活動等擴大策略的一部分。

以著作權作為進入障礙

即便進入到網路時代,著作權還是能良好地保護直接競爭對手的大量複製。

在智慧財產策略中,著作權和專利之間存在關鍵差異:當一項發明被申請成專利,其實該發明的專利權人不打算使用它,而是競爭對手想使用它。換言之,專利被當作增加競爭對手的成本之用,疊加在專利權人創造實際產品和銷售的成本之上;相較之下,著作權只是單方面保護創作完成的著作不被複製和修改。

當著作由作者創作完成時,即產生合法的著作權保護;因此,理論上來說,著作權是進入市場的自動產生型障礙,在大多數國家中幾乎沒有任何額外費用。對於競爭對手的相關策略,取決於針對哪些內容主張著作權,以及執行哪些著作權。公司會使用「著作權聲明」和「著作權註冊聲明」,在令一般人訝異的領域主張著作權;例如,零食包裝上的裝飾設計,雖然這些元素為何成為著作權之標的,常備受質疑,但反正藉由「著作權聲明」和「著作權註冊聲明」來主張著作權,並不需要太多費用。

如第四章所提,著作權有其限制,純粹觀念或單純為傳達事實,並不受著作權保護;著作權是保護觀念之「表達」,因此,以著作權作為進入市場的障礙時,必須牢記這些限制。例如,軟體公司研發了一種傳送會議邀請的程式,只要他人不涉及複製該程式碼,競爭對手也能獨立研發一種執行

相同功能的程式，著作權無法阻止此事；但專利卻可以阻止此事，並保護這個發明。

對於獨特的織物設計，著作權則是進入市場的有效障礙（僅限於直接複製），在這種情況下，著作權可為著作權所有人提供了有力的法律救濟措施。倘若競爭對手的產品與直接複製原獨特織物設計的產品相比，兩者相去甚遠，那麼著作權就愈難以保護此原獨特織物設計的產品；若是兩者完全無法聯想在一起，那就更無法保護也無需保護。

對於使用著作權內容的新科技，美國常運用合理使用概念來辯護，該原則有其靈活性；但法院關心的是被使用的內容多寡、著作權所有人和侵權人之間的競爭關係，以及是否因此產生商業上的轉移。此外，對於新聞匯集網站而言，其通常使用不同段落中一整句但少量的文字，或提供整則新聞的統整要點。

使用著作權對抗盜版內容

在可以識別出侵權人，並能在司法管轄範圍內採取行動的前提下，著作權是一種強大的武器；只是在網路時代中，愈來愈難以滿足這兩個標準。因為透過網路能獲得的大量的盜版內容，加上寬鬆法規有利於政策平衡，以保護合法網際網路服務供應商免受責任。

這些議題的細節放在第七章和第十六章中討論，在這種情況下，必須將對抗盜版內容的智慧財產策略，納入一系列廣泛的保護和進入壁壘的一部分，制定出不鼓勵盜版的國際

定價和發行銷售策略,鼓勵合法的銷售管道,以及運用新技術來保護內容。

以設計權作為進入障礙

設計權同時具有專利和著作權的特徵,非註冊設計權制度類似著作權,實際上幾乎無成本(除了委託設計的費用之外),商業考量也近似(儘管有關「複製」在法律上的測試方法並不同);註冊設計權制度和設計專利一樣需要投入費用,但如果抓不到複製的證據,權利就可能受到侵害。從歷史上來看,設計權並不在智慧財產保護的第一線戰場,然而,過去幾年的案例顯示,當具有市場吸引力的原創設計被重製時,設計權將是智慧財產組合中十分有價值的一部分。

以營業秘密作為進入障礙

藏有難以複製且有價值的製程或方法,這個實質秘密本身就是進入的障礙;只要知悉此營業秘密者不出賣秘密或竊取秘密,營業秘密就會持續存在。與其他形式的智慧財產不同,營業秘密不僅受訴訟的法律程序的保護,而且複製秘密也有實務上的困難。

在實際上難以複製的營業秘密中,其價值取決於採取嚴格且一致的邏輯(資訊技術),以及實體(建築物和其他安全性措施)步驟,來保護營業秘密(請參閱第六章)。有些

人認為，由於網路上的網路犯罪和間諜活動的普遍性，以及駭客入侵公司網路等問題，還有阻止此類攻擊的困難度（請參閱第七章），使得營業秘密變得愈來愈不重要。而在例如藥品的緩釋劑型領域中，也有人認為，隨著印度和中國使用愈來愈熟練的勞動力，以合法方式複製有利潤的產品，已使得近年來，營業秘密的價值降低。

　　然而，一旦藉由逆向工程或違反保密性而洩露了營業秘密，除非有其他智慧財產形式可保護產品，否則營業秘密的保護將就此消失。例如，可口可樂品牌對於產品成功的重要性影響極大，即使日後失去可口可樂獨特配方的營業秘密，對其公司的影響並不會太重大 [2]。

---

[2] 作者意指，可口可樂這個品牌是採用「多重智慧財產保護策略」，同時運用專利、設計權、商標和營業秘密等多種智慧財產形式，假定未來失去其中一種保護，仍可藉由其他仍存有的智慧財產形式尋求保護。

11 以智慧財產作為收益來源
IP as a revenue generator

　　上一章討論了智慧財產在保護收益方面的作用，本章節討論：若智慧財產所有人未在特定商業範圍內的其產品或服務中使用智慧財產，則智慧財產可視為一種收益來源。它涵蓋了智慧財產的授權和銷售，但側重於將專利視作金融資產的使用，這是一種二十一世紀的現象，與十九世紀的專利市場遙相呼應，並且帶來專利主張實體的氾濫。而緊接著第十二章中，將介紹專利授權的機制。

　　從歷史上來看，製造商會運用專利授權，從國外市場獲取收益；從國內市場的角度來看，有時人們認為，比起讓競爭對手使用自家專利所帶來的不利之處，將專利授權給競爭對手以收取權利金，所獲得的額外收益更為超值。大型產業參與者使用交叉授權（每個公司根據彼此擁有的專利，互相安排協調，以達成相互授權），來維護與同等級競爭對手一起經營的自由。

有關需注意之要點和策略考量的快速摘要，請參閱第 406 頁

1983年開始,美國政府和美國法院採用了長達二十年左右的「重視專利政策」(pro-patent stance)。在此之前,對於專利侵權,專利訴訟是一種不可思議、也不一定有效的救濟措施,且經常引來對反競爭行為的控訴,你必須具備充分的理由,才能在專利訴訟中取得勝訴。然而,在1980年代初期,發生了三件大事:首先,在1982年底,美國設立了一個新的上訴法院——聯邦巡迴上訴法院,並制定了《美國專利法》;第二,專利開始與保護美國創新相關聯;第三,專利開始不再被視為反競爭的壟斷方式,而是被視為一種合法的財產形式,以及獎勵創新的回報。

由於德州儀器(Texas Instruments)、IBM和朗訊科技(Lucent,前貝爾實驗室(Bell Labs))等公司,藉由專利的權利金而非製造商本業中獲得了可觀收益,因此,許多人開始將注意力聚焦在專利上,使得專利逐漸被認為是潛在的獨立收益來源。有些獨立發明人因為他人侵害其擁有的專利,靠著法院裁決而獲得了鉅額賠償金;這等於告訴眾人,即使沒有基礎商業設施,也能靠著專利獲得可觀收益。再者,愈來愈多人發現,許多公司尚未意識到,自身擁有具高潛在價值的智慧財產資產,凱文・瑞維特(Kevin Rivette)和大衛・克萊特(David Kline)於2000年出版的著作《閣樓上的林布蘭》(Rembrandts in the Attic)中,有提到這個論點:專利領域中的失敗使得某些公司付出了鉅額費用,但這筆錢可以不靠製造本業,而靠著主張專利與專利授權賺回來[1]。

專利策略管理

由於前述的影響,有些公司開始將專利和研發專利視為一個策略活動;針對公司的專利組合,就不同目的進行研發和區隔,並將這些專利用於多種獲利策略中:

- **進入障礙**:公司可決定不進行專利授權,以建立市場的進入壁壘。例如,有項專利被認為很重要,該專利涉及某個獨特產品或較大型產品的特殊功能,而涉及這些專利的任何訴訟,主要策略皆為透過禁制令停止侵權產品使用。
- **防禦性使用**:如上一章所討論,申請專利或收購專利的目的是防禦性使用,例如競爭對手對該公司提起訴訟時可提起反訴;或者,競爭對手主張進行和解及交叉授權時作為交易籌碼。
- **授權的獲利空間**:當專利進行授權及在訴訟中主張權利,以增加收益,或對針對競爭對手的產品或第三方的產品「收保護稅」時(請參見下文);或者,企業考慮後決定,比起保持自身專屬地位(不授權給他人)所賺取的利潤,授權給競爭對手的收益會更多。
- **FRAND 授權專利**:將專利授權給相同產業的成員,是依據 FRAND 義務來授權標準必要專利(請參閱第二章)。
- **新技術的授權**:將未使用之技術的系爭專利授權給第三方或分拆給新實體。

- **專利獲利結構**：爲了主張專利權，而將專利分拆給一個實體的情況（請參見下文）。
- **分拆專利**：當原專利權人將專利出售給第三方，用以對其他人主張專利權時，同時反向授權給原專利權人（賣方），以避免原專利權人未來可能侵權的情況（請參見下文）。

授權的獲利空間

儘管許多專利授權是以雙贏的商業談判形式在進行的，但專利索賠從本質上來說還是有些爭議，前述表列囊括了授權的獲利空間之各種實例；然而，公司授權至少有兩種不同的商業方法：第一種和潛在的被授權人有關，其希望使用新穎、具有吸引力且從未有人使用過的技術，這類過程通常透過雙方親切的商業談判來達成，雙方都認為自己能受益。

第二種授權需求是出自於：專利權人指控潛在被授權人的既有產品侵害了其專利，這種類型的談判，通常是該潛在被授權人之前可能不了解此事，再進一步由專利權人說明，潛在被授權人的產品如何侵害了其專利。此一形態的授權通常與訴訟策略綁在一起，是在訴訟開始到進行和解後達成授權協議（如下所述，某些談判是透過提起訴訟啟動，而無需事先通知對造），專利權人會就系爭專利指控潛在被授權人，在市場上銷售的產品侵害系爭專利的權利，致使影響專利權人先前對此專利的投資，進一步主張侵權來要求權利金，故潛在被授權人會對此侵權指控感到不滿。

專利獲利結構

許多希望對侵權人主張專利侵權的專利權人會擔心訴訟的負擔和成本，尤其擔心被告依據被告的專利對專利權人提出反訴；所以這些專利權人在採取行動前會考慮再三，除了主張自己的專利，也可以考慮將自己的專利分拆交易出去，來換取金錢收益。

然而，在考慮分拆專利時，專利權人仍希望對該專利保持某種程度的控制，因為該專利對專利權人的產品來說應該相當重要，且他們不希望該專利落入未知的人手中，又或者是因為在價格上難以達成協議，或雙方之間還有其他問題等。因此，在結構調整上，將已經組織好的專利分拆給一個實體，專利的原始所有者可在該實體中維持其權益，並可能擁有重新收購專利的選擇權。這種類型的結構中有些被稱為專利「私掠者」（Privateers），是指對專利之原始所有人的競爭對手提起訴訟時，不會對專利之原始所有人提起反訴的平衡威脅，這種行為已受到反托拉斯法和競爭法的審查（請參閱第 11.1 圖）。

在美國，依據該新實體所擁有的專利而被起訴的被告，得以原約定並未賦予新實體足夠的專利上權利為抗辯，進而主張該實體不具無須原始所有人參加，而得獨立提告之法律資格或權利。因此，儘管分拆可以降低反訴和廣泛參與訴訟的風險，但賣方持續介入和過於複雜的操作，可能會產生意料之外的後果。

反向授權

如果專利的買方回頭對賣方提起訴訟,這對於把涵蓋賣方產品的專利分拆出去的賣方而言,將是一個重大失誤,出售給專利主張實體時通常會附帶非專屬的反向授權,採取這種策略的風險在於,根據適用法律的規定,如果新專利權人破產,該授權可能會被終止(請參閱第十二章)。

圖 11.1| 專利執行結構:「私掠者」

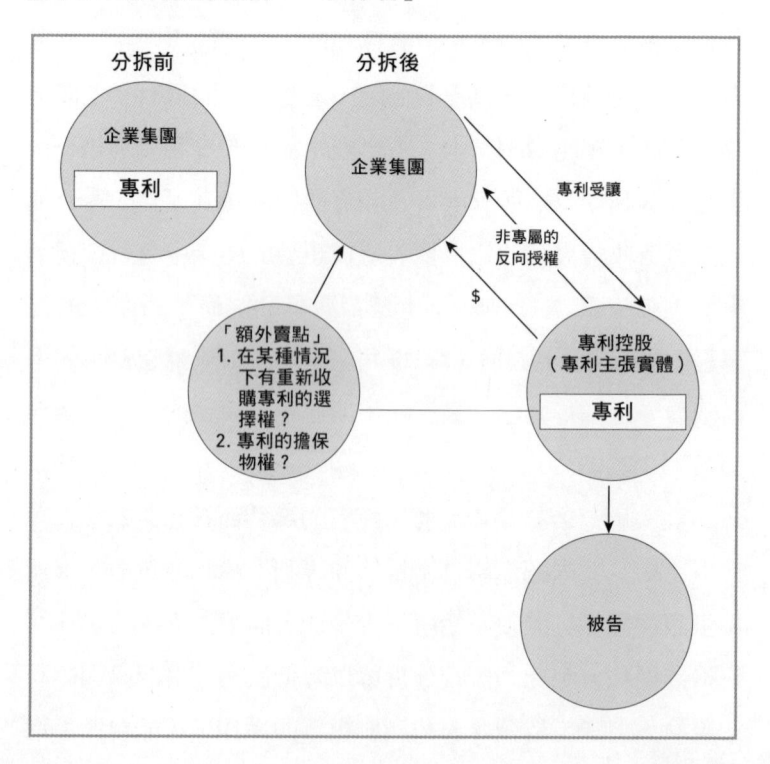

分拆前 / 分拆後

企業集團 — 專利

企業集團 ← 專利受讓 — 專利控股(專利主張實體) — 專利
企業集團 ← 非專屬的反向授權
$ →

「額外賣點」
1. 在某種情況下有重新收購專利的選擇權?
2. 專利的擔保物權?

專利控股 → 被告

來源:作者

專利作為訴訟資產的價值

專利作為訴訟資產的價值是根據許多因素來決定，包括：
- 專利及其商業化的歷史；
- 阻絕過去的賠償；
- 先前的授權和 FRAND 義務；
- 挑戰其有效性的可能性，以及先前已成功克服此類挑戰；
- 專利範圍為何？先前是否已確認專利範圍；
- 發覺專利受商業產品侵害的可能性；
- 侵權銷售的過去估算金額，以及年度預計金額；
- 專利對相關產品的貢獻，以及類似專利在產業中的權利金費率；
- 專利的剩餘壽命。

此外，專利的市場價格和個別和解金額反映出下列事實面：以下討論中，美國專利訴訟的低效率和風險意味著，針對某些類型的專利所提出的侵權索賠，需要花費高額金錢來捍衛，而且被告提起反訴或另起訴訟的風險相當地大；因此，官方正在就此問題修正專利訴訟制度。但從歷史上來看，即便是力道較弱的侵權索賠，從提出之日起便具有一定的和解價值，經驗告訴我們，這通常都能獲得一定的和解金額。

上述因素既可用於確立專利作為訴訟資產的價值，也能用於估算針對涉嫌侵權人各別索賠的價值。

專利主張實體

專利主張實體（請參閱第二章）已成為美國專利訴訟的主力，尤其是在軟體和商業方法專利領域。在美國開展業務的非美國公司，可能成為專利主張實體執行權利的目標；而且有證據表明，非美國公司應該比美國公司更擔心專利訴訟，因為據報導所述，美國法院可能對非美國公司有偏見[2]。因此，為了解透過專利主張實體產生收益的優缺點，本章節著眼於，專利主張實體在美國通常可以主張專利的方式以及當事公司的反應。儘管美國修法後，讓人覺得專利主張實體的時代已經結束，但可能的情況其實是，智慧財產資產定價錯誤的時代即將結束，而強大的專利仍將是有價值的訴訟資產。

專利主張實體和美國訴訟制度

法律很明確：專利是一種財產權，如果第三方確實侵害了有效專利，則第三方應賠償專利權人。然而困難點在於，美國訴訟與其他國家的訴訟一樣，都是一團糟；美國專利也與其他國家的專利一樣，規範不完善，界限也不明確，無法確認專利遭受侵害的產品範圍。正也因為如此，加上美國專利訴訟的費用與不確定性，經驗告訴我們，即便是力道較弱的侵權索賠，這通常具有一定的和解價值。

據稱，某些專利主張實體會利用以下法律和訴訟制度的不完善之處，來從中牟利：

- 許多專利（尤其是軟體專利）的法律範圍尚不明確，且理解和確認該法律範圍需要花費許多時間和訴訟費用；
- 在美國，專利侵權訴訟的背後實情可能根本是無辜的，根本沒有仿冒需求；
- 相關事實通常是：在被告投資一項技術，藉此將高昂的投資成本轉移到另一個一個替代方式之後（這稱為套牢），專利主張實體就提出侵權指控；
- 應付根本毫無根據的專利訴訟需高昂的費用；
- 即便所面對的專利品質低落且可能無效，事實上被告需以明確且令人信服的證據向法庭證明該專利無效；
- 美國的一般訴訟規則中，敗訴方不需支付勝訴方的費用；
- 陪審團審判的訴訟不確定性，尤其是在德州等地區，某些法院被認為有利於專利主張實體；
- 陪審團審判程序中，有裁決高額賠償的隱憂；
- 專利主張實體對反訴風險免疫，因為他們並不銷售產品，由於他們幾乎不需要在訴訟中準備和複雜文件，因而所需費用較低，且不存在產業參與者和客戶的聲譽影響風險。

然而，這一切正在發生化學變化，有人開始提倡，希望能夠調合部分因素，創造出公平競爭的環境：

- 運用更嚴格的經濟分析，來確定專利訴訟中原告能獲得的賠償金額，尤其是在專利只涵蓋手機或其他設備的一個功能，但該手機或設備也被數以千計的其他專利涵蓋

的情況下，因此價值不高。權利金計算必須有確實的相關授權證據，或扎實的理論依據。

- 專利修法改革（指《2011年美國發明法》）增加了在美國專利及商標局程序內及法院系統外挑戰專利有效性的機會。
- 2014年美國最高法院的裁決顯示：與以往相比，在智慧財產爭端中勝訴的被告，能更加容易地取回應得成本和費用，且能夠因為專利範圍不明確，或因為其涉及以某種商業方法透過電腦軟體實施的不可專利之標的，更加容易地使專利無效。
- 鑑於政府高層表達了對專利主張實體的不滿[1]，可能會透過進一步的立法以減少此類專利主張實體的興訟情況，或者法院將繼續以判決來明示專利主張實體應限縮無實益的訴訟。

專利主張實體的戰術

「專利主張實體」存在目的在於，最大化其獲利空間：它們只關心金錢。專利主張實體通常會尋找各種目標，賺取專利授權金，目的是憑藉其已投資並收購的專利，努力使投資變現。他們會鎖定那些從侵權產品中獲取最多銷售收益的目標；換言之，是鎖定涉嫌製造侵權產品的客戶，而非原廠製造商本身。

1　詳見第一章和第二章中，提及歐巴馬總統針對專利主張實體的實際行動。

在美國,並非所有地方法院看待專利主張實體的態度都是平等的。專利主張實體會選擇有利的戰場:有一部分法院被認為對原告或專利較友善;例如案件會迅速進入陪審團審判、陪審團有機會做出高額賠償的裁決;或那些專利權人勝訴機率會高於平均水準等。反之,另一部分法院可能對被告較有利,例如被告是當地的大型雇主,或法官較願意做出專利無效的簡易(早期)裁決時,就可能會有利於被告提起侵權訴訟。因此,專利主張實體會搜尋對其最有利的法院,而出現所謂「挑選法院」(forum shopping)的現象。

近年來,許多專利主張實體的專利訴訟都發生在德州的幾個小城市,由於各種原因,讓當地法官和當地陪審團對於專利主張實體和原告都相當好客;而德拉瓦州也有許多專利訴訟,該州擁有一個經驗豐富的專利法院,在這個法院中,專利主張實體的勝率很高。近來,美國地方法院發出強制令的機率大幅降低,專利主張實體因此轉而向 ITC 提起訴訟。

為了善用有利的法院戰場,專利主張實體會認真地「先起訴,後磋商」。因此,被告必須先了解原告在德州提起侵權專利的背景,這種實務之所以流行,主因是受到訴訟威脅的一方可以採取主動,可自行選擇司法管轄法院並提出「確認之訴」(declaratory judgment)的權利;意即法院確認被告並沒有侵害原告擁有的專利。再者,專利主張實體威脅要對加利福尼亞的科技公司提起訴訟,但比較過加利福尼亞州和德州地方法院之後,認為加利福尼亞州地方法院對科技公司較有利,故專利主張實體會先在德州提起訴訟(之後也會有將案

件轉移到更有利之地點的可能性,請參見下文)。

一些專利主張實體會向包括客戶和製造商在內的大量潛在被告發出警告信。此類信件是否具有威脅性或其實無關痛癢,取決於專利主張實體和警告信收件者的業內經驗多寡。專利主張實體通常會簡單地去信詢問,專利主張實體欲將其擁有的專利授權給對方公司,對方公司是否願意接受,並且提出參與授權討論,來避免造成美國法院裁決「確認之訴」的情況。然而,這種看似無辜的提議應被視為潛在訴訟的前奏。

與專利主張實體打交道

從被告的角度來看,一旦提起訴訟,就必須花費金錢來進行辯護,最終的風險是必須在此訴訟中支付損害賠償金。以下概述被告在專利主張實體提起訴訟或聯繫時,應採取的一些步驟。

❖ 找律師協助

倘若受到專利訴訟威脅,建議聯絡所在司法管轄區域內的智慧財產相關法令專家。如果警告信由美國地址寄出,或者涉及美國專利,建議最好也請當地律師接洽美國律師。此時無需恐慌,但即便是無害的「授權要約」(offer to license)信,也應認真對待;如果是面對侵權索賠,警告信收件者需要「保留相關文件」(document hold),以保留訴訟中可能用到和複印給原告的文件,避免這些文件不會被銷

毀。此時，律師會提供一些建議，例如保留電子郵件，以及暫停電子郵件刪除週期等。

收到警告信或侵權通知的收件者，應留意任何討論系爭專利的內部電子郵件，或是寄給非律師的外部電子郵件（例如，「我們剛剛遇到大問題了」），日後對造可能主張這些行為是對不法行為的承認。一般來說，在沒有法律建議的前提下，不應對專利主張實體的來信做出任何回應。

❖ 檢查保險和賠償金

接下來要確認的問題是，為此指控進行辯護的費用是否由保險支付，以及是否有適用的第三方供應商賠償金。無論情況為何，都必須立即聯絡保險公司和須賠償的當事方。

即便第三方供應商未提供明確的賠償金，可能在適用法律下，得默示存在不侵權的保證，或者，倘若此專利索賠會影響到許多客戶，則供應商會希望控制情況或至少提供協助。

❖ 評估問題範圍

聘請律師之後，下一步應是初步嘗試確認問題的範圍，就嚴重性評估此問題能否輕鬆解決，而無需進一步深入進行法律分析。

❖ 誰是專利權人？

找出誰在主張專利索賠（即原告，也是專利權人），並確認他們是否也對其他目標主張專利索賠。這些資訊可從網

路、公眾資料庫和相關專利專責機關找到,而且不須昂貴花費。此外,可以聯繫其他產業參與者,以獲悉專利權人是否也聯繫過他們,並了解其他產業參與者的已知情報;如果發現其他產業參與者面臨相同遭遇,且面對的是同一個原告,這通常會讓人感到心安,因為表示原告尚未鎖定其中一家做為主要攻擊目標。為專利主張實體辯護的律師,想必對此領域具有豐富經驗。例如,能得知原告的訴訟歷史,包括原告是否過去針對過其他行業參與者提起訴訟,是否擁有其他專利,以及是否有其他已做出裁決的訴訟案件。其中,若訴訟案件進入早期和解,事態就很簡單易懂;又或者案件進入審判也許表示其中一個當事方很執著,以及原告律師是否以其審判技巧而聞名等。

❖ 專利來自何處?

一項專利的歷史可限制其價值,故建議以少量花費快速檢閱相關專利專責機關的專利受讓歷程記錄,以及網路檢索中所能找到的資訊;這可以顯示發明的概況,並顯示該專利先前是如何被利用的(如果有的話)。進一步說,檢索可找出該專利是否為一家公司所擁有、該公司是否早已連續授權給第三方、是否有依據 FRAND 義務進行授權,以及是否有遵循專利標示的規範,若無,則有機會避免掉過去期間內的賠償(請參見下文和第二章)。另外,可確認專利的到期日期、是否有持續繳納專利維持費用、是否曾在先前訴訟中有法官對專利內容表達見解、專利專責機關是否曾對可專利性

進行過審查,例如再審查程序或多方複審。後續訴訟中會再針對這些議題進行大量分析,但目前能藉由這些快速檢視整理出許多初步見解。

專利弱點:

- **先前訴訟**:倘若先前訴訟已確認過專利範圍,這有助於質疑專利主張實體的主張;反之若無,缺乏這種「官方認證」的情況下,專利主張實體就可能採取強硬立場。
- **無效性**:第二章中討論過,美國最高法院對於軟體和某些類別專利案件的態度,意味著某些專利僅涵蓋抽象概念,不具有可專利性,故這些專利的前途可能不明朗。此外,強大的先前技術也會是有效的武器,迫在眉睫的問題是,在申請專利之前,我方是否早已銷售過任何被指控的產品,考慮到專利不能涵蓋先前技術和公知事實,此點可暗示此專利的無效性。再者,調查此銷售行為與申請專利的日期相距多久時間,這通常會是很有吸引力的論點。我們可以和其他被告取得聯繫,共同努力尋找先前技術;或使用眾包的先前技術或商業檢索服務,整理出對應的先前技術專門組合,來對抗專利主張實體的主張。

估算金額:

與專利主張實體打交道就都是討論錢。這類案件均著眼於被告承擔損害賠償金及辯護費用的風險。被告可主張疑

似侵害對方專利的產品範圍很小,且銷售總額美元很低;因此,若能識別出被指控的產品(不幸的是,這不是一件容易的事),則應該估算其過去、現在和將來的銷售額。顯然地,表明不繼續銷售,或在專利剩餘期限內保持低調銷售,對案情會很有幫助。

專利訴訟中的鉅額賠償,通常來自於過去期間侵害權利所銷售的賠償金。但專利法規某些方面會排除對過去銷售造成損害的索賠:例如,指控他人誘使另一人侵害專利,或者以此目的提供內容或設備來助長侵權,這類專利認知的指控在美國可行。另外,如果專利涵蓋了某個產品,那麼想對過去銷售損害提出任何索賠,都必須滿足一個前提:原專利權人或其被授權人,必須在銷售的產品上加上附有專利號的專利標示(請參閱第二章)。

決定策略

根據前述理由來考慮,做出初步風險評估,其中的關鍵因素包括是否能估算涉嫌侵權的過去/將來銷售量,如果可以,那麼計算賠償的可能依據是什麼;另一個關鍵因素則是——專利是否容易受到有效性攻擊。

倘若能找到可運用的先前技術,或發現到系爭專利的其他弱點,就能決定是否要憑藉這些弱點來試圖進行和解、在訴訟中尋求專利無效,或找上相關專利專責機關尋求專利無效或減縮其專利保護範圍。在美國,這包括依據現行

《2011年美國發明法》的可用程序，例如專利「多方複審」或「商業方法過渡期複審」。這些程序是近幾年加入的，但在法院中，專利無效的標準是「優勢證據」（preponderance of the evidence），而非「清楚且令人信服的證據」（clear and convincing evidence）[2]，且這些程序已被發現對專利挑戰者（此例中的被告）具有效益。

有一些建議方法能做出初步風險評估。例如，在大多數情況中，眾位被告可組成共同防禦小組，並簽訂共同防禦協議，目的在於共同解決美國法規上的問題，當然也包括反托拉斯法的合規性；靠著此協議，眾位被告可就此共同關心的問題一起努力，例如收集先前技術以主張專利無效，並且分攤費用。在訴訟過程中，照理來說，產品銷售總金額較低的被告可能決定當個跟隨角色，而非領導角色；但是，若該疑似侵權產品正巧是該被告的主要銷售產品，該被告可能會想要更積極地辯護，甚至是擔任領導角色。

如果只是收到一封欲提供授權的信函，而不是提起訴訟，對內部的回應和對外部的回應會有所不同。我們有充分理由對這些引發事端的專利進行調查，即便調查範圍不廣泛也無妨；因為毫無行動可是美國認定故意侵權行為的部分依據（請參閱第十六章）。當然，這不一定表示需要回覆專利主張實體的來信，當然也不算是實質性回應，最好先找找是

---

[2] 這涉及美國專利實務中專利無效性的舉證責任，法定舉證有三類：優勢證據（evidence of preponderance）、清楚且令人信服的證據（clear and convincing evidence），以及無合理懷疑證據（beyond a reasonable doubt）。

否還有其他公司收過類似信件。從本質上來說，是否回覆專利主張實體，是一個重要的戰術決策；請記住，在某些情況中，做出回覆可能有讓你公司業務受到注意的風險。

何時作出反擊

在某些情況下，由於產品的損害賠償和重要性可能很高、原告想和解的可能性很小，或出於某些其他原因，專利主張實體主張的專利索賠對公司而言可能意義重大。此時，受到訴訟威脅的公司可決定，在有利於自身的司法管轄法院提出確認之訴，某種程度上，這個行動是聲明被威脅方並無侵害對方所提及的專利。如果此時點已經提起訴訟，那麼被告可要求將案件移交給對被告產業較友好的司法管轄法院，還有何時採取此類步驟之限制及規範。前述這些，都算是潛在或實際被告的武器之一。

另外，被告通常希望塑造出一種不容易受欺負的形象，並期待快速且輕易地結束爭端。在這種情況下，被告通常決定對訴訟採積極立場，包括做好一切準備，並試圖反過來向專利主張實體要求費用。如果和解條件太難達成，那除了訴訟之外就別無選擇。例如易安信公司（EMC Corporation，原戴爾電腦的相關企業）就堅決不和專利主張實體達成和解。

此外，整體經濟概況需要列入考量，以及將金錢花費在訴訟上是否能更快速地了結此事；還有付錢請律師捍衛專利主張實體的每一項要求，是否真能在未來阻礙專利主張實體的行動。以上種種不同選擇考量，都取決於所涉及的公司業

務和主張侵權的事實內容。

訴訟和解：評估專利風險

　　訴訟和解並不總是那麼容易。對於專利爭端中的每一方，與之不利的裁決所產生的風險，目前尚無一種能被普遍接受的模型可量化這個風險；意即，原告專利無效或對原告不構成侵權的風險，以及對被告須承擔鉅額損害賠償的風險，這些並沒有一種能被普遍接受的方法，來評估特定專利索賠。儘管大多數案件都以小額和解金解決，但有時某些案件會出現鉅額的損害賠償金（例如，德州的陪審團於2015年2月做出裁決，要求蘋果公司對一間中小企業給付5億3,300萬美元的賠償金，根據2015年2月彭博商業周刊（Bloomberg Business）的報導指出，蘋果公司在聲明中表示：「我們花費許多力氣製造產品、聘請員工，並且創造就業機會，這樣的裁決結果顯示，美國專利制度需要改革」③。況且，在美國，專利主張實體取得禁制令的風險已大大降低；但這種風險仍然存在，因此市場趨勢仍為展開訴訟行動或過度延長訴訟，而非進行迅速且理性的談判。我們仍在尋找比訴訟制度更有效率，可依據普遍能被接受的鑑價方法、風險評估機制或市場機制，來解決爭端。

　　就一般情況而言，訴訟和解是包含撤回當事雙方對彼此的權利要求，且通常涉及訴訟標的之專利授權。所以，因雙方之間缺乏信任，付款通常為一次性支付，而非浮動權利金，以避免將來還跟原告扯上任何關係。然而，如果被告與

更大型的集團合併,或成為其一部分,由於授權數量增加導致涵蓋的銷售金額增加,進而致使應付金額增加,對於一次性支付的談判會遇上困難。

「專利聚合商」(patent aggregators)是一種對某些專利領域感興趣,並且可能成為專利訴訟和解的中間人(請參閱第十五章),他們對專利市場定價夠了解,參與市場時不帶情緒,並且能夠組織眾多潛在的被授權人,以促成全球性的和解方案。被告們常常試圖(但經常失敗)尋求「麻煩永不找上門」(never darken my door)的解決方案,其中包含專利權人或其關係企業擁有但尚未被主張的其他專利。由於某些專利主張實體過去有偷藏專利的不良行為,用來日後再對和解方主張專利,所以如何與專利主張實體達成和解,並試圖避免以後再次被伏擊,著實是一種戰略上的藝術。

政府的協助

倘若整個產業範圍內都收到了警告信,總部位於美國的被告可聯繫州檢察長,因為政府也擔心專利主張實體會採取不公平且具誤導性的策略;美國聯邦貿易委員會也對專利主張實體的誤導警告信行為十分關心,已至少協助達成一次和解,禁止專利主張實體在主張專利權時做出欺騙性陳述。

美國以外的專利訴訟

前述有關專利主張實體的討論,都是適用美國的法律制度。如第二章所述,每個國家都有自己的專利訴訟程序規則,

這使得專利主張實體在該國主張專利時，不一定能處於有利地位。例如，美國以外的國家可能較不利於專利主張實體的主張權利，例如不適用成功報酬制（勝訴後律師可收取賠償金額的一定比例），敗訴方需要支付勝訴方的費用等。此外，經驗豐富且專業的專利法官所做出的裁決中，常出現專利無效的判決，關鍵是損害賠償的金額可能較低。矛盾的是，較低的訴訟費用也會鼓勵被告提起訴訟，但不是尋求和解。2012 年和 2014 年，在英國進行的研究發現，與美國相比，英國的專利主張實體訴訟數量較低的兩個原因是：英國的專利無效性裁決結果比例很高，以及被告費用的潛在責任❹。然而，在英國，原告是專利主張實體這件事實，通常被認為與案件本身無關；在 2014 年，一間電信商「Vringo」依據從諾基亞收購而來的專利，對中興通訊提起訴訟，英國法官柯林伯斯（Colin Birss）特別指出，中興通訊是對還是錯，都跟「Vringo」是否為「專利流氓」無關，我將「忽略這些指控」。

德國被認為是一個有利於原告的戰場，因為在德國法院較容易獲得初步禁制令，其程序上是將無效訴訟與侵權訴訟分開（通常而言，訴訟時程愈慢，勝訴機率愈低）。而實際上，德國一直專利流氓活躍的戰場，光是專利主張實體，過去在德國提起的訴訟，損害賠償金就累積達數百萬美元。

歐洲單一專利

人們擔心歐洲單一專利（請參閱第二章），在整個歐盟範圍內以單一程序執行後，會導致專利主張實體在歐盟採取

更多行動,並且「挑選法院」,只為了出於金錢目的而執行專利,因為歐洲單一專利涵蓋了巨大的市場。

商標授權

從歷史上來看,商標授權是透過授權商標產品,來開拓國外市場;在食品和糖果產業中很常見,英國品牌的產品卻是由美國公司在美國製造。然而,以商標作為標誌的現代品牌概念,可提供更多的授權機會,例如「維珍」、「川普」(Trump)和「迪士尼」,除了擁有保護其核心業務的品牌之外,這些公司還能透過授權或合資企業,擴大了業務範圍。

從法律和商業的角度來看,要在這些類型的業務中維持品牌的實力和聲譽,必須嚴格控管被許授權人的挑選。至於商標本身的使用,所授權之商品或服務的性質和品質,以及未經授權使用的政策等授權條款,將在下一章中討論。

著作權及獲利空間

著作權在防止複製方面扮演著重要角色,科技造就的這個角色愈來愈難以對付,一直以來,著作權具有固定的授權模式,既可用於國外市場和語言書籍的銷售,也能用於樂譜,以及藉由廣播電台或在公共場所播放音樂(請參閱第十二章的授權模式)。此外,著作權是軟體智慧財產保護的主要形式。

軟體

透過授權發行銷售軟體,故整個軟體產業是在著作權授權模式中運作,換取收益和對著作權的倚賴(還有發行銷售軟體時身為營業秘密的原始碼),以防止競爭對手和仿冒者複製軟體程式。

書籍

書籍出版是以類似的模式在運作,不同點在於,出版商的授權市場通常在國外,而國內市場則採用銷售實體書的模式(現在也銷售電子書)。書籍可以轉售,但由於著作權法規的保護,所以我們無法複製書的內容。隨著電子書的出現,出版商正朝向授權發行數位內容的方向發展。

音樂

音樂產業已有許多著作權收益模式。樂譜可重製和銷售,音樂的公開表演則需要公開表演的授權,市場上已有特定組織可授權此類權利並獲取收益。此外,使用第三方著作權的音樂來製作唱片、CD 或錄音帶,還需要機械性授權(mechanical licence)[3],因商業目的複製 CD 或錄音帶就需要這些授權。

電影產業同樣依賴著作權的收益模式。例如,電影是依據授權交給發行商進行發行銷售;而照片權利則基於圖庫用

---

[3] 機械性授權費用的典故來自於錄音由鋼琴捲軸錄製的古早年代,現今則概括為唱片公司出售錄音物時,作曲者和發行人所獲得的授權費用。

途得重複授權給他人。

新科技

新技術對著作權造成影響，在眾人找到解決方案之前，爭議會不斷地出現。許多網路業務涉及對第三方內容的某種使用，在新聞匯集網站盛行的背景下，已出現究竟何種使用已超出合理使用的爭議，最終仍需要立法和法院裁決來解決這些爭議和商業解決方案。

音樂產業已經開始擁抱不斷發展的線上授權和法律模式，透過這種模式，我們可以從授權網站下載音樂，或從授權網站播放網路串流音樂。這為網路使用者建立了便利的法律資源，從而鼓勵更多的合法使用，並且減少盜版。但許多人認為，支付給藝術家的權利金太低，因此，權利人對權利金的適當比例和模式也有類似的審查和爭議。

著作權圖書館

多年來，著作權圖書館藉由可重覆使用著作權的多次授權費，產生可觀的重覆收益；導致著作權圖書館引起了投資者的關注，這個我們將在第十五章中討論。

12 授權交易
Licensing transactions

　　本章節討論：授權協議的合約條款，授權是智慧財產所有人賦予他人使用其智慧財產的權利。在某程度上來說，未經授權即為非法使用。所賦予的權利範圍構成授權協議的標的，而授權的回報是金錢收益。然而，授權的回報也可以是其他智慧財產的授權（稱為交叉授權），或是被授權人的股權。在過去三十年間，授權已從一系列的一次性交易演變成重要的商業領域。

　　除非企業將授權作為其商業模式（例如音樂發行商或軟體公司），或者授權未使用於其產品中的智慧財產，否則授權的決定通常依據以下結論：非專屬商業模式將帶來整體上更多的收益，或者該授權可從無法企及的市場中獲取收入。例如，與其以失敗的競爭模式進入市場，授權予特定市場上的主導企業，能獲取更多的收益。

　　從許多方面來說，授權就像是將財產出租，與財產一樣，授權可在特定期間及特定領域內，只授予該財產的特定

> 有關需注意之要點和策略考量的快速摘要，請參閱第 408 頁

部分（使用範圍），除此之外的部分就還是屬於財產所有人，但某些限制可能會受到後述討論的反托拉斯法和競爭法的限制。細部來說，每個部分可專屬授權給一個被授權人，也可以非專屬授權給多位被授權人。

小型生物科技公司和大型製藥公司之間的研發藥品獨家授權，是一個非常複雜的策略聯盟；但專利的非專屬授權就很單純。授權人所關心的問題因產業而異，並取決於所授權的智慧財產類型；而商標權人關心其品牌是否能以適當方式用在高品質商品上。至於軟體著作權所有人，則希望確保其軟體不被複製或進行逆向工程。除此之外，大多數授權都具備一些共同的條款。

關鍵條款

授權人

授權交易並非所有權收購，但必須進行「盡職調查」（due diligence，DD）才能確信授權人擁有哪些權利。授權人是否擁有智慧財產？或是從關係企業或第三方取得授權？有個典型案例是生物科技領域中，小型生物科技公司將其研發並擁有的智慧財產授權給大型製藥公司，到目前為止，一切都很好，但後來才發現，小型公司又依賴大學技術授權的技術，導致大學必須再授權給大型公司。企業集團內部也會發生類似的情況，例如智慧財產不是由提議作為授權方的營運公司所有，而是由一個或多個智慧財產控股實體所有，同樣地，

智慧財產就需要再授權。如果說授權就像是將財產出租，那麼再授權就像是將財產轉租出去，再授權也必須承擔義務和風險。

一般而言，再被授權人必須遵守原授權（指智慧財產所有人所為之原始授權）的所有適用條款，以避免再授權人陷入違約。原授權不僅限制擬議的再授權條款，還會提升其他風險。例如，倘若原授權終止，系爭再被授權人會有什麼情況？再被授權人會失去權利嗎？在大多數情況中，倘若因違約或破產而導致所有人至中介授權人的授權終止，系爭再被授權人需要尋求智慧財產所有人的直接協議來保護此授權。

被授權人

在考量進行授權時，授權人與被授權人都會遇到類似問題。系爭被授權人會是誰？該實體需要再授權嗎？再被授權人的類別，可能包括以下幾種：

- **關係企業**，故授權能涵蓋整個公司集團，通常這與支付給授權人的金額有關。
- **服務供應商和承包商**，例如外包的服務供應商，以便他們可以存取已獲得授權的技術或軟體來執行功能，這裡可能出現的問題是服務供應商是否為授權人的競爭對手。
- **第三方**，以便被授權人可以進行進一步地再授權，這會給授權人帶來了許多商業上的問題，包括：對授權人的賠償、是否可以委任非理想的再被授權人、對再被授權

人的執行、排除再被授權人的損害賠償的主張，以及確認當原授權終止時，再被授權人會有什麼情況。

授予的權利

❖ 既有智慧財產

一旦確立各當事方，授權的第一項條款應定義授權權利，包括可授權哪些專利、技術、著作權、商標或其他權利？授權可指定專利或其他授權主題的智慧財產權清單，並試圖準確地限制和定義非專利技術的範圍。

❖ 未來的智慧財產

除了既有的智慧財產之外，授權人對於將來改進、新研發或新版本的智慧財產擁有什麼權利？被授權人也想知道，其擁有的授權人所授權之所有權利為何，並想知道其將擁有的未來技術優勢為何。然而，從授權人的角度來看，如果將新技術自動包含在既有授權中，則可能無法回收研發新一代技術的成本，且新一代技術也許還會有更好的合作夥伴。

❖ 地域性

如第二章所述，智慧財產權具有地域性。故授權可能僅限於特定地域，例如世界上的某個地區、某個國家或甚至是一個國家的一部分而已。舉例而言，在十九世紀，美國其

中一項開創性的授權案例，是涉及在波士頓（Boston）銷售專利棺材蓋的權利。此外，在考量授予的地域時，應考慮自由貿易區的影響，以及灰色市場中進口的可能性（請參見下文）。例如，如果僅授權給歐盟內不同國家的不同被授權人，那麼就不會有真正的獨占性，因為經銷商可以跨國界銷售商品。

❖ **涵蓋的產品技術領域**

許多技術的形式和專利／商標都適用於不同類型或不同風格的產品，授權可只授予單個／多個使用範圍或產品類型。因此，商標授權可能僅限於T恤，而不包括其他運動衫；或者，一項關於汽車煞車的專利可能分別授權給一家生產高性能車輛的公司，以及另一家生產商用車的公司。

製程或方法的授權可能只用於特殊的應用方式或產品的特定形態。例如，可將一種用於植物育種的方法授權給一位被授權人，而該被授權人只能拿來用在種植小麥；另外再將同種方法授權給另一位被授權人，而該另一位被授權人只能拿來用在種植玉米。

對於著作權，經常出現的議題是：可利用著作權的媒體和技術範圍為何？所謂的出版發行，只包括實體書出版或電子書出版嗎？音樂著作的廣播授權，是否包括通過網路廣播的權利？基於以上原因，所以仔細擬定授權的範圍，相當重要。

❖ 客戶範圍

進行授權時需要考量競爭法的問題（請參見下文），得授權允許被授權人僅向特定類型的客戶銷售產品。例如，可授權允許僅在教育市場銷售語音辨識軟體。

❖ 授權期間

授權智慧財產時，可限制為只授權一定期限或智慧財產權之整體有效期間；專利或技術授權的固定年限（少於智慧財產權之整體有效期間），帶來了有趣的槓桿或議價能力問題。一方面來說，被授權人認為其未來可能改使用新產品的技術授權而非此技術授權，或會其本身會研發出新技術，故在重新談判時，被授權人可能會主張降低授權金並討價還價；另一方面，會出現一種情況：被授權人因先前投資而被「套牢」在該項技術中，故需要為了能繼續使用該技術的權利，而支付更高的權利金。此外，下面會討論：有關支付權利金取得的授權期間，長於智慧財產權之整體有效期間的授權型態。

❖ 排他性

專屬授權意指，只有被授權人才能使用此智慧財產，獨家授權——只有授權人和一位被授權人可使用此智慧財產；非專屬授權——有一個或多個被授權人，外加授權人可使用此智慧財產。就像智慧財產的各個面向一樣，排他性應從三個角度來看：產品範圍或使用領域、地域性和授權期間。商

業意義上的排他性會受到法律爭議之影響（例如，商品在自由貿易區內的自由流動），以及因實際考量所影響（例如，對網路銷售的專屬地域權限的影響）。

被授權人可能會要求專屬授權，來保護其在研發已授權之產品中的投資；但在專屬授權中，授權人的收益必須完全仰賴單一被授權人對智慧財產商業化所產生的收入，意即對授權人的獨家銷售補償。這會導致難以就績效目標或被授權人維持排他性所需的最低費用進行談判，並且，如未達到此目標，可能會導致合約終止。

非專屬專利授權可簡單地視為，不強制執行所授權之智慧財產的協議；相比之下，專屬授權更像是一種財產權。在美國著作權法規中，專屬授權被視為轉讓：

> 「著作權的轉讓」（of copyright ownership）包含受讓、抵押、專屬授權，或任何著作權之讓與（conveyance）、讓渡（alienation），或將任何著作權之專屬權利設定擔保（hypothecation），或包含在著作權中的任何排他權／專屬權利，無論其利用的時間或地點是否受到限制，但不包括非專屬授權。

專利的專屬授權也等同於受讓，使被授權人能以自己的名義提起訴訟，但大多數專利的專屬授權都要求專利權人為侵權訴訟的當事方。此外，為了獲得其排他性的優勢，如果有必要，被授權人都想確保，授權人會根據被授權人的需

求，在訴訟中進行合作，並維護授權之智慧財產。

給付

授權中的金錢給付義務會補償授權人提供給被授權人的智慧財產權價值，以及授權人提供的任何服務，例如技術協助。從理論上來說，給付結構應試圖分攤授權人和被授權人之間，因利用智慧財產所產生的被授權人收益，從而使被授權人對其風險、投資，以及除已授權智慧財產以外產出的產品投入，獲得一定程度的補償，而且，授權人能就其智慧財產的價值獲得公平的回報（請參閱第十四章）。

授權也是解決許多專利主張實體所提出之主張的手段（請參見第十一章）。在研發新技術之類的商業環境中進行授權時，通常可以克服價格上的意見分歧，但正如第十一章所討論的那樣，缺乏普遍能被接受的鑑價方法，意味著出現專利侵權問題時，當事方經常會訴諸於訴訟，而非進行談判，直到各自的立場優勢變得明確為止。在涉及大型專利組合的授權情況中，儘管近期的案例已提供了指導；但鑑價方法仍存在相當大的差異，這會導致業務討論上更加困難，且可能再次引發訴訟。例如公司會爭論：大量專利組合的重要性是否真那麼重要？相對地，是否應將重心放在少數的重要專利身上？

❖ 固定給付

訴訟進行和解時，通常會採用一次性支付，此類費用是

授權的全部對價,稱為已繳足授權(paid-up licence)。授權也可以考慮使用分期的固定給付。然而,授權的給付結構通常包含前期費用、預付款或簽約金,以及根據被授權人的銷售而產生的未來權利金。在這種情況下,依據業務談判因素,初期的給付可能會、亦可能不會拿來抵銷未來權利金。

❖ 權利金

授權費用的名目通常是權利金。權利金可以設定為:售出每個商品時收取固定費用(例如售出一台電視抽5美元)、收取被授權人報價表上每個商品金額的一定百分比,或收取被授權人銷售總金額的一定百分比(因為被授權人可能是以商品定價的一定折數,將商品出售給其零售商)。我們經常使用「淨銷售或收入」(net sales or receipts)一詞,意指允許從被授權人的銷售收據中扣除某些款項、稅金、保險和運費等會計項目。

銷售權利金有兩個部分:權利金費率(套用於相關銷售的一定百分比)和權利金基數(應收取權利金的產品或服務範圍)。而實際給付為權利金費率及權利金基數的結合,故只討論任何一項的話並無意義。此外,在某些情況下,對於未涵蓋授權人之智慧財產的產品收取權利金,會有競爭法上的問題(請參見下文)。

權利金費率一般會依據時間、年度銷售水準或累計銷售目標,而逐步增加或減少。這些機制旨在微調授權人和被授權人之間的收益分配。

權利金可在所授權的智慧財產權之整體有效期間內持續收取（若智慧財產無效，則會縮短該收取期間）；或者，在一定時間後或支付了一定金額後，就得認權利金為已繳足。在競爭法和可執行性的影響方面，已授權之專利在超過專利權期間之後，仍須支付已取得專利之技術的權利金，但此相關法規尚有爭議。或者，如前所述，可改採用一次性支付的方式繳足授權金，換取已繳足授權的狀態，或者依年度分期給付（無關使用狀態）。

❖ 給付結構

給付結構不僅可幫授權人和被授權人之間分配收益，還能分散風險，一次性支付意味著，即便被授權人日後都沒有成功利用到授權的智慧財產，授權人也收到款項（雖然有上限）。相較之下，僅以權利金為主的授權模式，會讓所有運用風險都加諸在授權人身上，雙方的市場知識也會影響支付結構；如果被授權人的市場銷售估算超出授權人的市場銷售估算，那麼原本期待有高銷售額的被授權人可能會討價還價想改為固定費用。

❖ 解決價格議題

我們可以透過多種方式，來解決談判中關於權利金費率的意見分歧，包括：最低權利金、權利金的年度上限或總額上限，以及累計銷售達到特定門檻時，可增加或減少權利金費率。階段標準也可以設定為，當研發風險的降低或已達到

年度銷售目標後,被授權人再支付進一步費用給授權人,認可此授權之智慧財產的價值。

特別是正在研發產品的製藥產業中,若達到特定的階段標準,例如成功完成臨床研發階段及安全性測試,即可付款給授權人,隨著每個階段的階段標準陸續達成,就能進一步確認產品的未來,產品的權利也會變得更加有價值。

❖ 再被授權人

需解決的一個重要問題是──當授權協議允許再授權時再被授權人的銷售權利金;授權人和被授權人都希望從再被授權人的銷售中獲益。因此,解決此問題的一種普遍採用結構是──授權人可收取「被授權人從其再被授權人收取的收益一定百分比」,該收益百分比通常高於被授權人淨銷售額的基本權利金百分比(故授權人將不會獲得銷售收入的一定百分比,而是銷售權利金的一定百分比)。

❖ 成本

授權人和被授權人也需要分攤成本和潛在成本。除了產品相關成本之外,分攤內容還包括:申請程序和維持授權之智慧財產的成本、對侵權人提出智慧財產執行的成本,以及針對此類索賠正面應戰或和解以保護智慧財產的成本。

❖ 權利金堆疊

權利金結構會考慮:被授權人應向第三方技術所有人,

以及需要第三方技術以施行原始授權技術的授權人，所支付的授權產品權利金。這些費用就稱為「權利金堆疊」，當製造和銷售一項產品所需之多個專利分屬多個當事方時，就會出現這種情況。

這些權利金會反映在原始權利金費率中，因此原始權利金費率可能比其他情況略低一些；或者，在簽署時尚未得知且應支付給第三方的權利金，將來可與應支付給授權人的權利金相抵銷，但這應該受談判上限的限制，以免原始權利金過低。抵銷應支付給第三方的權利金的部分比例（以總抵銷的最大值為準），可確保被授權人有「風險共擔」（skin in the game），且不會只是同意未來的權利金只能全額抵銷原始權利金這件事。

❖ 權利金抵銷

「授權的反面」（Back of the licence）條款可將某個重大價值從一方轉移到另一方。通常，在協議初期，公司會協商各進度階段和權利金費率，而較少注意到後期涉及智慧財產議題的成本和負債。要注意，考慮不周全或措辭不佳的條款可能會讓授權人付出相當大的代價；例如，允許抵銷應歸於權利金堆疊的授權人權利金、智慧財產註冊的申請費用，或者主張或捍衛授權之智慧財產的法律費用。再進一步舉例，如果可以從權利金中扣除所有捍衛專利的法律費用，對被授權人而言，使用權利金向支付律師的訴訟費用，這根本是一張空白支票，如果導致系爭專利無效，最

終會對授權人造成更大的損害。

❖ 給付機制

權利金制度需考慮包含以下條款：

- 權利金基數；
- 權利金費率；
- 給付時間點（例如，每一季度末之後第幾天）；
- 權利金報告中需詳列估算明細和扣除額；
- 確認應付款項的審核權；
- 給付的幣別、付款方式和款項匯入位置；
- 幣別換算和匯率依據；
- 被授權人被強制預扣的稅款，以及授權人扣抵稅額所需的憑據（或授權人無法扣抵稅額時，則需要額外款項來貼補授權人預扣的稅額）。

終止

許多公司對授權終止條款不夠重視，只有在事情無法解決時才在後悔。一般來說，被授權人會對授權的技術及其周圍技術進行重大投資，因此會避免不小心失去授權，還損失了投資成果。然而，倘若已授予專屬授權，但被授權人未履行義務，授權人會希望收回授權並另行授權智慧財產給他人，這是因為專屬授權的情況中，授權人能取得多少獲利需完全仰賴被授權人。

終止條款包括三方面考量：

- 導致終止授權的事件；
- 終止授權時，每一方的權利各會發生什麼事（可能很複雜）；以及
- 若對終止授權有所爭議，那會發生什麼事。
- 導致授權人終止授權的典型事件，包含：
- 被授權人在一定天數內未改正的被授權人重大違約行為；
- 在專屬授權期間中，未達到績效目標或未達其他階段標準；
- 被授權人破產（請參見下文）；
- 被授權人之所有權人變更（有此可能）。

通常，被授權人並不希望終止其被授權之智慧財產的權利，但在某些情況下，他們會希望終止授權，以尋求使用其他技術的機會，或者放棄負擔繁重且希望不大的專案。為了方便起見，被授權人可對終止授權進行議價，而與授權人之間進行討價還價，但需要預先通知討論期間。

闡明終止授權的後果時，應包括何時終止使用授權之智慧財產的權利。而終止授權時，可能會出現一些問題如下：

- 被授權人還能有多久時間（如果有的話），以及在什麼情況下能繼續使用授權之智慧財產？
- 被授權人是否能有一個出售期間，可出售授權之商品庫存？

- 再被授權人會發生什麼事?他們的權利是否被終止?或者授權人可取回其權利?
- 是否有給付義務?
- 倘若授權人要重新授權智慧財產或利用授權之智慧財產本身,授權人需要從被授權人那裡取得什麼?這是一個製藥產業中的議題,在該產業中,授權人需要存取原始被授權人的資料和智慧財產,在一些製藥和生物科技授權合約中,光是終止條款就需要很多篇幅來詳列細節。

❖ 爭議

關於各當事方在終止授權理由方面的分歧,可以透過將爭議解決程序納入授權合約中來解決,例如調解或具約束力之仲裁程序。

轉讓

授權的不可轉讓性會影響被授權人出售其業務或產品線的能力。本質上,可受讓的授權愈多,它對被授權人的價值就愈高。與直觀相反的是,至少根據美國法規,倘若授權協議未提及被授權人將授權轉讓給第三方的權利,那麼該授權通常為不可轉讓。並非所有授權都如前述這般,而歐盟或澳大利亞的授權也非此種情況,故最好在授權人與被授權人之間的談判中就明定,授權可以轉讓或不可轉讓。

通常來說,未經授權人的同意,無法轉讓授權的原因之一是出於商業和聲譽理由,授權人也許對被授權人的身分有

濃厚的興趣。再者，若依據被授權人銷售的事前估算，以固定費用進行授權，則被授權人將授權轉讓給較大型的被授權人時，將導致授權人的收入少於直接授權給大型公司所產生之收入。

然而，除非授權人負責產品研發，或被授權人擔心授權可能會轉讓給競爭對手，只要將授權和作為授權主體之授權人所擁有的適用智慧財產一起轉讓，被授權人應該就比較不需要擔憂對授權人的轉讓問題。

特定形態授權的特殊問題

專利授權

❖ 智慧財產之識別

已核准專利和專利申請案一般可藉由專利號碼、申請日期和國家來識別。

❖ 授予

根據相關國家的專利法規，專利授權可將專利權人的部分或全部權利授予給他人，主要是製造、使用和出售發明的權利。如上所述，非專屬專利授權本質上是使用智慧財產的授權，且通常相對簡單。每一個專利授權案例中，授予都要受領域、產品、客戶類型和區域的限制，也必須受到反托拉斯法和競爭法的審查。

❖ 特殊條款

在專屬授權中，授權人對於授權之智慧財產負有重要義務，以確保被授權人能取得該智慧財產的利益，包括：

- 申請專利；
- 在異議程序和其他有效性挑戰中進行辯護；
- 支付專利維持費用；
- 雙方在執行面上的合作，包括成為訴訟的當事方。

專利授權還引發了一個重要問題：誰擁有被授權人對授權技術進行的改良？專利權人至少需要非專屬權利才能進行此類改良，以避免在某些領域受到阻礙。如下述般，這會引發商業面和競爭法方面的擔憂。

再者，如第二章所提，必須在產品上標示對應之專利號，才能保有對侵權人索賠過去損失的權利。

❖ 其他義務

倘若專利申請案已進行授權，則在該專利申請案公開之前，都應對其保密（請參閱第二章）。

專利授權事宜通常會包含個別的機密專門技術，以及技術面上的協助。下面將討論此種類型的授權，但是，如果同一個授權中存在不同種類的智慧財產權（例如專利和專門技術），則需要協調出一個涵蓋形式，以處理智慧財產過期或進入公有領域的情況（例如授權之專利到期時）。

從財務面上來說，可針對仍是專屬使用的智慧財產繼續收取個別權利金。然而，專利和專門技術的授權通常會設定為專利到期後即終止授權。在這種情況下，專門技術的授權是否會繼續存在？或在該時點變成免費使用狀態？權利金是否應繼續降低？以及專門技術的使用權是否終止？

技術和營業秘密授權

❖ 智慧財產之識別

理想情況下，授權應具體說明所獲得之授權的內容。對於機密資訊而言，這可能很困難。理論上，合約之類的文件不應為機密文件，因為該文件可能需要揭露給第三方或用於訴訟中；但如果該文件無法滿足非機密文件的要求，則需要準備一份單獨的機密文件。

❖ 授予

機密資訊的授權將指定該機密資訊的使用方式，並且依照授權人的要求加以限制。

❖ 特殊條款

有價值之機密資訊的主要條款是，關於保持機密資訊所需的保護，以及如果違反該保密性時的作法。

❖ 其他義務

技術授權人會承擔許多義務，最重要的義務與技術本身有關：進一步研發、提供技術協助，以及技術移轉。這些義務會帶來幾種問題，包括：範圍、持續時間（提供技術支援的持續時間），以及給付問題（有時被授權人的固定給付費用是否能涵蓋授權人的義務？）。

風險分攤的議題將於後述討論。

商標授權

❖ 智慧財產之識別

商標授權一般是參考註冊資訊、商標註冊號碼和國家來識別；非註冊商標的內容也能進行授權和授權排程。

❖ 授予

商標授權通常是授予得嚴格限縮至特定商品，或服務上使用商標的權利。

❖ 註冊及執行

商標權人通常需要（並希望）註冊、維持和執行授權之商標，並維持商標使用之有效品質控管以及被授權人營運所需的專業人員和基礎設施。

商標授權會處理商標權人名稱的商標註冊問題，並在此過程中與被授權人共同合作，也會有類似條款來涵蓋商

標執行的部分。

❖ 商標使用控管及品質控管

商標授權的基本要求是,被授權人之服務和商品的品質應受商標權人所控管(請參閱第三章)。有價值之商標的授權一般會對被授權人施加廣泛的義務,包括:商標的使用方式(其形式、顏色和使用方式);可以在哪些指定產品和服務上使用該商標;在市場行銷和廣告中使用該商標的方式;預先批准要使用於品牌、市場行銷、廣告和其他附帶內容的產品或服務之條款;以及在製造過程中,負責檢查製造設施以及供應/核准樣品。

❖ 法規

在某些案例中,商標權人提供的不僅是單純的商標授權;舉例來說,當整個產業都存在著被授權人取得特許經銷權的狀態,其中包括商業模式,由商標權人提供或代表商標權人提供耗材及其他支援。此外,包括美國在內的許多國家中,有關特許經銷權和經銷店的法規要求詳細披露公司細節,法規則為經銷商、特許經銷商或被授權人提供了免於終止授權的保護。建立特許經銷權制度時,應諮詢專精於特許經銷權的律師。實際上,在美國,存在所謂的非有意(unintentional)之特許經銷權的棘手法律問題,因為州或聯邦特許經銷權法規中規範了授權或經銷協議,以致給商標權人帶來了意想不到的義務。

著作權授權

❖ 智慧財產之識別

著作權授權,一般是藉由標題、作者和其他識別文字的內容來識別授權。

❖ 授予

著作權授權可依據相關國家的著作權法規,著作權所有人可授予部分或全部權利;這些權利通常會詳細闡明,且保留給著作權所有人的權利也會明確標示。如上所述,重要的是定義可運用的技術形式,並弄清楚可涵蓋與不可涵蓋的內容(例如實體書與電子書),並保留著作權所有人所有未指定的權利。

❖ 特殊條款

追究侵權人的責任,一般由授權人和被授權人之間相互約定。

❖ 其他義務

協議中的義務,根據於授權之著作權類型而定。例如,書籍出版授權會列出作者和出版商的各自責任。

軟體授權

❖ 智慧財產之識別

軟體授權是藉由程式的名稱、版本和其他識別文字來識別授權。

軟體授權的關鍵是提供給被授權人的軟體形式，該軟體的原始碼通常可為人工判讀，且會揭露該軟體的詳細資訊，這通常被視為極有價值的營業秘密，極少提供給第三方或被授權人。原始碼有時會由第三方託管，例如只有在授權人無法維護軟體並保持其正常運作時才可用；倘若真交由第三方託管，則對於其保密性和使用都將有嚴格條件來控管。除此之外，大多數體授權都是以目的碼的形式在進行，相較於原始碼，這是一種機器可讀取，而非人工可讀取的軟體類型。

❖ 授予

著作權著作的軟體授權包括：軟體和相關文件，有些授權還會包括營業秘密。在著作權的法定範圍背景下，軟體授權會詳細說明程式使用方式，就被授權人的大量使用量來看，雖然軟體定價過低了點，但大多數的限制都為了避免未經授權的軟體激增，或避免被授權人與授權人之間的競爭。

軟體使用通常僅限制安裝於一台設備上，或可複製於第二台設備上作為備份之用。授權內容通常限制軟體轉讓、再授權或使用軟體為第三方提供服務；目的碼形式的授權還禁止進行逆向工程，或禁止被授權人試圖存取內含的原始碼。

允許的授權條款受適用的國家法規所規範,該法規會有此類限制:例如,在歐盟,軟體保護受「歐盟電腦程式指令」所約束,該指令提供對電腦程式的保護,但也限制了軟體所有人的權利。其中,該指令規定在某些情況下允許進行逆向工程。這是在 IBM 仍主導電腦領域時安插的條款,此相關立法旨在允許其他人設計出與 IBM 相容的系統。在實務上,電腦市場卻以完全無法預料的路線發展,導致這些條款幾乎派不上用場。這是旨在解決人們認為市場失衡的問題,而導致立法規定過多等風險的一個實例。

❖ 其他義務

軟體授權即便稱之為授權,但其某些特性上仍類似商品銷售。例如當軟體被寄達、安裝並經過測試後,該軟體還無法正常運作,那麼通常由授權人提供換貨服務。

在個別的維護協議中,軟體授權人可能會同意處理維修問題或提供技術支援等;但這些義務會引發業務範圍的爭議,包括:保固期間(支援軟體的期間),和給付問題(被授權人一般固定給付的費用,是否能涵蓋授權人的義務?)。

責任

授權人

在大多數授權中,最重要的是潛在責任:授權人需承

擔因智慧財產授權和利用引起的索賠風險。從授權人的角度來看，授權之智慧財產所能獲取的報酬上限，會受到當初收取的權利金或費用所限制。然而，授權技術或軟體的使用可能導致大量的智慧財產侵權、人身傷害和業務損失責任。特別是在商標授權的案例中，授權人可能要對與授權人無關之被授權人的行為負責；例如，連鎖速食業商標的特許經銷權所有人，可預期會涉入消費者對特許經銷商提起的人身傷害索賠中。

軟體授權中的風險分攤條款，通常包括以下內容，但受消費者保護或其他適用法律所限制。而這些保護類型，在其他授權類型中也很實用：

- **有限保固**：授權人將保證產品將依據某些規格運作，但不承擔法律默示的關於品質、適用性或非侵權的任何其他保證。
- **有限救濟措施**：如果破壞明示有限保固，授權人將同意某些救濟措施，例如出面維修該問題，或在問題無法維修時，退還全部或部分授權費用。
- **排除間接損害**：授權人不承擔被授權人公司所造成的間接損害之任何責任，例如授權之會計系統當機時，該公司損失的金錢和聲譽。
- **有限的智慧財產侵權賠償**：授權人得同意賠償某些類型的智慧財產侵權。例如，視為授權人過失的著作權侵權和營業秘密濫用，以及視為授權人過失的任何授權之商

標的相關侵權。如前文所述般，專利侵權訴訟過程較為困難，而且背後實情可能根本是無辜的。此外，當授權技術或軟體屬於涉嫌侵權之被授權人所組裝的大型系統或產品一部分時，侵權責任就難以釐清；但除了被授權人進行此類組合、修改或其他行動的例外情況之外，授權人得同意對專利侵權進行賠償，附帶條件是：倘若受到禁制令威脅，得修改軟體或終止授權，並提供全部或部分費用的退款。

- **授權人責任的總體上限**：對於授權人的責任總體上限，可限制為不超過從被授權人收取之費用。這通常是談判最困難的點，從授權人的角度來看，這還說得通，為什麼要做一筆會虧錢的交易？然而，如上所述，被授權人會說：如果今天授權人不存在，那麼一開始我（被授權人）就不用承擔責任。故對於智慧財產侵權議題，由於沒有智慧財產侵權的相關保險（例如責任保險或營業中斷保險），所以此類協商更加困難。

- **禁止某些授權技術的使用**：禁止將授權技術或軟體用於危險活動。

- **被授權人的賠償金以及被授權人的法律合規性**：適用法律上可能很難避免因授權人所造成的人身傷害責任，但特別是在商標授權方面，如果不是授人的過失，那麼授權人可向被授權人提出索賠；因此，授權人可以就此種類型的索賠，向被授權人要求賠償金。此外，授權人還可要求被授權人遵守所有適用的法律和法規，投保足夠

的保險，並提供該保險的證明，再根據被授權人的保險單將授權人添加為附加被保險人。

被授權人

被授權人需留意，該授權不會引起對其自身的索賠；因此，被授權人需要尋求授權人擁有該技術並有授權資格的保證，並且當使用授權人之智慧財產引起侵權索賠時，尋求賠償金。

破產

自 2001 年網路泡沫化以來，破產已成為智慧財產策略和風險評估中愈來愈重要的一環。這是因為當授權人或被授權人破產時，授權會被終止，每個國家都存在大量的專利組合和許多被授權人，所以這不僅會發生在小型技術公司身上（由於未能籌措所需資金），也會發生在跨國公司身上，例如加拿大電信公司北電網路（請參閱第十三章）以及德國的「奇夢達」公司（Qimonda）。

授權人破產

一般而言，當授權人破產時，智慧財產之被授權人的處境會相當艱難。根據某些國家的相關法規，破產之授權人可終止授權，使被授權人失去原本所需的智慧財產權，或者破產之授權人可透過破產拍賣或類似程序，來出售授權出去的

智慧財產，而無視被授權人的合約權利。

在進行對其業務至關重要的授權或其他與智慧財產相關的交易時，被授權人應考慮授權人的信譽，並考慮是否能在授權人破產時，或貸方針對授權人提起執行其擔保的程序時，能否獲得保護。這方面的法規很複雜，且關於授權人償付能力的討論很敏感。因此，需要確定的是智慧財產對被授權人的重要性、是否有現成的授權技術替代品？其費用是多少？是否包括任何必要的改動費用？不過授權類型為商標者除外（沒有替代品可用）。

❖ 防護結構

如果交易相當重要，則應考慮破產時的保護條款；這主要取決於授權人和被授權人所在國家的法規。

第三方託管設定通常應用在軟體產業中，授權技術如果有文件記錄或實體實施形式，那麼第三方託管也會很實用。在第三方託管設定中，第三方託管人會將原始碼保存在軟體或關鍵之技術實施形式中，在破產時，或者也許是授權人無法繼續支援或維護軟體時，得將前述資料釋放給被授權人。在這種情況下，被授權人理論上將擁有繼續使用授權技術的必須品；而在實務上，被授權人還需要與最初研發該軟體或技術的人員討論，以便有效地使用它。所以，如果這證明可行，應僱用破產實體的相關人員。

其他保護形式可能包含：

- 調查授權人是否有以智慧財產作擔保之借款,如果貸方因其借方違約而獲得授權之智慧財產的所有權,則貸方是否能從擔保借款人處取得不干預協議(non-disturbance agreement),在某些國家,法律規定要在公開拍賣中出售智慧財產,這意味著如果在拍賣中將智慧財產出售給第三方,則擔保借款人會失去智慧財產的所有權,從而使該設備的實用性降低;
- 在有利的司法管轄區域,將授權協議的副本遞交給對應的專利專賣機關,以便第三方注意到,且／或提遞交其他申請至用於記錄擔保物權的機關;
- 在原始智慧財產中獲得擔保物權(抵押),以便在破產狀態下因授權違約而提出的索賠有所擔保,而非無擔保;
- 將授權之智慧財產轉移到更值得信賴的實體以充當授權人,這可能算是「破產隔離」(bankruptcy remote)結構,在法律上和操作上不受基礎業務的信用風險影響(請參閱第十五章)。

❖ 美國的保護

《美國破產法》(US Bankruptcy Code)中規範了智慧財產被授權人的特殊保護措施,但這些保護措施實在是「聊勝於無」(half a loaf)。美國破產的一般規則是,破產公司的受託人可拒絕連續合約(待執行合約),這是相當於終止的一種形式。在《美國破產法》第 365 條第 n 款中,則是規範在授權人破產的情況下,可保護某些智慧財產之被授權人的授權

不被拒絕。

　　這些保護措施允許被授權人保留其授權,並允許存取第三方託管中所保存的內容。然而,儘管要求被授權人繼續支付權利金,但授權人沒有義務依據協議履行義務,這種單方面授權形態（bare licence）可能僅適用於簡單專利授權下操作的非專屬被授權人;倘若在較複雜的情況中,這對於保有權利來說沒有太大幫助,尤其是在專屬授權中,被授權人需要授權人做更多的事情而不僅僅是被動地授權其權利,或者,就像許多雲端服務或「軟體即服務」的協議中一樣,被授權人相當仰賴授權人的服務。

　　重要的是,大多數情況下,《美國破產法》第 365 條第 n 款的保護並不明確地適用於商標（儘管在新的判例法中,曾發生對商標被授權人進行類似保護的情況）,且有人質疑該法條是否適用於美國以外的智慧財產。若要獲得《美國破產法》第 365 條第 n 款的保護,被授權人必須監視破產程序並即時行使其權利。儘管這種情況並不常見,但擔保借款人有可能未破產狀態下出售借方的資產,或者有可能在破產狀態中將系爭授權與原始智慧財產分拆開來並出售。在這種情況下,被授權人需要面對聲稱其已購入該專利但未預見授權協議的買方,並且,如果有預見的話,這僅約束不起訴被授權人,但不會履行任何其他義務。

　　在大多數其他國家中,可能甚至沒有與《美國破產法》第 365 條第 n 款的有限保護的同等保護措施;故在清算授權人時,可能存在完全喪失授權之權利的風險。

被授權人破產

在被授權人破產的情況下,第三方取得破產公司的授權並進行處理時會產生疑義;特別是,授權人可以終止這些授權嗎?或者如果破產公司被清算,可以出售和轉讓這些授權嗎?

❖ **終止**

如果被授權人破產或經歷類似程序(例如接管),則此授權通常會明確允許授權人可終止授權。這種規定背後的商業邏輯是,破產之被授權人不太可能有效地利用此授權技術。

多數國家的法規都指出,這些合約條款即當事人互相表示意思一致:可終止授權,因此可能使公司失去所需的智慧財產。在美國,情況會很複雜,《美國破產法》是對破產公司的保護,一般會單純因為破產無法執行而發生終止事件。然而,智慧財產法規與破產法規相互作用的複雜性意味著,在美國,如果被授權人破產,有時可能會終止不可轉讓的智慧財產授權。

所以,此類終止條款可能會對被授權人造成實際價值損失(因為智慧財產可能不再可用),故在談判中不應輕易接受。無論被授權人是否破產,可能因不履約而終止,使得談判立場做出讓步。

❖ **可轉讓性**

對於授權人來說,控管授權的關鍵是在被授權人破產的

情況下可終止授權,且在任何情況下被授權人都不可將授權轉讓給第三方,這是因為授權人不希望將智慧財產轉讓到其不想要的被授權人;而對於被授權人來說,情況恰恰相反,出於商業靈活性的原因,如果沒有其他要求,被授權人通常希望其授權能被自由轉讓。這是因為這種嚴格的不可轉讓性會阻止資產清算過程中(或實際上在任何其他商業交易中,包括出售被授權人的業務),將授權出售給第三方。

授權條款的法律限制

授權協議中會包含的條款通常都可進行商業談判,但是存在法律限制。這些規定包括:依據適用智慧財產相關法令無法執行或無效的規定;出於國家安全原因而違反禁止技術出口的規定;由於政府資助或授權人納稅身分而對授權條款的限制;以及最重要的是,競爭法和反托拉斯法要求的限制。

地域專屬的限制

國際性授權、定價和經銷策略必須考慮到進出口的便利性,尤其是透過網路。

競爭法面向的考量中,尤其是對歐盟,授權中禁止的條款;例如,禁止法國的被授權人履行德國客戶下的訂單。然而,依據智慧財產相關法令,在世界任何地方,滴水不漏的地域專屬權都有其侷限性。這是窮盡智慧財產權學說和潛在的灰色市場進口的結果。

灰色市場產品可與侵權產品分開來討論，因為智慧財產所有人或其被授權人已讓這些產品合法地流入世界上的某個市場，然後再出口到另一個國家。該銷售是否合法，取決於該國家是否將另一國的首次銷售視為智慧財產權耗盡。

各國可以根據《TRIPS》第 6 條，其指出：「本協議中的任何內容均不得用於解決智慧財產權耗盡的議題」，而是自由地採用國際、地區（例如自由貿易區）或各國的耗盡理論。

在美國，依據進口商品為專利商品、商標商品還是著作權商品，規則有所不同；在歐盟，一般規則是不能阻止從歐盟其他成員國進口，但可以阻止從歐盟以外的國家進口。歐盟實務中的重點在於，如果授權給不同歐盟成員國，則這些被授權人在某種程度上是相互競爭的。

禁止出口至流氓國家（rogue states）

許多國家針對商品、服務和技術制定了出口管制限制，例如出口到北韓（North Korea）和敘利亞（Syria）等「國際禮讓」一般範圍以外的國家。另外，由於國家安全或政策因素，將特定類型的技術（例如加密和核能科技）出口至某些目的地，也是絕對禁止或需事先獲得授權的行為。出口管制是一個複雜的領域，違規行為可能會受到嚴厲的處罰，因此在涉及敏感技術的任何交易前，或是被授權人可能與受管制目標國有聯繫的情況下，務必先尋求建議。

美國政府資助和大學

許多美國大學在享有政府資助的同時，會引入《拜杜法案》規定的強制性授權條款。對於大學來說，某些特定類型的交易會很困難，因為大學的地位類似於慈善機構，或者因為大學的設施是由某些特殊關係所提供資金。同樣地，這是一個複雜的領域，任何行為都應先尋求建議。

競爭法及反托拉斯法

在 1970 年代後期，對專利的研發利用受到了世界各國的嚴格審查，因為專利授予他人的權利與競爭法或反托拉斯法所促進的自由貿易之間，存在著明顯衝突。美國司法部（US Department of Justice）列出了九種禁止各種授權的實務；而歐盟則對於適用的授權形式有嚴格規定；至於其他的世界各國，大多數的引進授權都受到某種形式的政府審查，主要是假定本地被授權人可能會受到外國授權人的不公平利用。況且，專利通常被認為是競爭法中有問題的市場力量形態。

到了整個 1980 年代和 1990 年代（並且一直延續到今天），人們認為專利是一種財產形式，與其他任何財產一樣，是對創新的公正獎勵，且技術授權通常具有競爭優勢。因此，對授權的任何挑戰都應以經濟學為基礎，而不是保護被授權人的願望、形式主義的規則、毫無根據的假設，或是對智慧財產本身的懷疑。

有些國家不僅關心競爭法，也關注產業政策和外匯管制。世界各國仍關注這些問題；例如在巴西，所有技術授

權都必須在巴西國家工業產權局（National Institute of intellectual Property，INPI）註冊，才能在巴西境外付款。

不遵守競爭法和反托拉斯法，可能會有民事和刑事罰則，以及更實際的商業問題，這與公司簽訂的授權可執行性有關。歐盟的簽約各當事方，有時會為了執行協議而提高「歐盟防衛圈」（Euro defence），因此，儘早尋求法律意見一定會有好處。此外，與美國打交道的公司應意識到，在訴訟中可能會審查大量的電子郵件和內部文件，從而質疑交易的合法性；而在歐盟，歐盟執行委員會也有權突襲處所，並審查和取走文件。

❖ 與競爭對手達成協議

有了智慧財產授權，競爭對手通常有正當理由希望授權給他人。但是，與沒有實際或潛在競爭關係的競爭對手相比，實際或潛在競爭對手之間的交易通常會受到更嚴格的競爭法審查。競爭主管機構擔心授權（尤其是交叉授權）被用於劃分地盤或產品市場、限制產量，或為授權所涵蓋之產品的公開銷售設立定價，與具有此類特徵之競爭對手的任何計畫性業務安排都是「危險信號」（red flag），故應儘早尋求法律建議。

美國判例法
❖ 政府執法：反托拉斯指導原則

在美國，授權協議的合法性是依據判例法和先例所擬定

的。指導原則中會定期性地列出聯邦貿易委員會和美國司法部（負責保護競爭關係的政府部門）的執法意向。近期有增加一些特定智慧財產主題的指導原則，但最新的一般指導原則是 1995 年 4 月公布的《智慧財產授權之反托拉斯指導原則》（Antitrust Guidelines for the Licensing of Intellectual Property）[1]。

❖ 強制性交易報告

除了適用於授權中特定限制的判例法之外，根據美國法規，超過一定金額上限的專屬授權或智慧財產出售，以及製藥產業中一系列轉讓權利的交易，在授權或轉讓生效之前，也需要根據《哈特 - 史考特 - 羅迪諾反托拉斯改進法》（The Hart-Scott-Rodino Antitrust Improvements. Act）進行審查；如不通知可能會有罰款。此外，根據《醫療保險處方用藥改善及現代化法案》（Medicare Prescription Drug, Improvement and Modernisation Act），還必須提出與藥品有關的某些協議內容。

❖ 專利和著作權濫用

美國法規中一個令人困惑的點是，政府在公眾反托拉斯領域的執法地位可能比適用的判例法更為寬鬆。某些特定類型授權條款與反托拉斯法相互獨立，但又彼此緊密相關，可能會使專利在訴訟中無法執行，因此被稱為「專利濫用」。這些通常涉及使用專利權來控制超出專利權範圍或期限的產

---

1 此指導原則已於 2017 年 1 月（作者完成此書後）更新改版。

品或服務等情況。專利濫用的典型案例,像是:要求使用從專利權人處購買的非專利商品,以作為授權使用的先決條件,這被稱為「綁定」(tying),以及要求在專利到期後繼續支付使用專利的權利金,或要求使用非專利商品必須支付權利金。著作權授權的領域也存在這個學說,例如,使用或研發競爭產品的限制將不獲得許可。

❖ 「危險信號」規定

除上述競爭對手之間達成的協議類型(影響價格、產量或劃分市場地盤等),美國判例法還建議對擬議中的授權或其他協議保持謹慎(並取得法律建議),包括以下要點:

- 對授權產品的定價限制;
- 限制被授權人的超出授權之智慧財產範圍活動,包括阻止被授權人研究、研發、交易或使用競爭技術的專屬交易;
- 權利金延續到授權之智慧財產權保護期間後,或權利金涵蓋到非授權之智慧財產的商品或服務,或者依據超過一層以上的經銷權鏈來收取權利金;
- 以綁定方式,要求被授權人購買非授權之智慧財產涵蓋的商品或服務;
- 要求被授權人將改良技術回頭轉讓給授權人;
- 限制與特定客戶打交道,或限制授權人與被授權人之間/多位被授權人彼此之間的競爭;
- 遭到適用市場中具有重要地位的企業收購智慧財產。

歐盟技術移轉集體豁免和黑名單

就某些方面來看，與美國相比，在歐盟更容易通過授權協議的競爭法進入市場。這與美國不同，主因是歐盟執行委員會能從《歐洲聯盟條約》（Treaty on European Union）第 101 條的競爭法條款中豁免某些類別的協議，這些協議既不限制競爭，所帶來的競爭優點又多於負擔。在技術授權或所謂的「技術移轉協議」方面，依據歐盟已發布並稱之為「集體豁免」法規及隨附指南，已經執行多年。公司方可以查看集體豁免，並確定擬議中的協議是否包含「核心」禁止條款（因為最終依舊要遵循歐盟法規），或者某些其他限制在特定情況下可能會面臨挑戰。注意，2014 年 3 月 21 日已公告採用新的技術移轉授權協議集體豁免（Technology Transfer Block Exemption，TTBE）修訂版。

歐盟的立場是，大多數技術授權都具有競爭優勢，但其主要擔憂可從核心和其他限制列表中看出，下述要素並不自動適用集體豁免：

- 價格協議；
- 產量限制（從經濟學角度來說，產量限制會導致價格上漲），但有例外情況；
- 共同市場內的市場或客戶分配（因為美國側重於創建單一市場，相比之下，歐洲的地域性限制通常會引起較大的關注）；
- 限制被授權人利用其自身技術或進行研發的能力；

- 被授權人有義務授予授權人對其授權技術所做改良的專屬權利或所有權;
- 被授權人有義務不挑戰授權之智慧財產的有效性。

濫用市場支配地位

在某些情況下,個別公司的智慧財產相關行為可能會引起壟斷、不正競爭防止法或濫用市場支配地位的質疑。廣義上來說,可能受到法律審查的行為包括:拒絕特定類型授權或拒絕提供所需智慧財產的存取權;收購智慧財產(如果給付金額達到一定門檻,會強制通知競爭管理機構);某些毫無根據的智慧財產主張;以及使用智慧財產來限制超出智慧財產範圍的競爭。

一般而言,與美國相對較為罕見的壟斷問題相比,在歐盟更容易出現濫用支配地位的情況。可以公平地說,美國法規保護自由競爭的過程,但歐盟法規更能保護那些被大型公司行為所損害的小型公司。

美國和歐盟之外

在過去三十年左右的時間裡,市場開放導致人們愈來愈重視競爭法以調節市場行為,導致世界各國紛紛制定此類法規。直到現在,世界上大多數主要貿易國都具備有效的競爭法,我們需要加以理解並遵守。請注意,歐盟內的國家將同時遵循國家法律和歐盟法規。

特別要提到中國,目前已積極地執行競爭法,如上所

述,諾基亞將手機業務出售給微軟時,中國也做了許多反壟斷併購審查,還回頭調查並參考了高通(Qualcomm)的授權作法。

對於總部位於歐盟或美國的授權人,存在協議可能無法執行的風險,以及來自當局的罰款風險。例如,在較低成本市場中不遵守競爭法,可能會使該市場中的被授權人在例如授權人試圖執行出口禁制令時,用這些法律作為抗辯理由。

授權相關的行政要求

同意國際性授權時,各當事方應檢查對方所在國家是否無行政要求。

根據各國法規,授權協議必須適用於許多強制性的行政要求,自願適用這些要求也可以帶來好處,這些包括:

- 在對應的智慧財產專責機關或對應的辦公室記錄授權,這對於總體上或針對第三方的有效性來說是必要的;
- 同意從國外透過中央銀行或其他機構支付權利金;
- 交易的印花稅或其他稅金;
- 向競爭法或其他政府權責機關提案或受其審查。

13 智慧財產的市場：買賣智慧財產的方式
The market for IP: how IP rights are bought and sold

本章節討論：與企業買賣有別的智慧財產買賣方式。傳統上，智慧財產的買賣是許多併購（M&A）流程的一部分，對公司的任何收購流程，即使是僅收購公司名稱、網站或公司的資訊系統和數據，幾乎都會包括智慧財產。在許多對消費者品牌和科技公司的收購流程中，由於公司中的製造和許多其他功能都委外給外包，故主要資產很可能就是智慧財產。然而，從歷史上來看，除了併購或品牌收購的案例之外，具有高價值且獨立的智慧財產轉讓相對很少見。

專利

新的商業模式會帶來智慧財產的新市場，尤其是專利，且交易發生頻率變高，因為大量資金需求，而要將智慧財產

有關需注意之要點和策略考量的快速摘要，請參閱第 410 頁

與基礎業務分開轉讓。

北電網路出售其專利,是在新市場發揮作用的一個實例。北電網路是一家加拿大電信公司,於2009年破產,北電網路最有價值的資產之一正是其專利組合;這些專利當時藉由拍賣來出售,而Google公司出價9億美元,欲收購這些專利組合,藉以鞏固其在安卓作業系統手機中的地位。

其他競標者包括「RPX公司」(RPX Corporation,一家防禦性專利聚合商,請參見下文),該公司欲收購這些專利,以避免其落入將對其會員公司提起訴訟的專利主張實體手中。然而,這些專利技術最終在2011年被「Rockstar」以45億美元的價格收購。「Rockstar」是一間由蘋果公司、微軟、易利信、索尼和行動研究公司(Research in Motion,RIM,也就是黑莓公司)等科技公司所組成的財團。

在此之後,「Rockstar」將大約兩千餘項的專利轉讓給其聯盟會員,但還持有部分專利欲以授權和執行來獲利。在這些行動中,最受關注的行動是「Rockstar」於2013年10月31日,憑藉這些從北電網路收購得來的專利,對Google公司和其他安卓作業系統的智慧型手機製造商,提起了一系列訴訟。

在2012年,Google公司進一步以125億美元的價格,收購了摩托羅拉行動,主要目的是為了其專利組合(估算專利組合數量約有17,000項到24,500項專利之間,請參閱第十四章)。收購理由是「協助保護安卓作業系統的生態體系」①。到了2014年1月,Google公司宣布將摩托羅拉行

動轉出售給聯想,但保留了其當初收購取得的大部分專利所有權,並對外稱聯想已藉由此次收購持有「超過兩千項的專利資產」②。

2013年,諾基亞將手機業務出售給了微軟,諾基亞雖出售了其手機業務的實體資產,但仍把專利保留在手上,並利用該筆交易確立了這些專利組合具有16億5,000萬歐元的授權價值,這是這場專利戰的另一種變化形態:微軟宣布支付37億9,000萬歐元購買諾基亞的設備和服務業務,另外支付16億5,000萬歐元取得這些專利的授權。

然而,「Rockstar」和摩托羅拉行動的收購事件反映了手機專利戰的激烈程度,尤其是對於安卓作業系統。在此之後,專利市場似乎有緩和下來,一直到2014年12月,RPX公司的關係企業宣布以9億美元的價格購買「Rockstar」的專利資產,同時「Rockstar」提起的所有專利訴訟,包括針對Google公司的專利訴訟都已告一段落,RPX公司因而收到了來自三十多家公司的授權付款,並同意按照FRAND原則提供標準必要專利。

除了這些大型科技公司,專利市場上還有其他參與者,包括防禦性專利聚合商,RPX公司就是一例。

專利聚合商

「專利聚合商」收購專利組合的主要目的,是藉由授權產生收益;就其資歷、規模、範圍和資源而言,由前微軟的內森・梅爾福爾德和前英特爾的彼得・德特金一起創立的

高智發明，算是其中翹楚。高智發明藉由收購和一些內部產出的發明行動，累積出巨大的專利組合，也從身為其被授權人的科技公司，以及機構投資者籌集了資金。據報導稱已其籌集了超過 50 億美元，並擁有 4 萬多項專利。

專利主張實體

專利主張實體收購專利的主要目的，是藉由專利訴訟中獲利（請參閱第二章和第十一章）。就其對市場的影響面而言，專利主張實體具有各種不同規模和類型的商品。在光譜中的一端是小型空殼實體，通常是由專利律師或投資者建立並收購單項或少量專利的小型公司；其中有許多公司設立在是在德州，並且在德州地方法院對涉嫌侵權人提起訴訟。在光譜中的另一端是「相思研究公司」（Acacia Research Corporation），這是一家上市公司，市值約為 6 億美元。

防禦性買家

一些買家試圖防止競爭對手或專利主張實體執行專利，他們可能是戰略型的買家（例如營運公司），或是防禦性專利聚合商。

「防禦性專利聚合商」是為避免專利落入專利主張實體手中，而建立的實體或聯營公司。防禦性聚合商通常藉由會員費用或訂閱費用來籌集資金，收購對其會員構成威脅的專利，並持有這些專利一段時間，進一步將這些專利授權給其會員，然後再將這些專利售出並拋回市場，其會員因而受到

保護（因為授權在銷售中仍有效）。但是，非會員仍然得面臨依據這些專利提出的訴訟風險。防禦性聚合商的著名例子有：RPX 公司，這是一間美國上市公司，市值約為 8 億美元，以及「聯合安全信託」（Allied Security Trust，AST），這是一間由常被專利主張實體提起訴訟的科技公司所組成的聯盟。

戰略型買家

有些公司會收購對其業務具有戰略價值的智慧財產，例如，提供新產品線所需的智慧財產；或如第十章所述是出於防禦目的，倘若專利組合較強的競爭對手對其提起訴訟，就能作為反訴的武器；也可作為交易籌碼，針對競爭對手擁有的所需專利之交叉授權進行協商；還可收購專利來為授權計畫打下基礎，並將這些專利從市場上刪除，使這些專利不會落入專利主張實體的手中。例如，英國晶片製造商「安謀控股公司」（ARM Holdings）是防禦性專利聚合商「聯合安全信託」的主要會員，該聯盟收購了競爭對手晶片製造商「美普思科技」（MIPS 技術/科技）的大部分專利，根據安謀控股公司的新聞稿，其主要目的是「與其他主要產業參與者共同採取的措施」，以調合任何潛在的侵權風險[3]。

營運公司收購專利的例子則包括臉書，臉書在 2012 年收購了 IBM 和微軟的專利組合；另一個例子是推特公司，推特公司是在 2013 年收購了 IBM 的專利組合。這兩家公司的自有投資組合規模相對較小，故假定這兩家公司進行收購是出於防禦目的，而強化自身公司的專利組合。

對於許多營運公司而言,收購專利會遇上巨大困難。考慮到自家公司工程師的偏見,可能很難發現真正具有威脅性的專利;而試圖收購專利時,可能也會導致潛在買方主張這些專利(請參見上述的 Google 例子)。如後面第十六章的討論,專利知識具有責任風險,因此,營運公司經常與中介機構和其他市場參與者合作,以實現其目標。

主權專利基金

近年來,許多國家都有建立國家專利和技術基金,包括「法國專利主權基金」(France Brevets,FB)、「南韓主權專利基金」(Intellectual Discovery,ID),以及日本的「產業革新投資機構」(Innovation Network Corporation of Japan,INCJ)。它們具有許多不同的功能,包括:風險投資、鼓勵合作,以及智慧財產商業化的國家層級角色(很類似促進技術授權的大學技術移轉辦公室)等。

然而,其中一些實體還有收購專利,並且至少有一個實體已執行過專利。例如,「法國專利主權基金」收購了一家法國營運公司的專利,並德州提起專利訴訟。

賣方

如第十一章所討論,分拆智慧財產時,可能會使營運公司原本沒有生產力或價值被低估的資產「轉化成資金」。現今,有些營運公司會例行處置過多的專利,以抵銷其他因素中其專利用途的成本,因此,儘管營運公司往往反對專利主

張實體的行為，但營運公司還是很活躍的賣方。

由於與高科技相關的商業風險，破產公司銷售智慧財產的案例也相當普遍。對於這些無法執行專利的個人發明人或中小企業，可以選擇將其專利出售給專利主張實體。

專利聚合商也算是賣方之一，這些專利聚合商在收購已授權給其投資者的專利之後，會轉頭出售用於進行這些授權的專利。

中介機構

這個產業鏈已出現了中介機構，用於服務這個專利市場，這些中介機構包括專利和智慧財產經紀人、專業領域的律師、拍賣服務、重整公司、著重於智慧財產交易的小型銀行、大型銀行內的專家小組，以及由多個公司組成以收購專利的聯營公司。

整體言之，在過去的二十年中，專利市場發生了巨大變化，在美國在內的一些國家中，科技產業發展成活躍的交易市場，但它主要仍是一個私人交易的市場。

商標

以品牌為分拆和收購單位進行運作的公司並不是什麼新鮮事；但隨著業務功能外包的增長，通常所轉讓的不過是一系列無形的權利。此外，也有許多公司是創立來收購品牌組合，再授權給第三方之用，因此，這種公司會取得很多時尚

品牌或其他類型的品牌，進一步就不同產品和不同市場的利基授權給其他公司。

與製造公司相比，此類公司的經營風險更低，所需資金也更少。例如，總部位於美國的「艾康尼斯品牌集團」（Iconix Brands），於 2010 年以 1 億 7,500 萬美元的價格收購了「花生漫畫」（Peanuts cartoon）品牌的權利，並於 2012 年以 2 億 2,500 萬美元的價格，從「耐吉集團」（Nike）手中收購了「茵寶」（Umbro brand）的運動衫和運動鞋類業務。

著作權

著作權涵蓋從軟體到圖像，再到音樂目錄的各種不同類型的財產，其共通特點是：有價值的著作權往往會被許多使用者重複使用，從而產生現金流。在運用大型資料庫的系統中，此類資產已吸引了金融投資者的注意，他們被穩定的現金流所吸引，而這些現金流可用於償還債務或分配給投資者，而私募股權投資者則對音樂目錄和圖像目錄特別感興趣。

轉讓智慧財產的所有權

智慧財產的所有權一般透過稱之為「轉讓」的書面文件，來進行轉讓，該文件連同任何相關文件，應涵蓋下列關鍵事項：

- 價格；
- 所轉讓的智慧財產權；
- 效力涵蓋的國家；
- 智慧財產的任何先前授權和權利（負擔）；
- 受讓人對過去和未來發生的損害賠償及收益所享有的權利；
- 轉讓人必須將未來發生的合作給予受讓人；
- 因使用受讓之智慧財產所需，得使用轉讓人任何必要之其他智慧財產的權利；
- 倘認定賣方所為之宣稱為虛假時，用以保護買方之保證，例如，如果專利權人的專利先前未取得授權而導致錯誤認知，則應提供法律救濟措施。

在技術層面上，一項轉讓的形式和法律要求，因不同國家和智慧財產類型而異。有些註冊智慧財產的轉讓，需要更多的手續，例如，執行公證和外國使用驗證時，由政府授權機關以絲帶捆綁並蓋上封印。倘若要收購國際的智慧財產組合，則必須各別執行許多國家的轉讓，這會花費許多時間，且成本高昂，故智慧財產所有權的更新歷程時常被忽略，特別是當公司經歷所有權的多次變更時，會導致日後出現問題。

記錄所有權

一般來說，專利和商標在每個國家中都有記錄所有權的特定形式，且，一定要進行正確記錄，否則此類智慧財產的

轉讓將無法對第三方生效。再者，在某些國家中，著作權也有類似的程序。

稅務

智慧財產轉讓的價格通常需要繳納印花稅或其他稅款。倘若智慧財產是在關係企業之間轉讓，則稅務機關可根據與智慧財產相關，但將所有權轉讓給另一國家的收益，來評估所得稅（請參閱第八章）。

專利轉讓

❖ **確保已轉讓所有必要權利**

專利的主要特性是，它是「執行專利的權利」。因此，專利轉讓通常包括對過去、現在和未來侵權提起訴訟的權利。如果不這樣做，那麼新所有人可能會因沒有先前所有人參與，而無法提起侵權訴訟；這樣一來，也可能導致受讓人試圖執行專利時，被指控的被告主張新所有人沒有足夠的所有權來執行專利（缺乏訴訟資格）。針對這個問題的解決方式，可以建立一種複雜的轉讓結構，讓先前所有人保留在其中，例如，對特定領域的權利、或未來重新收購專利的選擇權，或是控管或從執行專利中受益的權利。

❖ **取得整個專利家族的重要性**

每個單獨專利通常是大型專利家族的一部分，這些專利是藉由主張某些相同的專利案作為優先權，而使彼此相關

聯；如果新所有人沒有取得所有專利家族的成員，可能會導致取得專利和執行專利的複雜問題，不完整的專利家族，日後會難以出售。

❖ **注意默示權利和持續性關係**

專利轉讓很複雜，其中發明轉讓相關的概括措詞，可能導致專利藉由默示而轉讓，而與轉讓人的意圖背道而馳。在持續性關係（例如僱傭關係或獨立承包商關係）的背景下進行轉讓，需使用特定措詞來規定當前的權利轉讓，以避免未來將專利轉讓給第三方。

商標移轉

至少在英美法系國家中，商標移轉具有確保維持商標品質和避免客戶混淆的相關法律技術性；如果將商標移轉給不同地區的不同所有人，或同一國家的不同產品，或將彼此密切相關的商標出售給不同的所有人，移轉流程就會很複雜。

❖ **商譽**

至少在美國，要求在轉讓時，應將商標與該商標相關公司的商譽一起進行轉讓，就轉讓文件的措詞而言，這既符合形式，也具有法律意義。（請參閱第三章。）

❖ **地域性**

商標在每個國家都具有其該國的聲譽，同樣地，商標在

不同國家會具有不同的所有人，這在法律上是可以理解的，但考量到網路無國界的特性，欲銷售之商標應仔細審查其地域劃分。此類商標移轉必須伴隨合約程序，以避免各個擁有商標的公司彼此混淆，尤其是其網路形象。

❖ 相關商標和產品分割

嘗試分割相關產品的相關商標所有權時，可能會遇到困難。在英美法系國家中，主因是公眾會因為產品的相關性質而假設該產品來自單一來源，並且，若將這些商標分割成不同的所有權，將導致這些商標失去其獨特性，而因此失去其作為商標的法律保護；在歐陸法系國家中，可能會出現這種問題：一個所有人阻止另一個所有人進行註冊，然後還需要擔憂網路上令人混淆的問題。

如果無法移轉商標，則可以考慮使用授權，倘若商標權人破產，則此授權可以終止；或者，商標權人可以參與被授權人的業務，以維持品質控管，在此同時商標權人具有被授權人業務上的潛在責任（請參閱第十二章）。

著作權轉讓
❖ 有限期間和有限權利

如第四章所述，在美國和其他某些國家的著作權轉讓，在若干年後可能會終止或者歸還權利。故轉讓不是永久性的所有權轉移，只在法規規定的期間內有效。

在部分歐陸法系國家中，著作權與自然人著作者緊密聯

繫,無法轉讓所有權利,故在此情況中必須取得授權權利。

❖ 個別權利轉讓

與專利一樣,著作權的專屬權利可根據英國和美國法規單獨進行轉讓。但必須注意確保:部分轉讓能在同意轉讓之著作權利用領域內,使受讓人享有預期的權利來利用和執行著作權,並且有權對侵權人提起訴訟。

❖ 放棄著作人格權

在歐洲和其他歐陸法系國家中,進行著作轉讓時,有必要確保已取得著作權所有人對於著作人格權的書面放棄文件。

❖ 盡職調查

所有權或其他法律挑戰會顯著影響到智慧財產的價值、有效性問題,或過去因智慧財產的商業化或執行方式中所產生的弱點。智慧財產的表面價值不一定為真,所以在取得智慧財產的過程中,或委託智慧財產權相關公司時,應進行各種商業和法律調查,此過程稱之為「盡職調查」,包括檢查目標網站、公開文件和內部文件,以及採訪工作人員。「盡職調查」絕非枯燥無聊的制式程序,而是要挖掘出直接適用於智慧財產價值的重大事實。

「盡職調查」有助於確認下列事項:

- 智慧財產的具體內容含義。
- 智慧財產的權利範圍。
- 智慧財產的保護期間。
- 智慧財產的歷程記錄（先前的商業化、先前的授權（適用於專利）及承諾，包括 FRAND 義務、先前的訴訟及有效性挑戰）。
- 智慧財產的所有人。
- 智慧財產的法律品質，以及如何影響其價值和預期壽命。
- 與智慧財產相關的第三方索賠風險
- 其他影響智慧財產價值的重要事實。

　　盡職調查的第一步是，確認重要的智慧財產為何，接著運用該資訊進一步確認盡職調查的優先順序，初步的盡職調查要識別考慮收購的主要專利、商標、著作權和其他智慧財產，也就是那些要構成或保護重要收益來源的智慧財產。在識別的過程中，應該要清楚了解：如何在企業中使用智慧財產？如何保護或創造當前或未來的收益？這會是進入的障礙嗎？智慧財產能保護有價值之產品的功能嗎？是否可確認其為具有授權收益的基礎？

　　盡職調查亦將確定目標公司認定其擁有的智慧財產為何，以及其使用的智慧財產是否為第三方所授權。

取得智慧財產的權利

專利

當一項或多項專利被確認其為有價值的專利時,應進行以下調查:

- 存在哪些權利?專利保護期間還剩下多久?專利存在於哪些國家?維持專利有效性的所有費用是否都已支付?這點需要詳細查閱記錄和資料庫,並建立各國的專利排程表。
- 是否擁有從發明人到現今所有人之所有權鏈的最新專利權?這點需要對照所有權記錄和專利專責機關中,轉讓所有權的交易記錄。
- 是否有所有權負擔,例如抵押?這點需要查閱特定機關的專利和其他對應文件。
- 專利的範圍為何(即哪些產品或方法會侵害專利權)?這容有不同的解釋空間,但如果依據此專利進行專利訴訟,就能得到有關專利範圍的明確實情。
- 專利產品的實際和預期銷售量為何?技術發展會對產品的需求有多大影響?
- 專利是否已獲得授權,授權條款為何?
- 是否有潛在侵權人能對侵權索賠提出辯護?這些措施包括:從被授權人手中取得產品、因為先前的商業交易而成為被授權人、根據FRAND義務提出抗辯,或因遲延執行而提出抗辯。此外,有些國家要求產品應進行專利

標示,倘若過去銷售中產品沒有專利標示,則會排除在正式標示專利之前因過去侵權行為所造成的損害賠償金。而在美國,對於專利的共同侵權或誘使他人侵權的索賠,會以涉嫌侵權人先前認知到該專利為要件。

- 這些專利有效性和可執行性有多高?這些議題是否在先前的訴訟中已經測試過?或者已進入異議程序或再審查程序?專利有效性會因為在廣泛專利檢索過程中所發現的先前技術而受到質疑,但其中可能有些是「烏龍事件」,就此我們可以從賣方檔案中以輕鬆且快速的方式探究結果。例如,在專利申請之前,是否存在公開使用、揭露或先前銷售等此類在專利申請程序中影響專利取得的法定要件?所依據的專利法規修法時,是否可能影響專利有效性?賣家是否了解先前技術?一個常見的例子是,在一個國家的專利申請程序或爭議程序中(例如異議程序),揭露了另一國專利專責機關未揭露或未發現的先前技術。此外,也可在進行檢索時,搜尋涵蓋這些產品的專利優先權日之前,就出現在市場上的產品。

- 專利申請過程是否有認真進行?關於這點,經驗豐富的專利律師可以明顯辨別出來。例如技術揭露的量;專利請求項的數量,以及是否同時存在廣泛和狹窄(更具體)範圍的專利請求項;揭露或敘述了哪些先前技術(儘管這些先前技術也獲得了強而有力的專利);向專利專責機關揭露了多少先前技術;以及該先前專利被後續專利申請案引用了多少次。基本上,以上可得知獲得此專利需要花費多少

時間和精力,以及它在特定領域中的重要程度。
- 使用專利是否需要使用第三方權利?這個問題的重要性取決於獲得專利要如何使用它。如果是為了保護產品而獲取專利,這就非常重要;如果收購專利是為了對他人執行專利權,那麼專利如何使用,可能就視作次要的價值和價格考量因素。例如欲取得之專利必須向第三方支付堆疊權利金,則潛在被授權人可能願意支付較少費用等。最重要的是,律師會審查賣方過去收到的侵權索賠,以及賣方為了識別和抵減風險的各個程序。如果賣方沒有進行「可實施性」檢索,或不了解第三方專利的知識,則可以進行針對性的檢索(例如,密切之競爭對手的專利),但需要遵守第十六章討論的法律議題和策略。另外應注意的是,如果發生下列情況,產品的侵權風險狀況可能會發生變化,例如,所有權從擁有大量專利組合的企業轉移至手上專利數量不多的新所有人時,競爭對手可能會盡力阻礙此過程。

商標

針對已確定要收購的有價值商標或品牌,可以提出以下的類似問題:

- 存在哪些商標權?對於商標或品牌收購的盡職調查最初都集中在法律層面上,這些制式流程包括按國家和地區來審閱商標註冊狀態、支付延展費用、審閱註冊時的指定申請類別(涵蓋的商品和服務範圍),以及該註冊內容與實際

使用的商標相對應的關係（即，註冊內容是否涵蓋當前使用的商標？）。商標權與專利權不同，只要支付延展費用並確實繼續使用商標，商標權就能無限期延展。整體言之，盡職調查包括確定每個國家繼續使用商標的必要程序和註冊程序，並且審查與商標相關的網域名稱所有權。

- 所有權是否更新到最新狀態？應審查所有權狀態，以確認商標是否歸目前使用商標的實體所有，並檢查商標移轉的歷程記錄是否完整，也建議檢索留置權和抵押權狀態。此外，在英美法系國家例如美國中，法律要求商標移轉時應審查並確認商譽是否與商標一起移轉。

- 商標是否授權予他人？應審查授權以及所有與商標相關的其他交易，以確保所有人對第三方使用商標都有進行必要的品質控管。

- 商標是否涉及訴訟或爭議？常見問題通常出在：獲得之商標範圍，或是將這些商標在相關領域或新領域中授權給他人。由第三方提出或針對第三方提出的侵權訴訟或商標異議程序如有進行過和解，可能會讓人們認知到商標權受到限制，且他人的某些使用並不算是侵害此商標權；反之，或進一步發現這些商標已強大到遭受侵權。

- 商標是否侵害到第三方權利？建議審查目標公司的文件，來發現第三方權利的相關問題，也可以透過特定的商標專賣機關、網路上或專業的商標檢索服務，來完整地檢索商標，藉以探尋第三方可能使用相同字詞的商標問題。當兩家公司在不同地區或不同產品領域中採用相同商標

時，通常會發生衝突，因此，若收購背景是為了國際間的擴張，建議應採用跨國檢索規模。

- 是否還需要其他權利？除了單獨獲得商標權之外，可能也需要其他形式的智慧財產權利，例如包裝、其他品牌和廣告元素中的著作權和商業使用權、網站資料，甚至是產品配方和品質控制規範。建議應審查整個品牌的各個組成要素，以確認欲收購的資產範圍。

著作權

追尋著作權時會有下述的類似問題。追尋著作權和著作權所有人比專利和商標困難得多，由於著作權的壽命長，這意味著可能會因資訊遺失而難以追蹤權利轉讓和其他協議，且科技快速變化和著作權法規發展，會使老舊的協議難以應用於當前的商業模式中。

- 存在哪些著作權？作者是誰？目前誰擁有著作權？著作權何時會歸還給作者？
- 所有權是否為最新狀態？專利和商標有整齊的記錄和正式的所有權記錄，著作權則無，故確認權利必須對舊文件進行審查。
- 誰擁有著作權或對著作權進行授權？隨著光陰流逝，愈難以找到著作權所有人，甚至變成不可能的任務。新技術的應用之於老舊的協議，因為協議中的當時措詞並未明確規範新技術或新技術的使用，故可能引發所有權相關爭議。

還有一種情況是，同一個人可能未擁有所需的所有權利，如果只擁有一部分權利，授權或其他行爲就會存在疑義。而在軟體領域中，如未能執行協議，會導致近期產生的工作成果或著作存在所有權問題；進一步來說，在涉及數百萬行程式碼的大型軟體程式中，某些著作很可能是由獨立顧問或承包商完成，而非員工所爲，如第八章解釋的那般，倘若這中間沒有明確的書面協議，顧問或承包商的工作成果或著作通常不會歸屬於委託公司。然而，我們通常可追蹤到實際撰寫程式碼的人員，提出一些微小報酬，就能取得著作權轉讓。此外，如果任何時候需要對侵權人提起訴訟，並且需要使用該軟體做爲貸款的抵押品（擔保品），則公司對該程序需要具備完全且不受限制的權利。

- 該著作是否爲改編著作？衍生著作？或是對先前著作侵權的作品？如果著作有未經授權之使用或超出授權範圍之使用，則可能會侵害第三方的權利。
- 著作權是否係他人所授權的？
- 著作權是否涉及訴訟？
- 在研發軟體產品時是否有使用開源軟體？收購軟體之著作權時的另一個特殊問題是：是否在軟體研發過程中使用開源軟體的元件，因爲這會導致著作發行時讓原始碼流入公有領域。

14 智慧財產之鑑價
Valuing IP

　　本章節討論：智慧財產之鑑價及會計處理，這在許多方面的發展都落後於智慧財產的實際商業價值。

　　公開發行公司的無形資產之隱含價值，如同那些在標準普爾 500 指數所展示的價值一般，是相當巨大的，但依據美國的會計準則，內部研發的智慧財產一般不被視為資產，更遑論其所耗費的成本。故為了進行投資或其他目的時，著實難以認定公司的智慧財產價值。在大部分的會計準則中，並無資產負債表分錄的集合能夠在任何特定基礎上識別公司無形資產的完整範圍，並進一步進行鑑價，考量到公司淨資產價值與市場價值之間的差距，這個現象很難讓人滿意。

　　對於智慧財產，特別是專利的會計和鑑價問題相當複雜。單就專利來說，需要分析：專利所涵蓋之基礎產品市場的規模、增長和盈利能力；相對於其他要素的貢獻，專利對基礎產品市場中產品的商業成功度能提供多少貢獻；已授權給多少個市場？權利金費率為何？智慧財產的保護期間；智

有關需注意之要點和策略考量的快速摘要，請參閱第 412 頁

慧財產對法律挑戰的敏感性（這可能會影響保護期間）；從執行角度觀察智慧財產的品質。

在財務面上很難理解並重視智慧財產，最大的問題或許是，智慧財產尚無一個具流動性且透明的市場。故關於智慧財產的多數思路都聚焦於試圖解決問題及創造市場，但這個技術領域中的市場機制正在發展中（請參閱第十三章），在大多數情況下，除了純粹的市場比較鑑價模型之外，還必須使用其他鑑價模型。再者，與鑑價密切相關的是專利風險的概念：對專利權人而言，可能面臨專利無效或被判定未侵權的風險；而對被指控之侵權人而言，會有被判定有侵權責任的風險，由於缺乏普遍能被接受的鑑價方法，所以面對智慧財產鑑價的眾多爭議時，要透過昂貴且缺乏效率的訴訟手段來解決。

除了缺乏流動性的市場之外，智慧財產之鑑價還有其他難以運作的因素，其中包括：

- 從某種意義上來說，智慧財產是一種衍生產品，其價值取決於它所涵蓋的內容和商品銷售的數量。
- 很難區分智慧財產的價值以及使其商業化之其他資產的價值。
- 許多智慧財產的壽命有限，尤其是專利，可能會受到致命的法律挑戰。
- 一項專利可能對一家公司來說無價值，但對另一家公司來說很有價值，這取決於該公司是否擁有研發專利發明

所必需的專屬互補技術，因此專利的「價值」概念要視情況而定。
- 使用專利可能會侵害他人的權利，而執行專利可能會花費大量的金錢。
- 很難將一項專利的價值推導至另一項專利的價值，且以平均值計算專利估值並無多大意義。正如學術研究表明，專利群彼此之間的價值落差極大，大部分專利具有極低的價值，而只有少數專利具有巨大的價值。
- 智慧財產是純粹的法律資產（排除他人的權利），因此其價值受到資產品質、智慧財產所有人的法律救濟措施，以及影響這些救濟措施的適用法律等影響。除了資產本身的品質，當允許的救濟措施發生變化，例如取得禁制令的難易度，那麼專利的價值也隨之發生改變。

即便依據美國的會計準則，依照看似精確的標準（例如「公平價值」）來確立專利價值，這也是一項艱鉅的任務。根據美國財務會計準則委員會（Financial Accounting Standards Board，FASB）的「ASC 820（舊稱 SFAS 157）準則」要求：無論擬交易的類型為何，以及當前或潛在所有人對資產的實際或預期的用途，都應考慮該目標智慧財產資產的「主要（或最具優勢）市場」和「最高和最佳使用量」。因此，鑑價分析師面臨在眾多實例中幾乎尚無明確方法的前提下，要識別出目標智慧財產資產的「主要市場」和「最高和最佳使用量」，並且為其「建模」（modeling）。

儘管存在前述這些困難，但在許多情況下，智慧財產的鑑價仍相當重要。例如：企業針對在收購過程中獲取的智慧財產，必須就其財務面進行鑑價報告；若是在跨國收購過程中，相關的各當事方之間進行了智慧財產轉讓，那也需要進行稅務估價；計算訴訟中專利或其他智慧財產侵權所引起的損害賠償金，也是一種常見的鑑價模式。智慧財產的價值雖然經常因市場因素而產生變化，但授權或智慧財產買賣交易的價格也需要進行鑑價分析；為了確定貸款或訴訟融資之抵押物的價值，需要進行鑑價；以及公司希望對其智慧財產鑑價並做為一種管理或合規工具，或需要向投資者提供相關資訊等。

智慧財產之會計處理

現行的會計準則不需要識別智慧財產，也不需要對智慧財產進行鑑價。智慧財產的會計處理方式在美國使用的「一般公認會計原則」和世界各地使用的「國際財務報導準則」（International Financial Reporting Standards，IFRS）之間有所差異，在大多數系統中，會根據智慧財產是內部研發或是外部收購，來對其進行不同的處理，這會導致自相矛盾的結果，即公司收購之智慧財產可獲得的資訊，竟比公司擁有之基礎品牌或技術的資訊還多。

GAAP 和 IFRS 之間的主要差異在於，對內部研發之智慧財產的處理，其中研發（R&D）成本的差異最為顯著。根

據 GAAP，所有內部成本均發生在支出時，這反映出此類支出對未來收益的不確定性。相比之下，根據 IFRS 的「國際會計準則」（International Accounting Standard，IAS）第 38 號，在某些情況下，研發費用能被認可為創建無形資產，當未來經濟利益很可能流向所有人且可歸因於該資產時，便能認可該無形資產，如此一來就能準確地計算資產成本。

取得智慧財產時，需適用特定規則的會計方式。根據 GAAP 的「ASC 805 準則」要求在收購無形資產時，以指定方式分配購買價格，並將價值分配給各個資產類別；然後，「ASC 350 準則」要求每年對這些資產進行可能的價值減損，另注意根據 IAS 第 38 號，針對所收購的資產，必須有類似的會計處理。對於那些就智慧財產轉讓要徵收印花稅的國家，通常會將不同的智慧財產列在資產收購協議表中，並附上鑑價資料，綜上，因此收購智慧財產實例中可獲得的資訊，就比公司自身研發之智慧財產的資訊還多。

鑑價方法

為了稅務或其他目的而必須對智慧財產進行鑑價時，會使用各種鑑價模型，包括：成本法、市場法和收入法。複雜的鑑價不僅應考慮智慧財產相關的財務和市場資訊，也應就品質和法律層面考慮智慧財產本身的實力，這將影響智慧財產產生的收益數字；但智慧財產也有可能無效而讓營收流停止，從而影響收益流的可能持續時間。

成本法

依據成本型理論的實際建立成本，或者重新創立或替代智慧財產的估算成本。成本法並非智慧財產鑑價的理想方法，因為其可能與資產的經濟價值或業務價值幾乎沒有關係；例如，房屋的市場價值可能大於或小於重建房屋的成本。不過，鑑於智慧財產價值的不確定性，成本法至少提供了一個參考點。計算得出的成本基礎會包含過去的歷程記錄，例如研發和相關投資的資本；專利、註冊和其他智慧財產保護的成本；以及其他相關成本。或者，還能估算出：使用市場上具有類似效果的新智慧財產替換掉此智慧財產的成本（例如，考慮商標的過去廣告支出），以及在前述替換期間內損失的利潤金額。

市場法

市場法係試圖根據可比較之交易實例來確認價值。然而，智慧財產的各項元素就其特性和應用方面差異甚大。

市場法是一種類似房地產鑑價的方法，比較相似的屬性，並且考量其差異。對應至智慧財產時，困難點在於找到有公開價格資訊的可比較之交易實例，進而針對交易條款、適用市場和交易中所涉及之智慧財產間的差異，進行調整。

市面上具有相關的資料庫，但其中資料偏向於僅包含公眾領域的相關交易。在某些領域中，專利鑑價的市場正在蓬勃發展，例如：美國專利的經紀人市場，通常是專利主張實體為執行而購買的軟體和技術類專利。

為了執行而出售的專利價值多寡,是根據預期的訴訟回收機率。由於策略因素而收購的專利價值會更高;至於科技類的專利組合,即便每件專利的價格高低不一,但以專利組合的模式出售,會導致每件專利必須以平均價格來計算。在估算專利價值時,時常弄不清楚,是否應採用與假設可比較之交易實例相同的方法來估算;再者,要考量是否計入專利申請案的成本?算作單一國家中的單一項專利?還是一個區域或涵蓋全世界的單一項專利?或單一國家中的專利家族?或一個區域或涵蓋全世界的專利家族?具有基於相同技術公開(更複雜的專利族)的延續專利的專利又如何呢?又或者,以相同揭露之技術為基礎的專利連續案(更複雜的專利家族)?

根據 2013 年的一項有關 FRAND 權利金的裁決,進一步削弱了每件專利以平均價格來計算的可用程度。該裁決是依據以下發現所得出:前 10% 電子專利占了所有電子專利價值的 84%[1]。

儘管存在這些複雜性,但還是有一些有趣的高水準實例。2011 年 8 月,《經濟學人》在一篇名為〈研究數學〉(Doing the maths)的文章中,針對 Google 以 125 億美元收購摩托羅拉行動的案例,探究其所支付的每項專利價格。據報導,其中包括 24,500 項專利,另外再比對伺服器軟體公司「Novell 公司」以 4 億 5,000 萬美元出售其專利組合的交易,結論是每一例的每件專利平均價格為 510,204.08 美元。有趣的是,在 2012 年 9 月,Google 本身遞交給美國證券交易委員會的

文件中，將所收購之專利和研發技術的價值定為 55 億美元，據傳約有 17,000 項專利，故可估算出每項專利約為 323,000 美元。

據報導，2012 年「Rockstar」從破產的北電網路手中收購的專利價格，相當於每項專利平均 75 萬美元（雖然其在 2014 年末手機專利戰尾聲時，轉售了北電網路價值不高的 4,000 項專利，每項專利平均算下來約為 225,000 美元）。

在 2013 年，柯達公司僅以 2 億 2,700 萬美元的價格，將其 1,700 項專利和 655 項涉及其影像和列印產品的專利申請案，出售給一個集團，並將其剩餘專利同時授權給該集團多個成員。根據法院文件，5 億 2,700 萬美元中，有 9,400 萬美元屬於購買專利的金額，這相當於每項專利約 4 萬美元，相較於某些針對該批專利進行鑑價並估算出的金額，實際交易的每項專利金額少多了。

在柯達出售其專利組合的例子中，本身有很多特點，其一是：唯一競標者為一個超級聯合買家[1]，事實上也是唯一的買家；其二是：部分專利在出售前就已廣泛地授權予各公司。但這確實地表現出，智慧財產的價值與其他任何資產一樣，受供需關係和其內在價值所驅動。

收入法

收入法是試圖計算歸因於智慧財產的未來收益流價值。

---

1 買家為高智發明（代表以 Google 公司為首的陣營），以及 RPX 公司（代表以蘋果公司為首的陣營），兩者聯手。

收益型鑑價方式取決於能準確地識別智慧財產和應分配給該智慧財產的收益；當估算總價值而非定期的權利金時，智慧財產之收益流的持續時間以及該收益流終止或減少的風險，對於計算未來收益現值來說相當重要，收益流的風險愈高，則未來年份的價值就愈低。

收入法有多種變化形態，其中包括：「超額盈餘」或「增額收益」法（excess earning/premium profit）。該方法試著將智慧財產的一部分收入歸屬於智慧財產，意即若沒有該智慧財產，就不會有該筆收入，這是一種先將收入歸屬於特定公司或產品中使用的所有其他資產，再將該筆收入分配該智慧財產的方法。而權利金之減免，則是計算出當事方願意為智慧財產支付給第三方的權利金；此外，根據智慧財產和其他資產的相對估算貢獻，將利潤分配給智慧財產和其他資產；並且考慮成本節省，估算出使用智慧財產可以節省的成本。

權利金減免方法與美國專利訴訟中的鑑價方法類似，在美國專利訴訟中，可根據「合理權利金」理論，確認智慧財產的價值，進而計算出損害賠償金額，即具授權意願之被授權人（willing licensee）向具授權意願之授權人（willing licensor）支付的權利金。然而，在訴訟中是假定專利是有效且權利受到侵害，但在商務談判中就不會有這種假設（請參閱第二章）。此外，應該注意的是，依據「可比較」之資產的授權協議中（甚至是同一資產的授權之鑑價）分析選擇的權利金費率時，權利金減免方法可能會讓智慧財產的價值被低估。其原因是，在大多數情況下，智慧財產資產相關之所有權利的

完全所有權比授權中授予的部分權利更有價值;因此,經協商達成的權利金可能僅代表總收益能力和所有權「選擇性」(optionality)價值中的一部分。

收入法存在根本上的困難點:如何將歸屬於智慧財產的收入與其他貢獻者分開來,以確認產品或公司的獲利能力。因為收入法的第一步中,收益是根據實施智慧財產之產品的會計分析來計算。然而,一旦計算出收益,就必須評估出歸因於智慧財產的價值並非其他價值的驅動因素,這點很難做到。因此在多數情況下,會默認使用可比較之權利金費率(如同上述無法找到真實等價物的困難點),或者按經驗法則設定利潤分成(例如25%),將其用作鑑價的起始點。

實證研究表明,已取得專利之智慧財產的權利金通常約為專利被授權人的稅前利潤25%,故前述25%的規則是據此而來;但是,該規則因未考慮實際專利價值而飽受批評(例如手機之類的單一項設備中,可能就包含數千項專利)。在訴訟中,該規則因與案件的具體事實無關,而在美國也受到嚴厲批評。換言之,該規則僅僅是經驗法則,在特殊情況下根本完全不合適。法院現在要求大量實質證據來支持損害賠償計算,包括尋找特定專利的特定貢獻。此外,第十一章中也有討論到專利作為訴訟資產的價值,可回頭參考該段落。

早期技術鑑價

在已知產品獲利能力的情況下,確立智慧財產價值本身

就很困難,更別說許多授權交易還是在產品出現於市場前就發生的。這種例子通常發生在生命科學領域,所以鑑價過程必須考量一系列風險。例如產品的安全性、尚未取得監管機構核准的風險、未來市場的規模,以及計畫中產品的市場滲透率。一般可依據一系列的單一假設對其進行「建模」,可使用例如蒙地卡羅方法(Monte Carlo method)的機率模型,在這種情況下,可分析假設範圍以得出淨現值計算的分布。

品牌鑑價

在智慧財產之鑑價的背景中,品牌需要特別拿出來討論,因為品牌價值通常很高,而且是許多公司的主要資產。在這點上品牌與專利不同,您看到的往往就是您所能獲得的,意即隱藏的法律眉角少很多。從商業角度來看,一個強勢品牌通常在法律上也會是強勢品牌。然而,就像專利一樣,根據標準的財務報告規則,除非這個品牌是從第三方處購入,否則品牌的經濟價值不會反映在公司資產負債表上;也因此,某些最有價值的自有品牌(例如 Apple 或 Google)不會存在於資產負債表上,替其所有人報告資產價值上增加任何內容。另外,公司得自願揭露估值以利於投資者,但很少有人這樣做。

每年,品牌諮詢公司都會公開其對世界各個頂級品牌的鑑價。其著眼於品牌業務線的收益和利潤,利潤中可歸因於品牌的部分,以及在某些情況中其他更主觀或研究所得之因

素。在這幾個頂級品牌中，2014 年「Interbrand」對 Google 的鑑價約為 1070 億美元，「BrandZ」對 Google 的鑑價約為 1,588 億美元；同時，「Interbrand」對蘋果公司的鑑價約為 1,190 億美元，「BrandZ」對蘋果公司的鑑價約為 1,480 億美元。

這些差異達到數百億美元，就很有可能是缺乏通用的鑑價方法的結果，除非會計準則要求這樣做，企業也不願報告自有品牌的價值。

這就是一個無形資產在財務和會計迷霧中如何存在的奇特實情，即便是最重要的此類資產價值，也有待多方解釋。

15 運用智慧財產來籌集資金
Using IP to raise finance

　　本章節討論：藉由智慧財產,並透過融資來籌集資金的作法。對於有價值的智慧財產所有人,第十一章已描述了如何透過銷售或授權,讓智慧財產成為收益來源。這些策略會降低智慧財產對於公司的實用性,因為智慧財產出售後就不不再可用,或者會受到智慧財產授權的限制,例如限制其進一步使用,或降低其作為進入壁壘的戰略價值。因此,有一種替代策略是,保留智慧財產,不是將其授權予他人,而是將其價值作為貸款的擔保品(抵押品),或將其作為融資的基礎。

　　從理論上來說,根據資產負債表的計算方式,賦予了無形資產的巨大價值;但從歷史上來看,智慧財產和其他此類資產從未被單獨視為貸款的抵押品。將智慧財產作為貸款的抵押品,並不是很稀奇但又不是常見的作法,它通常是作為大型融資交易中的一部分貸款擔保品,用來擔保眾多不同類

有關需注意之要點和策略考量的快速摘要,請參閱第 413 頁

型的資產。然而，從歷史上來看，智慧財產很少能在公司整體價值中獲得顯著且單獨的價值，原因如下：

- **鑑價困難**：如前一章所述，整體而言，智慧財產的鑑價方法尚不明確，部分原因是缺乏可比較之交易實例。一直到最近，尚無任何類型的智慧財產（特別是專利）成熟流動市場。但是，隨著買賣專利組合和個別專利的盛行，尤其是可用於鑑價的可比較之交易實例增多之後，這種情況正在發生變化。再者，在涉及專利主張實體的相關訴訟中，可獲得這些相關知識，例如當執行專利並進行以訴訟資產市場為基準的鑑價時，可估算這些專利所帶來的收益模式。

- **其價值的可分離性**：智慧財產究竟是否能與基礎資產分離，目前可能還存在質疑：意即，智慧財產是否能從公司基礎資產中以法拍出售或其他出售形式分離出來，而又不會損失重大價值。換言之，對於智慧財產的價值，除了擁有它的特定公司可作為他人在同領域中的進入障礙以外，是否還能有其他價值？此外，專利的範圍可能非常狹窄，以致該專利僅適用於該公司的產品或服務，並且其他人可使用同類產品和服務的無侵權替代品，這是專利範圍及其涵蓋範疇的根本問題，需要專家來釐清及建立。再者，與軟體相關的著作權也有些類似的問題，例如，當沒有軟體研發人員能使用該軟體，並且修復錯誤和其他重複出現的問題時，該軟體究竟是否還具有價值。

- **會計準則**：至少在美國，智慧財產的會計準則不利於使用智慧財產作為擔保品。在美國，出於會計目的，內部研發的智慧財產無法像房地產或其他有形資產一樣被視為公司資產，一般並無直接適用的資產負債表分錄可表示該智慧財產的價值。
- **相依性**：智慧財產資產可能並非獨立存在的，從某種意義上來說，是指此智慧財產可能還需要第三方智慧財產的授權，才不會造成侵權。這些第三方授權可能會因法拍（請參見下文）而被終止或無法再使用。倘若被授權人還侵害了其他智慧財產，事情就會複雜化，專利主張實體型的買家可能不會受到影響；但智慧財產策略型買家可能就會受到影響，因其通常希望一口氣取得一籃子的專利和授權。
- **缺乏專業知識**：經驗豐富的貸方能理解某些智慧財產（尤其是專利）是一項複雜的資產，可能會面臨無效性挑戰，因而縮短其壽命。然而，一般貸方通常沒有評估這些風險的專業知識。

儘管整體情況中存在這些議題，但特定產業還是有些歷史上的例外，如前所述，在美國，有關技術專利的新興貸款市場似乎正在發展中。隨著智慧財產的價值受到愈來愈廣泛地認可，以及智慧財產市場的進一步成熟，以智慧財產資產作為擔保品的貸款會繼續演化；再者，政府似乎也急於促成以智慧財產資產作為擔保品的貸款模式。

法律程序和技術性

盡職調查

倘若智慧財產是貸款或其他形式之融資抵押品的重要組成部分,貸方將對智慧財產的所有權和智慧財產鑑價進行大量的盡職調查。一般來說,以智慧財產作為抵押品的貸方通常會進行以下調查,借方應有下述預期:

- **智慧財產的所有權**:包括從發明人/作者到當前所有人的完整所有權鏈。
- **負擔**:智慧財產是否存在任何先前的留置權、質押權或抵押權,必須將這些狀態從所有權中處理掉。
- **現有借款**:是否存在既有借款,而且在交易時不會償還;如果是這樣,可能必須與其他貸方協商債權人之間的安排,這個過程可能冗長而複雜。
- **保護期間**:智慧財產的到期日為何,是否已支付了續期年費或其他維持費用。如果未支付該類費用,則智慧財產可能會提前失效,變得毫無價值。
- **範圍**:智慧財產涵蓋了哪些產品。
- **操作自由度**:利用時是否需要第三方智慧財產的授權。倘若已取得前述授權而可自由操作原始智慧財產,授權條款應包括權利金、終止和可轉讓性。
- **既有授權**:目標公司擁有的智慧財產是否已授權給第三方?授權條件為何?其中尤其側重於專屬授權(排除未

來授權和利用），以及包括終止權之類的這些授權條款。
- **智慧財產對被授權人的重要性**：智慧財產對目標之被授權人是否為必不可少。如果不是，則被授權人可以終止行動或挑戰被授權之智慧財產（有可能的話），以避免要支付權利金。
- **收益**：智慧財產是否會產生收益？持續產生收益的期間和補償期間為何？依據授權所允許的被授權人費用補償，包含已支付給第三方的權利金、訴訟或進行和解的費用、維持智慧財產的成本以預扣稅額等，可能會大大降低頂級授權的權利金。
- **給付的可執行性**：是否存在因授權條款所引起的授權可執行性問題，而這是適用的競爭法或專利法規所不允許的（在美國，經典問題是，在純粹專利授權的情況，一旦專利到期就不支付權利金，儘管該規則受到最高法院的質疑）。
- **未經授權的銷售**：智慧財產是否有潛在的第三方被授權人或侵權人。這將是專利主張實體型貸方的主要重點（請參閱第十一章）。
- **過去的訴訟**：智慧財產是否曾經參與過訴訟，其結果為何。
- **有效性**：智慧財產在世界各國中是否曾經存在或正在進行任何第三方挑戰。

承諾條款

在融資違約的情況中（請參見下文），通常會要求提

供擔保品或其他文件,以允許針對智慧財產及其收益進行法拍,貸方通常會制定條款,控管在貸款期間內利用或執行智慧財產的方式,並防止其把智慧財產處置掉,以確保其作為擔保品的價值沒有降低。貸方也可以討價還價,以分享任何此類利用、執行或處置的利益。這些限制可能會限制公司未來提出辯護時的自由度,因此需進行協商以達成雙方都可接受的妥協模式。

然而,貸方要求的條件可能不一定與想像中的智慧財產營利有關。例如,2014 年 8 月,電信公司阿爾卡特朗訊(Alcatel-Lucent)宣布提前償還其專利和智慧財產擔保的 17.5 億美元貸款,並指出[1]:

> 我們還能夠重新控制自己的命運,特別是針對智慧財產,現在我們擁有自由和靈活的方式,以及我們認為對阿爾卡特朗訊未來有利的方式,來運用這些資產。

申請

在大多數國家,智慧財產可作為抵押物,也可作為質押物或留置物,方式與抵押其他財產形式相同。貸方依照當地法規的要求,將其擔保物權記錄在智慧財產中,以通知第三方該權益變動。一般來說,這需要根據當地法規的要求,向財產抵押登記機構,以及對應的專利、商標或著作權專責機關,遞交申請。在美國,普遍採行的實務是同時向州級和聯邦專責機構申請。

在某些國家中,商標可藉由移轉給貸方來保護商標。但是,在英美法系國家中,如果貸方沒有對借方業務進行必要的品質控管,意即移轉程序導致貸方被視為被授權人,則可能會出現問題。因此,建議選擇其他形式的抵押結構。

安全範圍

貸方不僅要在智慧財產身上尋求擔保物權,還要從智慧財產之授權或相關授權的執行、銷售或授權中獲取收益。但某些類型的擔保品可能被排除在貸方擁有擔保物權的資產範圍之外,例如:在美國,由於技術原因,要對申請中的「意圖使用商標」申請案採取安全措施,可能會有些困難。因為借方授予該授權的擔保物權時,可能造成不可轉讓的授權違約,但面對不可轉讓的授權時,美國州法可保護貸方,讓貸方可將該不可轉讓的授權作為抵押品(請參見下文)。

終止的風險

理解在資不抵債(insolvency)或破產宣告(bankruptcy)情況下,智慧財產和智慧財產之授權可能發生的情況,對於理解智慧財產之擔保品的價值至關重要。貸方可能會擔心有價值的授權因破產而終止的風險。關於智慧財產的貸方風險如第15.1 圖所示。

某些貸方可能只對專利擔保感興趣,而不擔心相關授權,其他人可能希望保留一籃子智慧財產、授予目標公司之相關授權的價值,以及獲得資金的目標公司授予的具有收益

之授權。第三方授予目標公司的所需智慧財產之授權，以及目標公司對支付權利金之被授權人的授權，而產生有效且有價值的擔保物權，這之中的關係可能相當複雜，尤其是將這些授權轉讓給第三方時有其限制。

如上一章所述，就智慧財產和破產的議題而言，很大程度上是因破產法規和智慧財產授權之間的相互作用引起的。大多數公司除了自己本身的智慧財產以外，也仰賴第三方智慧財產的授權，如果遭遇破產，會影響其自身智慧財產的鑑價，也會導致這些授權被終止，在獲得新的授權之前，這會嚴重影響公司的持續營運能力。

圖 15.1 ｜**智慧財產的貸方風險**

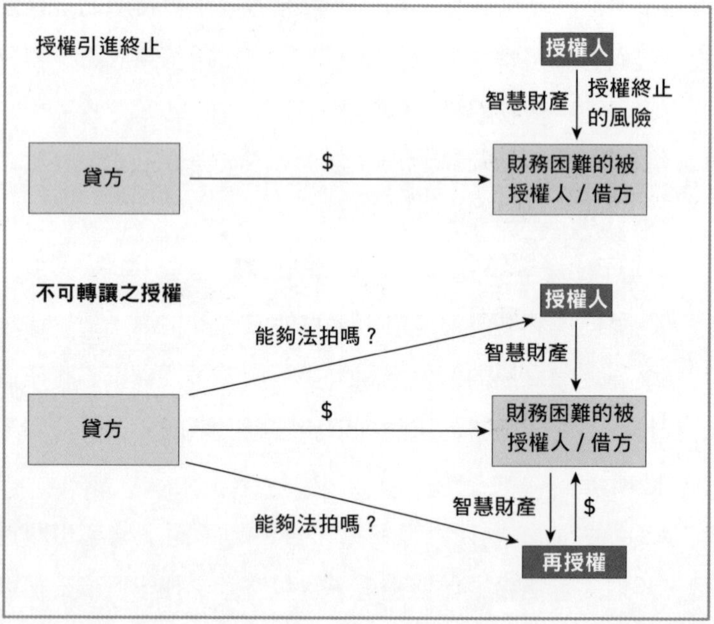

授權引進終止

貸方 → $ → 財務困難的被授權人／借方 ← 智慧財產 ← 授權人（授權終止的風險）

不可轉讓之授權

貸方 → 能夠法拍嗎？ → 授權人
貸方 → $ → 財務困難的被授權人／借方 ← 智慧財產 ← 授權人
貸方 → 能夠法拍嗎？ → 再授權 ← 智慧財產／$ ← 財務困難的被授權人／借方

來源：作者

主張不可轉讓授權的權利

美國法規通常允許授予不可轉讓授權的擔保物權,但不允許擔保方未經另一方同意,而依據該授權進行經營或承擔該授權。

合意

實際上,貸方可能會要求尋求使用智慧財產作為擔保品的公司,從其實質智慧財產授權人處,取得適用法律所必需的所有合意或權利,這對借方的價值而言至關重要,可使貸方能夠保留這些授權並隨智慧財產一起轉讓給借方。

圖 15.2 │ 破產隔離結構

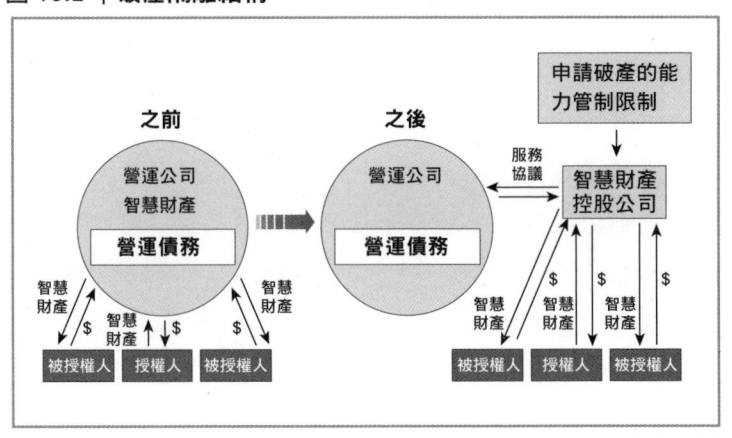

來源:作者

持有智慧財產的破產隔離結構

或者,我們可以創立一個「破產隔離」(bankruptcy remote)結構,將實質性授權、擁有的智慧財產和對外授權,

轉讓給在法律上和營運上不受基礎業務信用風險影響的實體（請參見第 15.2 圖）。貸方可以對實體本身的股份或其他所有權進行擔保，實體本身擁有完整的智慧財產權組合和授權，這種結構並非萬無一失，但可以顯著地改善擔保借款人的權益。

以智慧財產作為擔保品

技術專利

隨著技術專利市場的發展，避險基金和專業貸方已開始將專利視為潛在實用的擔保品。主因是類似專利的價值可根據可比較之交易實例，或者金融服務提供商在執行、購買、出售或授權此類專利方面的經驗，來進行估算。

訴訟融資

專利可以作為訴訟資金領域的融資基礎。專業貸方和避險基金可以提供資金，以支付專利權人在進行中侵權訴訟的律師費。有個公開發行的訴訟融資公司實例是「Burford Capital」，但只有部分（而非全部）的訴訟融資公司對系爭專利具有擔保物權。

製藥產業

在製藥和生物科技產業，第三方被授權人根據智慧財產授權而支付權利金給一間公司，投資者進一步取得此權利金

支付所產生的金流，這種籌資模式已實行二十多年或更長時間了。這些交易結構源自於大學、醫院或公司已獲得授權之涵蓋某藥品的專利，該專利已取得了巨大的成功，並獲得了被授權人的銷售權利金。

權利金金流中來自投資者的融資

在這些情況中，智慧財產所有人通常會獲得可觀的收入，但是有減少甚至停止的風險。諸如私募股權或避險基金之類的金融服務提供商會提供一筆總投資金額，以換取固定期間之未來權利金金流收益的權利。因此，該基金將收取權利金並承受產品失敗的風險，而授權人擁有以淨現值為基礎計算出的固定收益，第 15.3 圖表示前述之簡易結構示例。

在這些結構中，金融服務提供商通常會以智慧財產的擔保物權作為擔保品。根據結構和條款，金融服務提供商可以獲取權利金金流，並視為財產權；該結構還有另一種變化形態：授權的權利金可以不用來償還資金，而是用來支付公開發行的債券。

收益型融資

最近有許多收益型融資的結構，在這些交易中，應由借方根據借方之產品銷售額來作為應付給融資來源的權利金，同樣地，金融服務提供商會以系爭智慧財產的擔保物權作為擔保品。

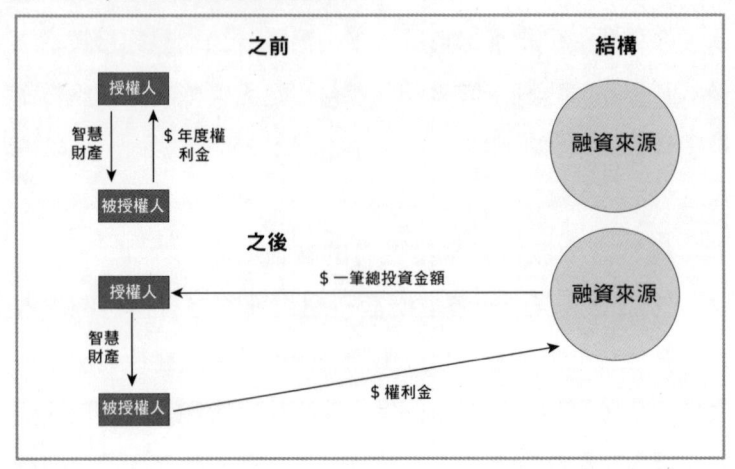

圖 15.3 ｜權利金融資簡易示例

之前

授權人 ← $ 年度權利金 ─ 被授權人
授權人 → 智慧財產 → 被授權人

結構

融資來源

之後

授權人 ← $ 一筆總投資金額 ─ 融資來源
授權人 → 智慧財產 → 被授權人
被授權人 ─ $ 權利金 → 融資來源

來源：作者

擔保品風險抵減

如第二章所討論，藥品可能只受到一項或兩項專利所保護，或者最多只涉及一個小專利組合。考量到任何一項專利無效的風險，以及他人研發非侵權產品的風險，如何在不讓投資者承擔不成比例風險的情況下，進行此類投資？當然，任何談判交易都能試圖將風險分攤給買賣雙方。不過，有些市場因素可以抵減這些風險。

❖ 識別出高品質的專利

考慮美國市場時，很容易識別出保護產品的專利，因為該專利必須登錄在美國食品藥品監督管理局（Food and Drug Administration，FDA）的「具相同藥效之核准藥品目錄」（Approved Drug Products with Therapeutic Equivalence Evaluations）上，這俗稱為橘皮

書（the Orange Book）。登錄專利後，銷售該藥品的公司要取得與專利挑戰相關的特定程序和其他保護，因此，這些專利是已知的並可被詳細審視。早期未知新藥物的專利通常品質很高，可以承受專利有效性攻擊；相比之下，舊藥物新配方的專利較容易受到專利有效性的挑戰，但無論如何，都還是需要依每個案件的事實為準。

盡職調查會包括回顧發明歷程，因為這會是面對任何未來有效性挑戰時需關注的重點，另外也包括對任何可專利性法定要件的調查（例如，任何先前不受允許的公開出版物）。

❖ 可預期之時程表

從歷史上來看，根據美國《藥品價格競爭與專利期補償法案》（*US Hatch Waxman Act*，HWA，又稱《哈奇－韋克斯曼法案》），當潛在的學名藥進入者挑戰創新的新產品時，就可定出潛在進入市場的可預期之時程表；進一步能根據專利挑戰的各種結果來模擬未來的收益流。不過，《2011 年美國發明法》規定的新專利挑戰程序可能會影響此類訴訟的發展方式。

❖ 其他進入障礙

專利並非進入市場的唯一障礙。在許多國家中，某些藥品核准的管理機制中有規定賦予專屬權利，可能會阻止另一種產品進入市場。這些所謂的「資料專有」（data exclusivities），是在藥品核准的管理機制中，為了藥品能上市所花費之鉅額費用的回報。在美國，倘若該藥品為全新藥

(意即,首次核准),可授予自核准之日起五年的市場專屬權。此外,也可能存在其他實際的進入障礙,例如,製造這些藥品的困難度極高。

❖ 分攤風險的交易結構

在這些結構的整個生命週期中,已經產生了可觀的創造力,將收益流劃分為具有不同風險特徵的不同部分,並將這些收益流分配給金融服務提供商和智慧財產所有人;進一步地,藉由陳述、保證和賠償金,以及透過終止關係並償還融資的方式,可進一步在智慧財產所有人和金融服務提供商之間分攤風險。

證券化
❖ 著作權證券化

根據上述結構,將單一或少量的權利金金流銷售給單個金融服務提供商,或者作為債券融資,這所謂的證券化通常涉及多個收益來源,將這些收益來源捆綁在一起,作為支付發行給投資者的債券本金和債券利息。這些結構在智慧財產領域以外很常見,其中捆綁的資產可能是抵押品、汽車貸款或類似的財務義務。

此外,智慧財產權利金型態的證券化,已經在音樂產業中執行多年(1997 年,以大衛鮑伊〔David Bowie〕的音樂目錄首次發行證券化,稱之為「鮑伊債券」〔Bowie Bonds〕,且在電影產業界中,證券係由電影投資組合的資金收益所募資。

❖ 品牌證券化

近年連鎖速食產業開始進行整體公司的證券化,該結構的智慧財產擔保品是速食品牌;而此市場自從 2009 年受到信用緊縮的嚴重打擊之後,在當前低利率環境下已經反彈。

在具有保護債務人之破產法規的國家中,證券化通常是複雜的法律結構,因為它希望保護品牌,並保護其他支撐債券支付的潛在收益之智慧財產,免受基礎業務的信用風險,這通常需要將品牌轉移到破產隔離公司(請參見上文)。

在美國,這種結構必須考量美國商標交易的兩個主要規則:商標與公司適用的商譽必須一起移轉,以及商標所有人必須執行品質控管。

國際化發展

2013 年,英國智慧財產權局(UK intellectual Property Office)發布了一份報告:「以智慧財產進行交易?智慧財產和無形資產在促進企業融資方面的作用」(Banking on IP? The role of intellectual Property and intangible assets in facilitating business finance),該報告旨在鼓勵智慧財產類型的融資。

我們在亞洲也有看到這種趨勢,例如在中國,中國國家知識產權局(Chinese Patent Office)在 2014 年發布的統計數據顯示,專利授權在過去五年中,每年以 70% 的速度增長,到 2014 年中已達到 400 億元人民幣的規模;另外,2013 年 4 月,新加坡政府宣布了其「智慧財產樞紐」(IP Hub)的總體規劃,目的是

使新加坡成為智慧財產申請、授權、管理和解決爭議的樞紐，其政府正在鼓勵以智慧財產申請貸款，宣揚智慧財產將部分承銷作為擔保品的專利價值，以鼓勵銀行將智慧財產視為一種資產類別，並且進一步創建出一個新的「智財估價卓越中心」（Centre of Excellence for IP）。還有馬來西亞，其也宣布鼓勵使用智慧財產作為擔保品和建立鑑價方法的措施。

智慧財產及融資

即使某些技術發展得如此之快，以至於初始專利很快就變得無關緊要，但在某些產業中（例如生物科技產業），如果沒有某些專利地位，就很難為新創企業籌集初始風險投資資金，在這種情況下，專利幾乎就是創新的先決條件。

在快速發展的領域（例如消費者端的網路技術）中，在公司創設早期，專利通常不那麼重要，因為專利專責機關的申請過程對於產品研發週期來說太慢，且由於與使用者交互式開發的過程，可能導致專利發明在申請前甚至是撰寫前，早就已向公眾公開。

然而，在科技的世界中，擁有專利組合會被認為是實力的象徵，原本較不仰賴專利的公司可能會選擇在首次公開募股（IPO）時獲取專利，無論這是因為原本就要提出發明專利申請，還是出於防禦目的；另外還有一個原因是，IPO 有時會引發專利權人的訴訟，專利權人希望藉由此公開爭議對 IPO 造成壓力，而一舉取得迅速且有利的解決方案。

16 制定智慧財產策略
Developing an IP strategy

　　本章節提供：發展智慧財產的總體策略指南。大部分公司都擁有某種形式的智慧財產策略，即便其管理部門並沒有自覺有考慮到此點。例如，工程師或發明人認為其有一個重要發明時，就需要申請專利；有一個商標需要註冊成新品牌；有一個新著作欲公開出版，就需要做適當的著作權聲明；或申請網路上的網域名稱；那些拜訪過公司或與公司合作的人會被要求簽署一份保密協議；又或者，經常有第三方對該公司提起訴訟，而該公司也不時地採取法律行動。許多年以來，智慧財產權可能早已被忽略，或已根深柢固地發展成官僚作風的主要成本中心，而被負面地視作風險和費用的來源，而非實用的資產。

　　智慧財產策略的主要目標應該是使某種流程（包括營運層面）能井然有序，並且能對公司運作進行有效管理：

有關需注意之要點和策略考量的快速摘要，請參閱第 415 頁

- 註冊商標、申請網域名稱並更新授權;
- 為企業建立、或為企業研發智慧財產的所有權,以避免智慧財產的意外損失,並減低其風險;
- 處理其他智慧財產的風險;
- 研發一種具系統性及具成本效益的智慧財產保護及執行方法;
- 決定企業如何利用所擁有的智慧財產和獲得授權的智慧財產。
- 利用方式包括:
- 進攻性或策略性對競爭對手使用,例如做為市場進入障礙或相對於競爭對手的其他優勢;
- 防禦性使用,例如組成專利組合,這樣一來,如果競爭對手對公司提出索賠,就有交易籌碼或以進攻性的策略來反擊。
- 使用智慧財產來產生收益,該收益係與產品銷售無關,非智慧財產授權所得,亦非智慧財產銷售所得。

應就當前及未來的地域性與產品市場在全球範圍內,審視這三項目標中的每一項,並透過成本效益分析進行測試。目標也許會隨時間而改變。

最後,應考慮智慧財產如何支援整體業務策略和計畫,以及智慧財產及其相關功能(如資訊技術和安全性)應如何整合到公司管理中,並與其他管理單位協調。

然而,即便是科技業,也並非所有企業都需要積極且耗

費大量精力在智慧財產上。可能有點令人驚訝的是，許多中型軟體公司主要仍是專注於市場行銷和品牌。就算第三方研發的智慧財產所有權（尤其是程式庫的所有權）、開源軟體政策、授權條款合規性和維持保密性等方面的政策和實務相當重要（尤其是對於潛在貸方和商業夥伴而言），但智慧財產議題還是很罕見；專利可能只是因專利主張實體提出索賠才變成問題，而不是被視為一種有價值的資產。所以，機會可能轉眼間就失去蹤影，但某些風險仍不會消失，重要的是應進行成本效益分析。第 16.1 圖繪示了一組制定智慧財產策略的簡易優先事項。

圖 16.1 ｜ 智慧財產策略之焦點

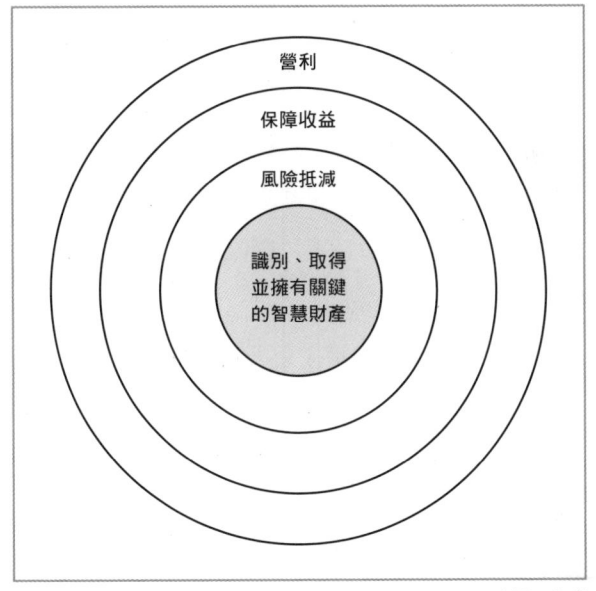

營利

保障收益

風險抵減

識別、取得並擁有關鍵的智慧財產

來源：作者

智慧財產稽核以及建立所有權

範疇

既有企業的智慧財產策略,應從精心規劃及重點的稽核著手。智慧財產稽核的目標,通常是確認公司擁有哪些智慧財產資產、這些資產的產生方式,以及如何在可用預算範圍內識別並保護它們;此類稽核應涉及資產識別處理以及風險識別/抵減。這類似於投資者或買方在審核智慧財產資產時,所進行的盡職調查(請參閱第十三章),其中主要問題是:公司擁有和使用的智慧財產為何?會有什麼風險?此方法實具前瞻性,並專注於創造價值的機會上。

提及問題包含:

- 公司主要依賴的智慧財產為何?
- 公司是否擁有或以其他方式使用該智慧財產的權利?
- 該智慧財產是否已受到保護?
- 保護程序如何運作?是否包含保密性和安全性?
- 該保護程序的成本為何?
- 對於所有權爭議、侵權主張及終止所需第三方智慧財產權利,存在何種程度的智慧財產風險,以及已採取何種步驟以抵減風險?

識別

稽核最初涉及識別公司所擁有的智慧財產類型,首先從

註冊的智慧財產開始,例如專利、商標、著作權(僅適用某些國家)、設計權和網路的網域名稱,這些全都可以依國家、地區和所有權來列出,並且檢查和確認。然後,稽核可識別公司中使用的非註冊智慧財產形式,例如非註冊之商標、產品設計和包裝、著作權(包括軟體和網站內容)、資料庫、規格文件,專門技術和營業秘密等。

適用性

應審查註冊的智慧財產,以確認其對公司產品和服務的適用性,已申請的專利可能無法保護到最新的產品,甚至與最新的產品完全無關;至於商標,申請經驗可能相當少,且註冊的商標可能不符合現行使用的商標標示。從地域層次上來說,無論是從銷售還是製造的角度來看,現在都沒有在重要的市場上備案。就地域層面來說,無論是從銷售還是製造的角度來看,可能都沒有在現行的重要市場中提出註冊申請。

所有權

審查智慧財產所有權時,通常會發現其未遵循最佳實務。對於每種類型的智慧財產,都應確定誰擁有它,以及它是否受到保護,例如智慧財產是公司或第三方(例如員工、客戶、顧問或承包商、供應商或授權人)所擁有的嗎?這需要審查公司所制定的智慧財產相關協議。另外,機密資訊是否受到適當的員工或他人協議所保護,以及適當的實體設備和連網安全性所保護,以防止網路攻擊和其他形式的盜用?

接著需要問：智慧財產是否為研發的員工和承包商轉讓給公司的？客戶是否擁有公司使用的智慧財產（客戶為產品修改付費的情況並不罕見）？員工是否有競業禁止條款？或智慧財產能夠「走出去」（walk out of the door）嗎？

從最根本上來說，只要回答得出這些問題，應該就能制定出計畫，以確保由公司研發或為公司研發的智慧財產所有權，以及必要的機密性和安全性。這些步驟應可提供一經使用就自動擁有的著作權保護，並根據所執行的程序和協議來提供營業秘密保護。

獲得

取得和註冊智慧財產的過程通常不經計畫，因此稽核應審查其內容，包括：

- 與員工、顧問和第三方簽訂之協議中的智慧財產所有權條款；
- 如何選擇品牌、如何透過檢索方式確認品牌狀態，以及如何在其市場中保護品牌；
- 如何識別可授予專利的發明，尤其是指，這是否為由下而上的過程：由工程師建議可取得此專利、是否有一個可管理的流程來審查此可取得專利之發明的工作、決定在何處提出專利申請案，以及要鎖定哪個市場進行申請。
- 設計如何受到保護，以及在哪些市場中受到保護；
- 最初的研發機密是否受到保護；

- 技術、設計、市場行銷和法律等不同業務單位是否能以協調的方式工作，以盡可能地提高可用之智慧財產的保護。

基本問題是：具有價值的智慧財產是否因保護不當而喪失。如果答案是肯定的，則下一步應試圖估算改良系統並取得該智慧財產的成本效益。應再次檢視該流程，以確定取得的智慧財產能否保護公司當前和未來的產品、是否能精益求精，以及是否有機會取得策略目的之智慧財產（請參見下文）。

在稽核過程中，還應確認是否具有尚未受到保護之有價值的發明、商標和設計，能在文件的遞交截止期限前，透過註冊加以保護。

風險抵減

第三方侵權或未能保護智慧財產資產的代價可能很高，藉由避開訴訟的抵減風險作法保證物超所值。稽核應審查已建立的系統以防範智慧財產風險。

上面提及的稽核階段，也許會揭露需要解決和減輕的風險。例如公司認定自己擁有，但所有權並未經書面紀錄的智慧財產；由第三方擁有，但由公司以不成文、短期或可終止的安排所使用之智慧財產；或無法藉由保密和有限使用義務所保護的智慧財產協議。

風險抵減可在幾個層次上解決，例如：

- 申請並取得註冊的智慧財產權，從而進行記錄並證明所有權，並可防止他人主張該智慧財產；
- 建立智慧財產所有權相關的員工政策和協議，以降低員工帶入第三方之智慧財產或帶離公司之智慧財產的風險；
- 制定顧問政策，基本上與員工政策相同；
- 與第三方簽訂的合約，應明確定義智慧財產的允許使用方式和智慧財產所有權，以確保機密性，評估業務合作夥伴破產時，對關鍵授權智慧財產可用性的影響。如有必要，應確認是否有可替代的智慧財產。此外要監控授權之智慧財產均在授權範圍內使用，並確認所需之授權為長期或需更新；更重要的是，倘若授權之智慧財產是造成侵權的主因，應向第三方尋求賠償；
- 對於供應鏈和經銷鏈，應避免引發灰色市場或仿冒的問題；
- 關於實體、連網、雲端、網路安全性和隱私權，應確保遵循最佳實務；
- 網路責任保險可防止資料洩露和損失，以及其他網路和連網的損失；
- 正確地處理員工和客戶的個人資料，以確保法律合規性，並遵守適用之資料保護法及公司隱私權政策；
- 從法律角度對品牌進行全面檢視，並執行適當的註冊程序；
- 在文字、藝術品和照片等著作權領域中，取得委託著作的必要權利和已出版之著作的授權，並遵守其合規性；
- 檢索（但請參閱下述專利檢索的影響）並監控競爭對手和專利主張實體的智慧財產策略，包括產業內何人提起

訴訟和被提起訴訟，以及考慮使用異議、核准後複審和其他專利挑戰程序來處理有問題的專利（請參見下文）；
- 考慮獨立收購或與聯盟合作收購有問題的專利，並與專利聚合商共同合作；
- 供應商提供的智慧財產權保險和賠償；
- 在軟體和電子商務領域中，建議購買可能附帶智慧財產權賠償的第三方組成部分，而不是在未進行「可實施性」檢索的情況下，採取「自行解決」（do-it-yourself）方案；
- 開源軟體的合規性政策（請參閱第四章）；
- 如果在商業上可行，可限制客戶對第三方侵權索賠的責任。

專利檢索

藉由專利檢索減輕專利相關的各種風險，包括：產品可能不具專利性或取得之專利保護範圍較狹窄或品質不佳等投資風險；以及藉由鎖定目標之專利「可實施性」檢索，而發現對第三方專利侵權的風險。然而，應格外小心，有關第三方美國專利的書面和電子郵件通訊文件。

應針對美國專利檢索的風險和利益，尋求法律建議，包括：簡化對特定技術專利的解釋；相較於獲取其他可能有用的知識，獲取第三方專利知識帶來的風險影響，並確立專利處理策略；用於研發出相關專利的檢索策略；以及能降低歸責於公司之專利知識風險的機制。

基本上，當有問題的美國專利被揭露時，忽略這些議題通常會帶來風險。

❖ 對美國專利的粗淺評論

允許員工針對競爭對手專利進行調查以及專利「可實施性」檢索，在美國會引發問題。無論據此發現的第三方專利優勢為何，在美國專利訴訟中，「不經意的言論可能會引發大事」（Careless Words Cost Lives），因為在美國訴訟中，必須複製並出示給原告的文件範圍相當廣，一封草率的電子郵件可能會變成「關鍵證據」（smoking gun），而對訴訟的陪審團產生不成比例的影響。

與美國律師就美國專利進行溝通時應遵守保密權，而且不需要在訴訟中揭示（儘管常有例外）。然而，這還是要依事實而定，因為與美國境外的專利代理人的溝通信件或其他文件，不需遵守保密權。

❖ 了解美國專利：故意侵權及間接侵權

由於美國專利制度的運作方式，在某些產業中，以專利「可實施性」檢索來評估第三方專利侵權的風險這件事，本身就被認為具有風險，有些律師多以鴕鳥心態來忽略第三方專利風險，待日後確實面臨該風險時，再做進一步反應。此問題考量的原因包括：

- **間接侵權**：在不具備該專利知識的情況下，可能會對該專利造成直接侵權，但在美國，誘使他人侵害專利或助長侵權亦有責任。此類責任一般取決於，對專利的認知以及引起侵權的意圖。所以，當潛在被告透過自身行動

獲取與專利相關的必要知識和意圖時，會增加其所面臨的已發生之損害風險。

- **故意侵權**：在美國，專利侵權有一個特點，當審判中法院認定侵權人為故意侵權時，法院可能會判決侵權人應支付最高三倍的賠償金（以及律師費）。倘若案件進入審判，這會讓訴訟態勢雪上加霜，這是因為在進入審判之前，可信的蓄意指控可能會堆高案件的解決成本。根據近年的判例法，要確立故意侵權，專利權人必須證明：雖然客觀上很有可能侵權人的行為已對有效專利構成侵權，被告也已經知道或應該知道這種風險，侵權人仍採取了侵權行為。這比更早期的美國法規更能保護到被告，但如果在專利檢索後，發現某個產品可能侵害第三方專利，而該公司沒有採取任何行動，則該公司仍可能處於風險之中。

- **欠缺明確性**：在軟體等領域中，一般正常理性的人，在法官做出決定之前（甚至是之後），對美國專利範圍的解讀可能都有所不同。因為存在這樣的疑慮，致使檢索結果可能只是在本質上對不可知的結果造成更多不確定性，其缺點在於獲得了可能造成麻煩的專利知識。

- **欠缺實用的解決方案**：過去，人們認為發現有問題的專利時，總是沒有解決該問題的好方法。例如，尚無有效的方法判定一個品質不佳的專利無效，而且法院對於避免故意侵權的主張提出了很高的標準。

要讓專利被判為無效，特別是在沒有複製證據的情況下，其實現行法規更為有利。此外還有一些比過去法規更有效的方法，可根據《2011年美國發明法》進行多方複審，這被認為是挑戰專利無效性的有效方法（請參閱第二章）。此外，也能透過專利收購市場，讓律師事務所和其他可能的中介機構可進行檢索，並且只提供未識別特定專利的有限結果，再進一步進行匿名專利收購。

然而，近期的案例表明，即便依據修法後的新法規，當一家公司發現有問題的美國專利，卻對此無能為力，而沒有採取可行的辯護時，則情況會變得更糟。反之，發現有問題的專利時，仍應採取一些措施加以處理，例如：藉由法律手段（例如徵求意見）確認非侵權或無效性；重新設計產品，使得其不侵權（迴避設計）；尋求授權；單獨購買或與他人一起收購該專利，但需要詳加考慮，因為此行為可能會引發索賠或使專利權人意識到該專利具有一定價值；或者試圖在專利專責機關程序中，以其他方式挑戰第三方專利。

❖ 合法複製競爭對手的產品

專利制度是建立在一種「與公眾交易」的背景下，專利授予專利權人享有專屬權利，而專利權人必須向公眾揭露其發明，以作為回報。從理論上來說，學習第三方的專利，並對競爭對手的產品進行逆向工程並沒有錯，因為著作權之保護及於表達而不及於觀念，除非觀念屬於機密或受專利保護的標的，否則觀念應該是無償的。

然而，做任何事都需要謹慎而行。許多產品的銷售合約，都禁止進行逆向工程。法院對這種技倆也抱持模稜兩可的作法。專利可合法地採取「迴避設計」，但複製則為非法，兩者之間的界線可能不那麼明確。當具有專利之機器或設備遭受複製時，法院也可能因欠缺認知而質疑系爭專利的主張。

保險

適用於資料損失或其他網路或連網風險之網路責任保險，現已一應俱全，但尚未涵蓋智慧財產索賠的保險範圍。總之，無論何時提出或進行索賠，都應檢查保險內容，確認其是否涵蓋在範圍內，且在此同時，應審查供應商合約的賠償。

造成智慧財產難以估價或難以作為擔保品的各種原因例如：欠缺具有共識的評估和量化風險方法；以及智慧財產相關保險（尤其是專利）尚不普及。在分析各式風險時，需應用於各種形式的智慧財產中，與智慧財產相關的主要損失型態有以下三種：第三方侵權或不當取用組織所擁有的智慧財產；組織侵害第三方智慧財產；以及因組織擁有之智慧財產無效或其他缺陷而導致收益損失。這其中每一種都能單獨地投保保險。其他相關形式的保險包括：資料洩露與某些其他連網和網路損失的網路責任，以及組織之公開出版物的媒體責任。不過，這些類型的保險通常排除專利侵權責任。

世界各國的智慧財產權保險內容差異極大，大多數傳統商業保單僅能狹義地處理智慧財產權議題。但通常涵蓋廣告侵權，不過仍根據保單條款而定（這通常只適用於廣告行

為，並且可能明確排除專利侵權責任），故應在當地對保險範圍進行調查。

建議就可行的保險形式尋求專家建議。具專利侵權風險之保護範圍的保險，正逐漸以合理價格普及中。除了保險之外，倘若該產業中存在防禦性專利聚合商，也可以加入防禦性專利聚合商，藉以取得某些保護，以對抗專利主張實體在美國主張的索賠請求。（當企業要收購有問題的專利，而這些專利可能會被專利主張實體買走時的情況，請參閱第十三章）。

保護公司產品

建議應審視公司的智慧財產執行及主張侵權的歷史，以確認與競爭對手相比其智慧財產策略的成效和潛在弱點。就防禦面而言，他人向公司請求索賠的歷史也許可指出減輕第三方主張的風險失敗處，不過專利主張實體的索賠不考慮在內（因為很難避免）；就攻擊面而言，應審視曾經進行過的執法行動及其相關費用，以及是否有任何此類執法行動能有效地防止複製或實現其他策略目標，尤其是在某些情況下，例如公司產品或服務被複製時，卻無有效的智慧財產補救措施？

具有成效的基本標準是關乎於：現行智慧財產實務和流程是否能保護公司的核心技術和品牌。首先，技術和品牌是否能受到保護，而免於競爭對手侵害？其次，還有更大的挑

戰是：技術和品牌是否能受到保護，而免於仿冒者或抄襲者侵害？

對於與競爭對手的關係，公司策略的立場和靈活性建議採取：有實力的專利採進攻型態，而具有劣勢的專利採防守型態。對於進攻型態，進一步來說，即便公司已擁有保護其產品的專利，但仍可以在不相關的領域對其競爭對手提出侵權索賠或其他索賠訴訟，以達到保護其產品的目的（請參閱第十一章）。

大型科技公司可能會聘請第三方製作「專利地圖」，也就是針對公司與其競爭對手，就各方參與競爭的所有領域，繪示出公司專利組合與競爭對手專利組合的相對優勢和劣勢，這可以用來決定，應研發或取得哪一個特定領域的專利。但從根本上來說，倘若一家公司的專利數量大幅少於其主要競爭對手，那麼該公司無論怎麼做，都會是處於相對弱勢的地位。

盜版行為

處理盜版問題時，第一步是確認是否能修改商業模式以降低盜版動機，或限制其供應來源。不過，比起與競爭對手打交道，要防範仿冒者這種非法第三方複製行為，著實難多了。部分原因是抄襲者具有僅限某地域的特性和欠缺信用的特性，使得法律救濟措施難以派上用場。

如第七章所述，有人認為著作權領域的盜版問題，可能部分是由於智慧財產所有人未能以合理價格滿足市場需求的後果，但公司可能不會藉由專屬供應合約和供應商稽核，

來控管其自有供應鏈,以避免灰色市場的產生;反之的作法是將供應商和客戶引入智慧財產保護流程,並作為辨別是否為盜版的資訊來源。綜上,建議公司應審查其既有行為和策略,並且進行必要的修正改良。

成本效益

如上所述,執行智慧財產最有效的方法應該是邊境保護措施,執法機構會主動追蹤仿冒者。對於受害的當事方而言,與民事訴訟相比,刑事訴訟意味著成本較低且成效更高;例如執法機構定期進行國際間的協調,查獲用來販運假冒產品的網域名稱,政府和執法機構也會主動尋找更有效的方法來識別和禁止仿冒產品。此外,對於侵權議題,建議依照業務和品牌影響力進行排名,並將最接近核心業務的侵權行為,列為首先處理的問題。

如果公司的問題是跨國問題,則應取得跨國性(包括製造國)執行權利所必備的基本智慧財產保護。某些司法管轄區域可能對原告更為有利,例如,法國可能較有利於時尚產業的原告,部分原因是「法國精品業協會」(Comité Colbert)這個由法國奢侈品牌組成的協會。另外,英國擁有例如資產凍結令、單方面搜查和扣押令等程序機制;而德國可發出初步禁制令。

為了節省成本,可聘請受過適當培訓的人員或第三方服務(而非律師)來審查網站,並進一步發布刪除通知,藉以刪除侵權內容;某些公司甚至是使用自動化程序來執行前述

行為。在遭遇該產業或貿易協會特有的問題時，就政治層面上來說，政府可居中調配資源，協調並說服這些侵權人所使用的特定網際網路服務提供商。

最後，公司可採取一些技術措施來減少盜版。首要措施是避免複製，例如加密、密碼保護和啟動軟體所需的授權金鑰等。與採取法律行動相比，這類措施可能更快，並且更具成本效益。

策略性智慧財產管理

智慧財產保護形式

智慧財產策略應確認一間公司應取得何種可用的智慧財產保護形式（請參閱第 16.2 圖），大多數情況是先在專利及營業秘密兩者之間做選擇（請參閱第六章）。而在理想狀態下，應整體檢視智慧財產保護，意即應分別評估各種可能的智慧財產保護形式，例如技術或商標，還有產品設計、包裝、整體形象、以及商業和產品線的品牌等。

品牌與品牌建構的重要性

前述大部分討論都是涉及專利，然而，對於許多科技類公司而言，品牌也至關重要，其價值甚至比擬公司擁有的技術。所以，開發出獨特的品牌元素，並且保護這些元素，應成為眾多企業的優先進行的事項。

圖 16.2 ｜應試圖保護的內容

潛在智慧財產	發明想法	資料	音樂、文學、藝術	軟體	製程	工業材料	設備	品牌	細胞培養	植物
專利	✔			✔	✔	✔	✔		✔	✔
營業秘密	✔	✔		✔	✔	✔	P		✔	P
著作權		選擇/創作	✔	✔			P	✔		
設計權				GUI			✔	✔		
資料庫權		✔								
商標							P	✔		
商業表徵/不正競爭							P	✔		
網域名稱								✔		
植物品種										✔
植物專利										✔

備註：P = 可能
GUI = 圖形使用者介面
來源：作者

智慧財產組合管理

　　智慧財產權可以被取得、研發、購買或取得授權，來獲得更廣泛的競爭優勢，而不僅僅是作為使企業當前產品受益的進入壁壘。如第十章和第十一章所討論的，公司可能會基於下述理由而收購專利，包括：競爭對手提出索賠時強化防

禦、作為攻擊性目的,或作為商業上授權的基礎;公司還可能會購買後期進入市場的專利,以防止這些專利落入第三方的手中。從根本上來說,一間公司收購智慧財產或取得智慧財產授權,是為了支持其正在進行的創新。

不值得的智慧財產

某些已取得的智慧財產,可能不值得繼續維持。建議可出售不再需要的已註冊智慧財產,公司也能不支付維持費用,藉以放棄不再相關的智慧財產,進而節省經費。專利適合這種作法,但商標就不適合,因為不繼續保護商標的話,最後通常會落入第三方使用。然而,許多消費品集團在認真地審視其商標組合後,受益頗豐,因為他們發現,過去實在浪費了太多經費在維持單單只是具歷史價值的品牌全球性註冊;大幅度地重整,並剔除其商標組合的聯合利華(Unilever),就是一個例證。

第16.3圖,是將專利組合譬喻為足球隊的說明。

圖 16.3 ｜專利組合分析

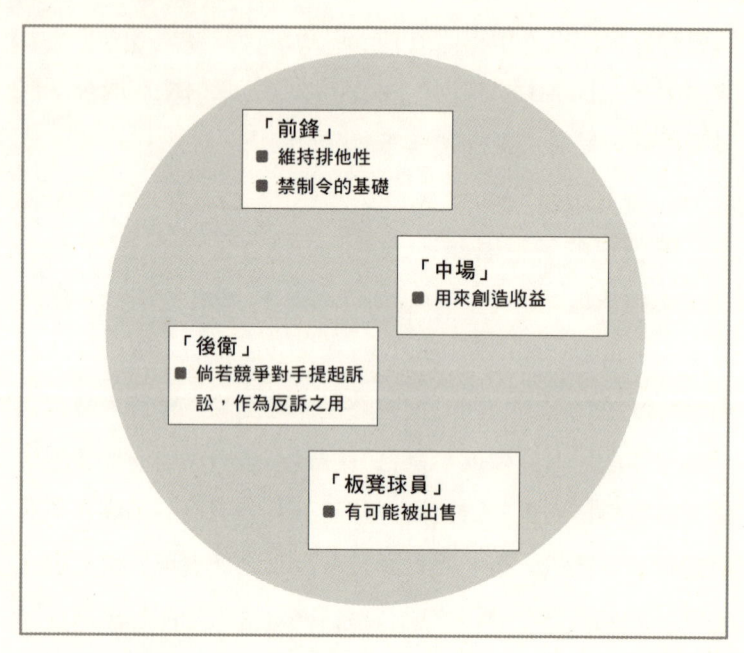

「前鋒」
- 維持排他性
- 禁制令的基礎

「中場」
- 用來創造收益

「後衛」
- 倘若競爭對手提起訴訟，作為反訴之用

「板凳球員」
- 有可能被出售

來源：作者

以智慧財產作為商業策略的驅動力

　　智慧財產策略可用來為公司產品鋪平前進的道路。這可能是一項帶有法律義務的複雜決定，公司可以尋求將其擁有的智慧財產體變成產業標準，並且藉由收取權利金、向競爭對手出售部分組成或降低成本來取得優勢。此外，可以開發品牌和相關設計元素組合，以期未來能獲得擴展和授權的機會；並且，可以先申請商標，等過一段時間之後再讓產品進入市場。也可以先行擬定專利取得策略，進一步與其他產業

參與者進行專利交叉授權。上述這些都是踏入一個全新產業的有利作法。

中國

任何智慧財產策略一定要將中國納入其中。因為中國既是潛在的製造國，又是一個巨大的消費市場，同時它也是潛在的商業合作夥伴和企業買方的來源。此外，有大量的中國企業投入於智慧財產權的申請市場，政府也積極地參與智慧財產政策，自以為與中國沒有交集的企業，可能會無意中發覺，自己正在進行的商業談判中幕後都有中國的影子。所以，倘若該企業未在中國申請應申請或註冊的權利，在日後談判中，可能會處於不利的地位。

公司治理

系統的安全性，尤其是客戶的個人、健康和財務資料的安全性和隱私性至關重要，世界各國都有立法要求公司董事會必須注重此問題，也使得美國證券交易委員會開始注重網路安全。此外，在美國，有種情況愈來愈普遍，當公司遭遇智慧財產訴訟而造成重大損失時，還可能遭到股東因此提起訴訟，致使這些智慧財產和無形資產的重要度日益提高，意味著智慧財產和資訊科技管理應整合或成為主流公司治理和風險管理程序之一部分，並明確界定董事會的角色和職責。

智慧財產策略確認清單

管理者嘗試制定智慧財產權策略時，可能遇到一些下述問題：

- 何為智慧財產預算？由誰負責智慧財產事務？
- 負責各種類型的智慧財產（專利、營業秘密、商標、著作權和設計）的人員是否應組成一個團隊來進行工作？
- 負責整個智慧財產的單位如何與管理部門（業務開發、市場行銷、技術、法律和財務單位）進行協調？
- 公司所依賴的實質智慧財產為何？專利、商標、著作權（包括軟體、規格文件、公開出版物和網站資料）、設計、營業秘密、資料庫、專門技術或其他？
- 公司是該智慧財產所有人，還是擁有以書面形式長期授予的智慧財產權使用權利？
- 公司對第三方智慧財產的依賴程度為何？這些權利是否不受交易對手風險（終止和破產等）等影響？
- 公司擁有的專利和已註冊之權利是否涵蓋其當前產品和計畫中的未來產品？
- 公司如何確保擁有其所研發或支付所得的智慧財產（來自員工、承包商和客戶）？
- 公司如何決定是否要取得特定的專利或註冊的權利？識別和保護智慧財產的過程為何？公司欲在哪些國家或地區取

得智慧財產之保護？以及網路對此類保護有何影響？
- 公司及其產品或服務可使用哪些形式的智慧財產保護？而目前已使用了哪些形式的智慧財產保護？
- 公司是否有簽署任何協議，來保護其機密資訊和資料？其智慧財產是否能「走出去」？
- 公司的實體和連網安全措施為何？是否有處理和報告資料洩露的計畫？
- 公司如何減輕智慧財產風險，包括：智慧財產喪失、所有權糾紛、第三方索賠、失去授權和安全檢查程序等？
- 如果公司正在研發軟體，那麼是否具備開源軟體運用策略？
- 是否有第三方在國內外複製公司的產品？政府執法對競爭對手和盜版者有效嗎？
- 現行策略是否對未來的競爭有成效？
- 與競爭對手相比，公司的策略和智慧財產發展的程度如何？
- 公司是否正在改變，因此需要新的智慧財產策略？
- 公司是否有運用最經濟且有效的方式來保護其智慧財產？
- 倘若公司面臨嚴重的盜版問題，應如何考量執法和預算的優先順序？針對盜版是否有技術解決方案？公司是否因為市場行銷、定價策略或供應鏈問題而加劇了盜版問題？
- 公司的智慧財產可用來產生新的收益（營利）嗎？公司是否擁有可銷售或可授權的專利？
- 公司是否擁有可放棄的智慧財產，藉以節省經費？
- 是否有向第三方收購智慧財產的理由？

- 關於他人對公司提出索賠的歷史記錄？
- 如果競爭對手對公司提起訴訟，公司是否擁有可作為反訴的智慧財產？
- 專利主張實體在本產業中活躍嗎？公司將採取什麼策略來抵抗他們？
- 公司是否有給予他人任何智慧財產之賠償？
- 公司是否從供應商處取得任何智慧財產的相關賠償？
- 公司是否擁有任何適用的智慧財產和網路責任保險？

執行摘要
Executive summary

1／智慧財產導論
注意要點
- 智慧財產資產是許多公司的價值所在，也是競爭優勢的基礎。
- 無形資產占了上市公司市值中的很大一部分，大部分公開發行公司的股東都會投資智慧財產。
- 數十億美元的交易表明，企業願意為智慧財產支付高昂的金額。
- 近年來，高額賠償金的裁決不斷出現，有些公司一直在投資智慧財產（特別是專利），其目的僅為了對「侵權」產品的賣方進行授權和提起訴訟，進一步產生收益，這凸顯出：一項業務的資產可能會為另一項業務帶來風險。
- 智慧財產經常面臨法律挑戰，法規的變化也會影響智慧財產價值。
- 新技術會因為盜版產品的銷售和複製，或不受原法規所規範的合法新銷售方法，而使智慧財產貶值。
- 從會計角度看，智慧財產難以估價，其受制於會計規則，

但該會計規則無法將智慧財產與有形資產一視同仁。
- 在國際上，管理智慧財產的原則大致類似，但智慧財產本質上仍為國內法性質，並由於歷史、政治和經濟因素，致使智慧財產的應用和實施方式可能會依不同國家而異。
- 智慧財產有五種主要類型：
  - 專利：最複雜、最脆弱且最昂貴的智慧財產形式，專利授予專利權人法定權利來保護發明，以排除他人未經所有人同意即使用發明。此外，某些國家擁有「實用新型」這種次要的專利形式，特別是在中國，「實用新型」重要性很高。
  - 著作權：保護創意性之表達不被複製。
  - 設計權：保護實用性物品的外觀。
  - 商標：法規保護公司或產品受大眾認可的方式，並保護企業免受與之建立虛假關聯的第三方所侵害；商標通常與消費者認可且更為人所知的品牌相關聯；網域名稱與商標相關。
  - 營業秘密：法規保護機密資訊。
- 還有其他具有價值的無形資產形式，但並非嚴格意義上的智慧財產，例如消費者資料。

策略考量

- 單個產品可具有多種形式的智慧財產保護，協調使用所有可用形式的智慧財產，可創造出更強大的地位。
- 品牌通常是企業最有價值的智慧財產，可以一起使用不同形式的智慧財產，以保護品牌的所有元素，。

- 鑑於智慧財產的齊一性,必須制定國際上的策略,而中國應成為該策略中的一部分。
- 智慧財產的商業策略需要考慮智慧財產在法律上的優勢和劣勢,及其實際限制;例如,法律救濟措施不太可能堵住鼓勵國際盜版之商業模式的漏洞。

2／專利

注意要點

- 專利是最複雜、最脆弱且最昂貴的智慧財產形式,專利授予所有人法定權利來保護發明,以排除他人未經所有人同意即使用發明。
- 專利鼓勵人們進行創新,專利使得發明得以商業化,並向公眾揭露其發明,以作為回報。
- 專利並沒有賦予所有人做任何事情的權利,而是可採取法律行動以阻止他人將發明商業化的權利,專利據此為競爭對手設置了障礙。
- 發明必須具有新穎性以及非顯而易見性(在歐盟稱為「發明步驟」),才能獲得專利,在大多數國家,申請專利之前不能公開揭露其發明內容。
- 有些專利具有很高的價值,但大多數不是,大約有 50% 專利被專利權人放棄而失效。
- 平均而言,美國專利只有不高的機率,能夠通過有效性的質疑,並經過充分的訴訟後而倖存,所以,美國的專利權人平均只有 26% 的機會,經過充分的訴訟後取得勝訴。

- 在美國，陪審團經常會裁定專利侵權損害賠償金，而且金額可能很高。
- 考慮到所有國家的雙方風險和費用，大多數專利訴訟都是在審判前就透過協議來和解。
- 手機之類的單個產品中可能就包含了數千項專利，但10億美元的藥品中可能僅涵蓋一兩個專利。
- 最有價值的專利是涵蓋最暢銷產品的專利，並且，由於這些發明的進步性和所有人在申請程序中的完整程度，而不太可能面臨法律挑戰。
- 某些類型的發明不可被專利，例如：基因、「自然法則」、幹細胞、軟體和商業方法，且各國之間的標準存在很大的爭論。
- 專利有保護期間的限制（通常是自申請日起二十年），並且需要在各個指定期間內支付「維持」費用，專利才能持續有效至前述的最長期限。
- 在一個國家或地區提出專利申請案，專利核准後，該專利的效力就只存在於該國家。
- 向一個國家的專利專責機關首次提出專利申請案後，有一個嚴格的優先權期限，可在該期限內提出國際申請案，但也可依據國際條約的申請期限來提出國際申請案。
- 產業技術標準的參與者所擁有的專利，受到特殊規則所約束，例如，其有義務以公平，合理和無歧視（FRAND）之條款將專利授權給競爭對手。
- 專利權受到侵害時，一般救濟措施為禁制令（禁止進一

步侵權的法院命令）和損害賠償，發出禁制令和評估損害賠償的原則因國家而異，且不斷地在變化。
- 專利訴訟既昂貴又複雜，因為會針對專利的每個面向進行爭論，包括發明內容、是否存在侵權，以及專利是否有效。
- 在已開發國家中，強化專利權的立法和司法趨勢已經開始逆轉。

策略考量
- 並非每個發明都值得申請專利，專利申請過程既昂貴又費時，即使日後專利核准，執行起來也很花錢，而且有很大的機率受到挑戰；反之，如果仰賴其他形式來保護權利，例如設計權或營業秘密，可能更具成本效益。
- 藉由檢索時間較早的專利和公開出版物，可協助確定是否能獲得強大的專利（但是，對第三方專利的了解會產生法律意義，尤其是在美國）。
- 專利的「範圍」是決定其價值的重要因素，這會確定專利權人可能排除銷售的產品範圍。專利很少會涵蓋一個類別中的所有產品，其通常僅涵蓋具有特定功能的產品，專利訴訟就是針對那些侵犯專利權人權利的產品。
- 專利相關法規不斷地在變化，尤其是在美國，很大程度上是因為專利主張實體（也稱為「專利流氓」）的行動，在政治層面上發生了影響。儘管法規修改可能會給現行專利帶來更多的問題，這多少會帶來不確定性，但至少不是未來需要補救的問題，因為專利律師能夠在撰寫未

來將申請的專利時，就考量到這些改變。此外，在疾病診斷等領域中，取得之專利是否具有足夠的範圍來提供保護，仍有待觀察。
- 認真考慮要在哪裡提出專利申請案，採行的方式不要太在地化，因為可專利的內容會因國家而異，且日後無法在已經很重要，但當時被認為微不足道（首次申請專利時沒有包括在內）的市場中，主張首次申請日來提出專利申請案。注意，不要忽略中國市場，以及在中國取得的實用新型專利。
- 如第十章、第十一章和第十六章所討論，專利可以作為競爭對手的障礙。透過授權產生收益，倘若競爭對手提起訴訟，那麼我們能以反訴來進行防禦，故最重要的是要明確地了解策略目標為何。
- 單一專利存在某種程度的法律脆弱性，使得公司需要建立「專利組合」。從理論上來說，愈多專利聚在一起，保護就能更全面，對競爭對手提起訴訟時，就能有「更多射門得分的機會」（more shots on goal）。
- 公司在各個領域中建立專利組合時，若單個領域中具有很少的專利組合，對公司而言可能是不利的。
- 儘管投資者將專利視為是增值行為，但總體來說，投資界對於專利仍然所知甚少。

3／商標

注意要點

- 將商標做為組織識別產品或服務的來源，商標是整體品牌形象的關鍵部分。
- 文字、標誌、產品的獨特外觀或包裝，以及其他識別符號等，均受商標法規的保護。商標可廣泛地避免損害企業聲譽和商譽的不法行為。
- 一般而言，任何在市場上經商的人都能使用的產品簡易描述，例如「汽車」、「書籍」或「巧克力」，無法作為商標。
- 商標愈不一般或是具有「任意性」，註冊和保護就更加容易。
- 在歐陸法系國家（歐洲大陸上的國家及前殖民地）以及英美法系國家（如英國和採用英國法系的國家）之間，商標法規存在顯著差異：在歐陸法系國家中，商標權透過首次註冊來取得；而在英美法系國家中，商標權是透過組織首先使用來取得。
- 商標註冊是針對「指定類別」的近似商品或服務，但大多數情況無法跟上數位化世界的步伐。
- 在一個國家申請商標，那麼商標權只在該國家有效，但可以在提出新商標申請案時，依據國際條約同時在各個國家註冊該商標。
- 商標的法律效力（如果律師能夠正確地完成手續），通常反映出其業務實力；反之，若是以專利形式存在，則

會有較多的不確定性。
- 受到保護的商標,能排除他人從事混淆誤認之虞的行為。
- 著名商標的保護程度會超出原指定類別的類似商品或服務。
- 只要商標仍有實際使用,商標權人就有權保留其權利,前提是要申請延展並支付費用。
- 商標權人可針對侵權人取得強制令和損害賠償,並且能先一步在海關沒入進口的產品。
- 在商標訴訟中,尤其是尋求禁制令時,速度相當很重要。
- 商標的有效性可能因下述原因而喪失:未實際使用商標、未能監控侵權狀態,或移轉及授權時未能遵守法律要求,其中特別指具有商標之產品或服務的品質控管。
- 由於商標可能會隨著時間而「更新(refresh)」,倘若沒有有效率的管理系統,來監視商標和網域名稱的更新,並確保註冊範圍能繼續涵蓋企業商標,則可能會失去商標權。

策略考量
- 商標法規可以保護整體品牌的各個層面:商標本身和獨特鮮明的顏色和形式等。
- 非傳統商標例如有:產品的獨特外觀或包裝,甚至零售或網頁配置的商標,也是保護整體品牌的一份子,這些層面也會受到著作權和設計權的保護。以精細且一致的方式使用智慧財產形式,可獲得強大的保護以及消費者的認可。
- 在推出新的跨國品牌時,最關鍵的是:事前妥善檢查所

提出之商標是否可用於所有主要市場的指定類別中,並制定提供國際性保護的商標和網域名稱申請策略。

- 商標檢索較專利檢索簡單;可使用檢索找到註冊資訊,也可找到其他業務用途。請牢記,在英美法系國家中,非註冊商標也擁有商標權。
- 很難找到一個適合使用的獨特全新商標,為了節省經費,可在網路上快速進行「淘汰」(knockout)檢索,以尋找適用且可註冊的商標。
- 需要各別檢索公司註冊網站資訊和網域名稱註冊商,以檢查公司名稱和網域名稱是否可用。
- 對於具有國際影響力的企業,必須採用可提供國際性保護的商標和網域名稱申請策略。
- 商標註冊並無時間限制,但遲延註冊,會讓第三方有搶先註冊商標的機會。
- 品牌所有人應使用檢索服務,監控與其品牌衝突的商標註冊;此外,難以進行成本效益分析的非實體特徵(例如聲音和氣味)商標,在未來可能會是個困難議題。
- 著重於產品品質和商標使用的一致性,並且監控侵權或不正確商標使用,是建立強大商標的關鍵。
- 針對山寨品和仿冒產品,建議採取多管齊下的策略,包括:對消費者進行教育、監控供應商、選擇信譽良好的電商平台、配合海關和刑事程序、在製造產品的國家取得商標權、經常與其他產業會員合作,以及選擇性地挑選目標提起訴訟,以向市場發送信號等。

4／著作權
注意要點
- 著作權是最容易取得的智慧財產權,著作創作完成(寫下或記錄)時就自動擁有著作權,無需任何費用。
- 著作權可保護作者擁有的具有著作權之著作,免於未經同意的複製或以其他未經授權的使用,但著作權具有「合理使用」原則,該原則內容因國家而異。
- 作者還具有「著作人格權」,以保護姓名表示權和著作的完整性;這些權利在整個歐洲的歐陸法系國家中很重要。
- 在大多數國家,無需任何註冊程序即可執行著作權,而美國的註冊系統擁有顯著優勢。
- 著作權之保護及於創意性之表達,而不及於事實、觀念、操作方法或單純實用性物品的設計等。例如,電腦程式中編寫的特定形式受著作權所保護,但從另一個層次上來說,程式的結構是不受保護的觀念或方法,只能以專利或作為營業秘密來保護。
- 著作權的權利期間很長,具體期間因每個國家的法規而異,例如依相關著作的類型不同,以及依首次出版的時間開始計算。
- 資料庫在歐盟受特殊法規所保護,若資料庫具有充分的原創性,則會受到更廣泛的保護。
- 音樂著作或娛樂著作中,存在各種不同的著作權權益。
- 著作權的價值取決於其產生的收益,以及在其剩餘使用壽命內可能產生的收益。

- 著作權的權利期間很長，因此，當依據為老舊的合約時，對照新科技和不斷改變的環境，實在難以確認誰能控管這些權利。
- 開源軟體是指某種免費提供的軟體，但某些類型的開源軟體必須遵循指定的授權條款和條件，當與專屬軟體結合並重新發布時，將會公開該重新發布的專屬軟體原始碼。

策略考量

- 著作權提供了強而有力的保護，以防止直接複製紙本內容和藝術著作；著作權不保護觀念或發明。
- 著作權保護的範圍有其限制，且界限仍不明確。取得企業使用之所有內容的著作權，是對時間和資源的寶貴投資，故應建立員工和承包商創作的著作管理程序。
- 著作權、專利和營業秘密保護可以是相互疊加的。例如，軟體的詳細程式碼既可作為營業秘密也可以受著作權所保護，具有可專利性之技術應用的軟體功能也可以受專利所保護（但實務中較少見）。
- 新技術的發展往往會衝擊到著作權所有人的權利。在實務上，著作權所有人針對網路盜版的主要救濟措施是，降低提供或購買盜版內容的動機。
- 利用第三方著作權（例如 Google 圖書）的合法新商業模式受到合理使用的保護，但這些類型的新商業模式經常受到質疑，其結果需依各訴訟裁決而定，這種不確定性會導致企業決定互相合作，而不是進行訴訟。
- 利用開源軟體的商業軟體公司，需要管理此類使用的複

雜政策和程序。
- 著作權買方需要了解他們欲取得之權利，以及可能需要購買第三方擁有之其他權利或得到授權，以便著作權買方可使用購入的著作權。

5／設計權
注意要點
- 設計權（在美國稱設計專利）保護實用性物品的外觀和形狀不被複製，旨在填補著作權法規遺留的空白（儘管這些權利在某些國家中可能互相重疊）。為保護消費者認可的產品鮮明的形狀和設計，人們通常以商標權作為填補。
- 美國已經加入設計專利的國際申請體系。
- 歐盟提供近乎零成本的非註冊設計制度，此外，也有設計專利的註冊制度，以提供了更好的保護。這兩種制度在對應的國家中均有效。
- 與涉及發明的專利相比，註冊設計權的取得十分便宜。

策略考量
- 在「手機專利戰」之後，訴訟焦點轉移到設計權／設計專利身上，蘋果公司在此一領域成功地依據設計專利取得高額賠償金。
- 設計權也逐漸成功地運用於時尚產業中。
- 設計權是一種成本相對較低的保護形式，可與其他保護形式的智慧財產構成一個保護組合。

- 隨著 3D 列印的普及，保護「物件」的形狀將變得愈來愈重要。

6／營業秘密
注意要點
- 營業秘密法保護所有類型的機密資訊，並且提供保護，以防止未經授權取得和濫用該營業秘密，針對不法取得營業秘密者，透過訴訟有機會取得禁制令和損害賠償。
- 營業秘密（組織中的專門知識）只有保持其機密性，才能維持其價值；營業秘密需依靠營業秘密所有人認眞且徹底的步驟來保密。
- 由於網路和通訊技術的發展，以及社群媒體和駭客問題，使得營業秘密保護的難度提高。
- 因爲他人可以獨立地研發出相同之發明，然後他人可能會以此發明自行申請專利，導致失去保護。
- 考量到活躍的產業間諜行爲，所以已加強了營業秘密法規的對應措施。
- 每個人的個人資料受其自身的一系列法規和責任所約束，且企業中存在著重要的合規性議題（請參閱第七章）。
- 在歐盟，資訊資料庫（無需保密）爲特殊形式的著作權所保護。
- 向企業提出新產品構想會對所有相關人員造成問題，因爲該企業可能已有類似的想法正在研發中，但被誤認爲是竊取員工想法。

策略考量

- 營業秘密保護取決於建立和維護涵蓋人員、技術和場所的嚴格安全系統，但是，當公司保留客戶或網站使用者的個人資料時，會因合規性而有些必須且無法避免的工作。
- 與其他形式的智慧財產不同，欲維持營業秘密的機密性，其實毫無法律執行成本，因為營業秘密根本就無法被他人複製或使用。
- 將一項發明做為營業秘密，而不是藉由專利申請案而向公眾揭露，例如，對製造過程保密，競爭對手就永遠無法學到它，專利反而會使得該營業秘密付諸流水。因此，需考量包括：能取得的專利是否很弱？發明能否保密而無法被逆向工程？和該發明在市場上被取代的速度等，來決定選擇哪一種保護方式。
- 與員工和外部承包商簽訂合約，以建立智慧財產所有權的重要性，這個議題會在第八章中討論，不過這些合約也應包含防止洩露營業秘密和機密資訊的條款。
- 如果企業要從第三方接收可能該企業已擁有類似資訊的第三方營業秘密資訊，則還需額外合約和程序，以避免第三方資訊的「汙染」（contamination）。
- 限制競業條款是保護營業秘密的實用方法，但如果該條款不合理，則會面臨可執行性的挑戰。
- 能迅速執行的非正式合作在新創企業中很常見，這很難與保護營業秘密的初衷契合，但至少應考慮到此一權衡。

7／智慧財產和網路
注意要點

- 網路仍持續對智慧財產造生巨大的影響，使得智慧財產受到侵害的可能性提愈來愈高，監控智慧財產權的負擔在於智慧財產所有人這一方，對於著作權內容複製猖獗以及包括仿冒產品銷售在內的各種智慧財產盜版行為，這是一個沉重的負擔。

- 對合法網際網路服務供應商的法律挑戰通常不會成功，但網際網路服務供應商自願採取更多措施來打擊盜版，這無疑是受到智慧財產所有人要求修改智慧財產法規的呼籲所影響，以及能保護網際網路服務供應商免受其客戶侵害之智慧財產所引起索賠的法規。

- 對於透過網際網路開展業務的公司來說，經營網站需處理科技資訊法規也會帶來潛在責任。

- 建立銷售商品／服務或收集個人資料的網站，需要在業務、法律和技術人員之間進行大量協調，以免犯下歸咎於己的錯誤。例如承諾隱私權和安全性的級別，或是否與客戶簽訂了某種可執行的合約。

- 處理和保留網站使用者之個人資料的方式必須遵守適用的法律，並控管該個人資料的存取和使用。安全性是最關鍵的問題，當個人資料丟失或被濫用時，恐有聲譽問題以及財務和法律後果。

- 員工的網路習慣，可能會導致安全性風險和智慧財產權的損失。

- 當複製和超連結的網路商業慣例損害到另一家公司的權益時，對方公司可能會提出侵權索賠。

策略考量
- 對網站法律、技術基礎架構，以及資料隱私權合規性做初期投資，可以避免聲譽損害的問題，許多新創公司正是受到此類聲譽問題的影響。
- 品牌策略應考量到以網路促進本地業務的國際化，且無需依據產品或服務的類型選擇網域名稱；同樣地，本地企業也需要國際性的權利，才能保護自身免受來自國外的盜版，所以檢索新商標時應採行國際化觀點，意即檢索時觀點無需受限於產品類別。
- 公司需要制定連貫且一致的國際智慧財產策略，以減少網路盜版行為，尤其是向消費者銷售產品的公司，例如，著作權和商標的所有權可制止網域名稱的不法使用，或者制止山寨品或盜版銷售。
- 可以透過整體策略更完善地解決盜版問題，包括產品定價及提供便利的取得管道，以降低購買盜版的動機；與網路公司合作，提供用戶取代盜版的授權方案（例如合法的音樂串流）；與網際網路服務供應商一起為產業進行合作，以消除可能導致盜版的因素，例如降低已知盜版網站的搜尋排名；對於品牌產品，應監控供應鏈，並就假貨品質和其他問題向消費者進行教育；與執法機構合作；以及推動政策或修法遊說，促使修法方向有利於智慧財產所有人的利益。

8／智慧財產的權利歸屬

注意要點

- 許多智慧財產爭議都和智慧財產所有權有關，因為法律預設的規則通常難以符合商業期待，例如，員工發明的專利可能是員工所有，而非雇主所有。

- 就算企業付費研發智慧財產，但承包商為企業研發的所有類型智慧財產，其所有權通常仍歸承包商所有。

- 兩家公司之間的合作會產生出共同所有權，但這通常不是人們所預想或期望的，共同所有權對每個所有人的權利意味為何，依據不同的適用國家和法律制度而有所不同。

- 針對需要註冊的智慧財產，每個國家通常都有一套所有權註冊系統。在許多國家中更新所有權記錄既昂貴又耗時，但是，執行智慧財產正是要根據這個更新到最新狀態的所有權記錄，倘若記錄不正確，可能會造成賣方把同一個智慧財產再次出售給第三方。

- 智慧財產可作為抵押品，故取得所有權明確的智慧財產是相當重要的事，在購買其他形式的財產中也是同理。

- 許多公司集團因稅務考量，而將智慧財產所有權建立在智慧財產控股公司身上；但從財務面上來說，這麼做可能導致智慧財產所有權結構的操作複雜化。

策略考量

- 與智慧財產所有權相關的規則相當複雜，最簡單的方式，在任何業務或僱傭關係開始時，就在合約中規定智慧財產所有權的歸屬。

- 以有組織的方式申請企業擁有的專利或其他形式的註冊智慧財產，根據需求來更新所有權，並建立所有權記錄，這些步驟對於運用和執行智慧財產來說都非常重要。
- 因稅務考量和其他原因，而將智慧財產所有權分配到跨國集團的公司實體中；公司財務單位和智慧財產單位之間的協調很重要，可以避免損害智慧財產價值和實用性。
- 由於稅務結構因素，與跨國集團打交道時，重要的是要了解哪一個公司實體實際上擁有哪些交易中涉及的智慧財產。

9／智慧財產的取得、維持和執行成本
注意要點
- 專利很昂貴，在世界各國聘請專利律師和專利代理人撰寫專利和取得專利，都需要付費。同一個專利申請案中，專利專責機關會重覆收取多次費用、圖式費用、翻譯費用、其他國際性的花費，以及執行專利或捍衛專利權時的大量費用。
- 商標申請案的花費較專利申請案少，兩者的成本和費用的類型相似，但通常會比取得專利過程所花費的費用再低一個數量級。
- 如果著作權是從創作者手中購買取得，那麼著作權就會有一個購買價格，除非是對他人提起侵權訴訟，否則取得著作權的整體費用不高。美國註冊的相關費用（金額不高）會在此整體費用中占了主要比例。

- 每種設計權的費用各不相同，在許多國家中，可以在設計註冊系統和非註冊系統（實際上是零成本）之間做選擇，但是，註冊系統的權利可提供更多的保護。此外，申請商標的費用還是比申請新型發明的費用略高。
- 與營業秘密相關的費用是：設計系統的行政成本，其中包括書面保密協議、維護網路和場所安全，以及防止洩露的策略。

策略考量

- 在展開一個專利計畫之前，應準備詳細的預算表；提出專利申請案之後，在專利程序中放棄，會失去某些營業秘密或其他保護。
- 專利能為發明提供獨特的保護，但其他一系列智慧財產形式所提供的保護：例如營業秘密、著作權、設計權和商標，也許更合適或更具成本效益。
- 著作權基本上是免費的（購入價格除外），需要研究保護範疇為何或能保護哪些範疇；著作創作完成時就自動擁有著作權；著作權聲明可用於主張權利；非註冊系統國家中的外觀設計權也適用這些類似概念。
- 在許多國家中，註冊是權利的基礎，遲延註冊會讓第三方有介入的機會，故無可避免地需要花費商標註冊的相關大量費用。此外，商標註冊也能為網路上的網域名稱提供保護。
- 在很大程度上，無可避免地也需要花費與保護營業秘密相關的費用，特別是例如公司擁有員工和客戶的個人資

料,並且受到監管機構要求應確保資料安全時。

10／保護產品銷售時智慧財產的作用
注意要點

- 智慧財產是競爭產品欲進入市場的障礙,但FRAND(公平、合理和無歧視)系統旨在以技術標準來停止專利權人排除競爭對手進入市場的情況。
- 可運用專利、設計或著作權的所有權來採取法律行動,以防止競爭對手未經同意使用發明或複製著作,若複製商品的行為是發生在法律制度健全的國家,則執法成效會更好。
- 若網路和商業活動上的盜版和仿冒問題是發生在法律制度較不健全的國家,則執法成效會較差。
- 營業秘密能成為市場進入障礙,主因是競爭對手不知道該機密而已。
- 對於競爭對手而言,著名品牌能造成市場進入障礙的主因,多半是由於客戶的忠誠度或對更高品質的認同。
- 競爭對手創造出多少獨立著作,就能取得多少的著作權保護,換言之,你可以從中採用不受著作權所保護的「觀念」去構思出新的產品。請注意,如果你複製的不僅僅是「觀念」,就會遇上麻煩。
- 智慧財產權(更確切地說,是該智慧財產權的「解釋內容」)的相關法規受到很多不確定性的干擾,但法院正在逐步建立原則,例如網路環境中的著作權之合理使用

原則,或當已取得專利之功能被複製到多功能設備上使用時,是否應發出禁制令等。
- 任何產品都能具有多種保護形式,可能是商標、設計、專利、著作權和營業秘密的全部或部分,所以建議不能只單獨考量其中一種智慧財產權。
- 單一個產品中可能就包含了許多專利,例如移動通訊設備中涉及的專利數量十分驚人,這引發了激烈的手機專利戰,企業均試圖建立龐大的專利組合並採取法律行動,來加強其智慧財產權並阻礙競爭對手。

策略考量
- 建議以協調和互補方式來審查和運用可用的智慧財產權,創造出最具成本效益且打擊面最廣的保護措施來對抗競爭對手。
- 正如手機專利戰所顯示的那般,專利的權益歸屬引發了耗時且昂貴的訴訟風險。
- FRAND系統意味著標準必要專利的價值有時可能比你想像的還要低。
- FRAND世界中一直在做功能技術層面的競爭,故品牌和設計反而變得日漸重要。
- 專利不僅能作為進入市場的障礙,還能作為交叉授權的交易籌碼,交換競爭對手能阻止他人進入市場的所需專利,來促進雙方產品的銷售。
- 強大的品牌能培養出客戶忠誠度,進而增加產品銷量,這超出了智慧財產權所能企及的範疇,故品牌的創立和

保護應該是消費者策略的核心精神。
- 當新技術以新模式使用著作權內容時,該使用是否受到合理使用的保護,取決於該使用是否為全新型態而有別於舊模式,但法院通常不太願意容忍過於直接的競爭行為。
- 對競爭對手提起訴訟,可能會導致競爭對手提出反訴,故在展開訴訟之前,需要仔細分析戰略地位的劣勢和優勢。
- 運用智慧財產來防範盜版,應成為第七章中所討論之整體戰略的一部分。

11／以智慧財產作為收益來源
注意要點
- 智慧財產產生收益的三種方式:授權以取得授權金;訴訟的損害賠償(或未審判即和解的合解金額);或出售智慧財產本身。
- 隨著專利主張實體的興起,尤其是在美國,「進攻性」專利的授權和訴訟成為一項複雜的業務,對於專利主張實體,普遍批評是其濫用低效率及高成本的美國專利制度,而非著眼於其主張索賠的行為。
- 雖然未來獲得高額賠償金的機率變低,但訴訟制度不管再怎麼演變,花錢取得授權或執行專利的行為會依舊存在。
- 專利作為訴訟資產的價值可根據下列因素來估算:其過去的歷史記錄、法律品質、預期的未來侵權銷售、實際或可比較之授權的權利金費率,以及其剩餘壽命。
- 隨著生活風格品牌的興盛,商標授權已成為一項重要業務。

- 實際上，所有商標授權都是商業談判的結果，因為授權人和被授權人之間需要一定的信任和業務關係。
- 著作權收益歷來都是以授權模式在進行，軟體、音樂、電影和出版產業均包括在內，當新技術破壞舊有發行銷售模式並建立起新的市場典範時，通常會引發爭議和訴訟。

策略考量
- 智慧財產所有人決定將涵蓋銷售產品的智慧財產授權給他人，通常是考量：透過非專屬模式讓收益達到最大化，或授權能讓授權人從自身無法企及的市場中取得收益。
- 企業的專利組合可劃分成不同功能的組合：
  - 作為市場的障礙；
  - 對競爭對手或可能侵權的第三人主張專利；
  - 若競爭對手對授權人提起訴訟，用來對競爭對手提起反訴；
  - 將智慧財產所有人核心業務以外的使用範圍，授權給非競爭對手來使用；
  - 授權使用專利作為研發新技術的基礎；
  - 可能會分拆出售給專利主張實體的專利。
- 即便是只擁有少量專利的小型企業，也能參考上述來檢視其專利欲獲得的範圍和功能目的。
- 商標授權是開展業務的基礎並可提高品牌知名度，但關鍵要求是：嚴格地篩選被授權人、維持產品的品質，並以正確且一致的規則使用授權商標。
- 在全新發行模式的年代，著作權授權面臨的挑戰是在滿

足消費者需求（從而限制盜版）的同時，著作權所有人和發行銷售商或經銷商達到彼此收益的公平分配。

12／授權交易
注意要點
- 授權是智慧財產所有人允許使用該智慧財產的概念，而被授權人可進一步將權利「再授權」給「再被授權人」，這有點像房東和二房東的概念。由於房東的租約終止時，二房東會喪失其權利，智慧財產授權也是一樣，當被授權人授權終止時，再被授權人也會喪失權利。
- 授權可依照地域、產品、使用領域和期限來分拆智慧財產這塊「完整的大餅」，也可以將某一部分權利保留給授權人。
- 前述的任一種情況授權可為專屬授權，也可以是非專屬授權，但請勿必考慮自由貿易區、灰色市場或網路銷售是否可能導致真正的排他性問題。
- 對授權條款而言，最重要的是依據個別國家或區域的反托拉斯和競爭法所施加的限制，例如歐盟就致力於商品能在成員國之間自由運輸流動。
- 對於商標而言，協議可能屬於特許經銷權的法規。
- 有一種自由的授權給付結構條款，意即，將授權之智慧財產的價值，以及授權之產品在商業上成功或失敗的風險，分攤給授權人和被授權人。有利於授權人的給付條款包括：

- 最初預付的固定費用；
- 年度固定費用；
- 當產品達到各個研發階段目標或銷售目標時，給付給授權人一筆費用；
- 根據被授權人的發票金額（減去必要的扣除額）或被授權人報價表的一定百分比，來收取週期性的權利金；如果發生某些事件時（例如，達到銷售門檻或遭遇意料之外的競爭），可能會調整該一定百分比；
- 可補償授權人因授權而花費的款項，例如提供技術協助或維護授權軟體的費用；
- 應支付給第三方的權利金可與被授權人應支付的費用相抵銷（權利金堆疊）；
- 處置預扣稅款。

- 授權也可以將風險分攤給授權人和被授權人，例如因依賴授權技術所造成人身傷害、智慧財產侵權或業務損失。
- 出口管制可禁止與某些特定國家進行交易，或禁止敏感的技術出口。

策略考量

- 「交叉分析」（Slice and dice）式的授權概念，能讓智慧財產所有人和被授權人以特定的方式或依照地域性區分，妥善運用智慧財產，讓收益達到最大化。
- 授權人可能會發生的「烏龍事件」：
    - 未考慮競爭法，這會導致授權人的銷售相互侵蝕，例如因授權限制違反當地競爭法，而無法強制執行被授

權人的出口限制；
- 未包含若被授權人未能將技術商業化的專屬授權退出條款；
- 可能導致被授權人費用支出超過授權收益（通常為固定）的條款；
- 無法囊括所有權利金條款的預期情況，例如同意抵銷被授權人應支付的權利金額，大大地減少了授權人的收益。
■ 被授權人，尤其是專屬被授權人，應注意並維護在支付費用後可從授權人處獲取的權利，例如授權人是否支付了專利維持費用，以及授權人能否協助對抗侵權人。
■ 授權終止條款相當重要，可防範影響合約雙方議價能力的終止事件，例如終止威脅會影響被授權人在授權技術上投入的研發資金。
■ 授權的轉讓條款會影響其價值，可自由轉讓的授權比不可自由轉讓的授權更有價值，但會帶給授權人風險，例如授權人發現其授權被非理想的被授權人所持有。
■ 規劃破產之類的交易對手風險，以減少未來可能發生的問題，例如終止所需授權。

13／智慧財產的市場：買賣智慧財產的方式
注意要點
■ 智慧財產市場不斷地增長，近年來有一些大型交易，並衍生更多可促進交易的中介機構。

- 一般來說技術專利和軟體專利會與其基礎業務分開出售，且通常會透過中介機構來促進這些交易。
- 製造和其他單位外包，意味著可以更輕鬆地買賣品牌。
- 著作權圖書館被視為具有吸引力的投資資產。
- 轉讓大規模的跨國智慧財產組合是一項艱鉅且花費高昂的任務，為確保已付款的智慧財產所有權，應立即更新所有權註冊記錄。

策略考量

- 專利組合，尤其是技術領域的專利組合，並沒有「自產自用」的限制，而是可以透過收購和分拆來實現策略目標，例如用來作為創新基礎、對抗競爭對手的專利軍備、避免潛在的威脅專利落入敵人之手，或者藉由分拆資產來從中獲得一定收益，並減少隨時間流逝的非必要成本。
- 除了品牌要維護良好之外，對於您擁有的智慧財產，您所看到的往往不是您真正所獲得的。換言之，建立所需的盡職調查，不僅是要確認智慧財產資產的品質，也是要確認該智慧財產是否實際上如賣方所聲稱的那般（經常不是如此）。
- 欲出售之智慧財產的盡職調查應著重於：權利範圍和表面價值；未來的保護期間；智慧財產的歷史及其對現值的影響，例如商業化、先前授權和權利金費率、FRAND義務、訴訟和有效性挑戰；智慧財產的所有權，特別要注意大型軟體程式；潛在的法律挑戰和法律品質；以及第三方提出侵權主張的風險。

- 智慧財產轉讓時應避免過度依賴範本和舊格式，對於買家來說，最重要的是確保交易的具體技術細節，以及買方實際獲得的與其所支付的是否正確合宜。

14／智慧財產之鑑價
注意要點
- 智慧財產的鑑價和會計處理規則遠遠落後於其實際價值的演進，這在很大程度上是因為大多數智慧財產的個別性質以及缺乏能建立估價的可比較之交易實例。
- 專利鑑價的結果差異很大，購買大量的專利投資組合時，從其他專利銷售結果中取得的平均值可能很有實際意義；但只購買單一項專利時，該平均值通常只能視作一個參考點。
- 專利鑑價的結果也會因法規狀況而異，例如法規修法後增加了軟體專利的法定要件，而使得先前取得的專利可能會無效。同樣地，法規修法也可能會影響賠償金的計算方式。
- 音樂目錄之類的著作權圖書館價值可能會受到法律議題的影響，例如遍佈網路上的音樂盜版。
- 品牌很少受到法律議題的干擾，但對於鑑價而言，困難點在於將品牌價值與企業其他資產的價值區分開來。
- 智慧財產的價值具有很多面向，它取決於使用智慧財產的產品的銷售量。就專利而言，可能需要分析：
    - 專利所涵蓋之基礎產品市場規模、增長和盈利能力；

- 專利技術對該盈利能力的貢獻；
- 已授權給多少個市場？權利金費率為何？
- 智慧財產的保護期間；
- 智慧財產對法律挑戰的敏感性（這可能會影響保護期間）。

■ 現行的會計準則並不要求對所有智慧財產進行識別和鑑價，通常只有收購第三方智慧財產的情況下才會做。

■ 出於稅務或其他目的而對智慧財產進行鑑價時，會使用各種評估模型，包括成本法、市場法和收入法。

■ 成本型理論是根據實際建立成本，或者重新創立或替代智慧財產的估算成本。

■ 市場法試圖根據可比較之交易實例來確認價值。

■ 收入法試圖計算歸因於智慧財產的未來收益流價值。

策略考量

■ 大多數財務報表並不能反映企業基礎智慧財產的價值，只能將收購的智慧財產列為會計項目，所以，若想要了解企業的智慧財產價值，則需要進行詳細分析。

■ 對於待售的智慧財產進行鑑價，以及因稅務目而需要對智慧財產進行鑑價，兩者之間可能存在相當大的分歧，需要深入的法律和市場分析才能得出合理的鑑價結果。

15／運用智慧財產來籌集資金

注意要點

■ 智慧財產常被貸方用來作為企業擔保貸款（擔保品）資

產的一部分。
- 長期以來，單憑智慧財產通常無法被視為是有價值的擔保品，原因包括：
  - 貸方欠缺智慧財產鑑價的專業知識，尤其是不知道其他企業是否需要這些智慧財產；
  - 會計準則無需對智慧財產進行識別和鑑價；
  - 缺乏具流動性的智慧財產市場。
- 在技術專利市場中，已有專業貸方使用此類專利作為擔保品，另外，在其他產業的特定結構中，智慧財產也可作為擔保品。
- 雖然使用智慧財產作為擔保品在技術上相對簡單，當貸方試圖獲取一籃子智慧財產以及相關引進授權和對外授權時，就會出現複雜性。
- 在資不抵債或破產宣告的情況下，智慧財產和智慧財產之授權會發生什麼情況，對於貸方評估智慧財產之擔保品的價值時至關重要。
- 貸方應專注於確保沒有任何會影響作為擔保品之智慧財產所有權的問題，並希望確保貸款放款後，借方不會採取降低擔保品價值的措施。

策略考量

- 單靠智慧財產來籌集資金的情況仍相對罕見，金融服務提供商可能感興趣的領域包括：以專利建立市場的技術；涵蓋藥品專利的已上市產品，因為專利而具有可預期之現金流；品牌和著作權圖書館，其具有多重收益流可作

為證券化的基礎。
- 準備在其他領域以專利籌集資金並開展業務時，應進行詳細的「盡職調查」，以證明專利為何在借方業務範圍之外具有價值，並找出類似專利出售的交易。
- 貸款的條款將保護貸方，同時會限制借方處理貸方已質押之智慧財產的自由。
- 市場中存在一種專業貸方，會資助進行智慧財產訴訟。

16／制定智慧財產策略
注意要點
- 許多企業對智慧財產並沒有統一作法，通常是：
  - 實際上並不擁有他們以為擁有的智慧財產；
  - 隨意地申請或註冊智慧財產，並放任其他智慧財產進入公有領域；
  - 已註冊的智慧財產沒有涵蓋到該企業現行的產品和品牌，而且還要支付維持費用；
  - 尚未考量其智慧財產風險或如何抵減風險；
  - 企業尚未研究其是否使用了最具成本效益的方法，來保護其業務避免複製或盜版。
- 在許多企業中，智慧財產被視為具有高昂成本和高度風險（例如，侵害第三方權利的風險，或是無法根本防範複製），而非被視為寶貴資產。
- 然而，可以透過一個簡單的計畫來達成風險抵減，該計畫要取得企業所研發或為企業研發的智慧財產所有權，

防止喪失智慧財產，並且註冊智慧財產資產。
- 對於在業務關係中記錄智慧財產所有權的重要性，應推廣成爲合約慣例，例如記錄企業研發或爲企業研發的未註冊智慧財產所有權，並允許在適當時機註冊智慧財產等。
- 許多企業持有客戶或網站使用者的個人資料，並依據監管法規以確保該資訊的隱私權和安全性，但所有企業都有遭受駭客攻擊的風險，故需要有對應的保密性、隱私權和安全性策略，這將有助於防範機密業務或技術資訊丟失。
- 品牌通常是企業最重要的智慧財產資產，因此，品牌的各個要素應進行註冊和其他保護。
- 儘管專利成本高昂，且不適用於所有企業，但建議以一致的方式對其他智慧財產進行整體性的保護（設計、著作權，商標和營業秘密），以發展出高效益的智慧財產保護模式。

策略考量
- 智慧財產策略的目標應包括：
  - 識別企業使用和產生的智慧財產，包含授權使用的第三方智慧財產；
  - 確保企業擁有其研發和僱用他人所研發的所有智慧財產，尤其是著作權；
  - 減輕智慧財產損失的風險，例如商業秘密丟失；
  - 制定一套長遠可行的方案來取得替代技術且／或防範授權人破產，減輕所需之第三方授權的損失；

- 確保已取得之註冊智慧財產能支援並保護當前及未來的產品、服務、品牌和業務策略，尤其要著重於保護品牌；
- 確定如何管理智慧財產和相關問題，例如保護客戶的個人資料、管理系統安全以避免受到網路攻擊，以及董事會應承擔哪些義務；
- 作為該管理單位之一，需確保不同類型的智慧財產保護小組之間的協調，並確保整個智慧財產單位與包括市場行銷和策略在內的其他管理小組之間進行協調；
- 在程序層面上，確保已註冊之智慧財產權、網域名稱和授權的申請作業和延展都能進行有效管理。

■ 其他策略目標包括：
- 透過註冊和專利計畫來建立企業擁有之技術的所有權；藉由智慧財產的可實施性檢索並隨後採取行動應對所發現的風險；監控和評估競爭對手的智慧財產策略並採取適當的防禦措施（或賠償金和保險，如果有的話）等，藉以減輕第三方侵權索賠的風險。
- 確保企業對於競爭對手和盜版的執法策略盡可能具有成本效益；
- 針對企業擁有和可能研發的智慧財產，確認如何保護該智慧財產（例如專利與營業秘密），並確認如何運用全套的智慧財產保護；
- 確定如何用企業擁有的智慧財產，例如：作為進入障礙、作為交叉授權的交易籌碼、當競爭對手提起訴訟

時作為防禦之用、透過授權或分拆來增加收益，以及依據時間點不同而作出適當決定；
- 確定應何時以及出於何種目的，收購第三方的智慧財產（為了創新或防禦目的等），或是否應出於成本和欠缺適用性的原因而處置手中的智慧財產；
- 確認智慧財產策略應如何支援企業的商業策略，例如：設立產業或監管機構標準、創新、品牌建立）。

詞彙表
Glossary

※ 交叉引用以**粗體**顯示。

與貿易有關之智慧財產權協定	Trade-Related Aspects of Intellectual Property Rights，TRIPS	一個全面的國際性條約，是世界貿易組織法律框架的一部分，為世界貿易組織成員國設定了智慧財產保護標準的基準。
主張	assertion	提出或追究智慧財產**侵權**（infringement）的要求。
轉讓	assignment	更改智慧財產所有權文件上的所有人姓名。
姓名表示權	attribution or paternity right	兩種著作**人格權**（moral rights）的其中之一，標示著作人姓名並承認其為該著作的作者的權利（第二種著作人格權是「禁止不當修改權」（right of integrity），允許著作人防止他人對其作品進行竄改或改變其內容）。
請求項（專利）	claim	專利說明書中規範授予的權利**範圍**段落，通常是一系列簡短的文字，標示出專利權人產品或製程的每個技術特徵，其中必須包含專利權人會被**侵權**（infringe）的段落。
擔保品或抵押品	collateral or security	倘若借方沒有償還貸款或支付利息，貸方可以取得或出售的財產。
涵蓋（專利）	cover	**侵害**（infringe）專利產品或服務的**範圍**（scope），這個「範圍」定義在專利**請求項**（claim）中。
交叉授權	cross-licensing	一種協議，讓雙方互相**授權**（licence），或者，兩個或兩個以上的智慧財產所有人各自將自己的智慧財產授權給其他方。

420 GUIDE TO INTELLECTUAL PROPERTY

防禦性專利聚合商	defensive patent aggregator	收購敵對**專利主張實體**（patent assertion entities，PAE）手中的專利，或收購已授權給其客戶（通常是軟體或科技公司）的專利，藉以為其客戶提供服務的公司。
迴避設計	design-around	為避免專利**侵權**（infringement），而故意繞過專利設計出來的新產品或改版產品。
追及權	droit de suite	藝術家出售其著作後，後續再度轉手時可獲得權利金的權利。
申請	filing	向專利或商標專責機關遞交專利申請書或商標申請書的專有名詞。
法拍	foreclose、foreclosure	當借方拖欠貸款時，貸方有權就借方的財產聲請強制執行並進行拍賣。
商譽	goodwill	就會計項目而言：不可歸因於可辨認資產的收購業務價值；就智慧財產而言：一種企業資產，與企業產品和服務的聲譽和品質有關。
箝制或套牢（價值）	holdup or lock-in value	由於涉嫌**侵權人**（infringer）被困在特定技術上，致使專利權人可獲取的收益超出專利實際的經濟價值，例如為了要符合技術標準，或者在意識到有專利之前就已經在該技術上投入了大量資金。
侵權、侵權人	infringe、infringer	侵害了智慧財產所有人的權利，未經智慧財產所有人的同意，就以非法方式使用智慧財產的個人或組織。
侵權、侵害權利	infringement	未經智慧財產所有人同意，錯誤地使用智慧財產的權利，例如銷售已取得專利的發明。
美國國際貿易委員會	International Trade Commission，ITC	一個位於華盛頓特區的專門法院，可發布邊境保護措施，但目標不包括來自美國本土的侵權產品。
網際網路服務供應商	internet service provider，ISP	可以存取網路或透過網路提供服務（例如託管網站或搜尋服務）的公司。
多方複審	Inter Partes Review，IPR	根據《2011年美國發明法》的美國專利及商標局程序，可對專利提出質疑，並有機率使該專利無效，這個程序已成為遊戲規則的改變者，因為這是個法院訴訟程序以外能使專利無效的程序。
山寨品	knock-off	一種貶義詞，指品牌產品的複製品，例如香奈兒（Chanel）或愛馬仕（Hermès）品牌奢侈品手提包的複製品。

16／詞彙表

授權	licence	允許他人使用智慧財產的協議。
套牢	lock-in	同「**箝制（holdup）**」。
著作人格權	moral rights	包含姓名**表示權（attribution）**和禁止不當修改權，即授予作者或藝術家能署名並維護其作品完整性的權利。
赤裸授權	naked licence	商標權人授權該**商標**但不控管以該商標之名銷售的商品或服務品質。
非專利實施實體	non-practising entities，NPE	**專利主張實體（patent assertion entities，PAE）**的別稱。
公序良俗	ordre public	公共秩序與善良風俗原則。
孤兒著作	orphan work	古老或較舊的作品，找不到著作權所有人的著作。
已繳足授權	paid-up licence	一種**授權**狀態，被授權人支付給授權人全額費用，之後被授權人無須再付款。
矇混	passing off	創造出一種與第三方產品類似的產品，導致公眾會認為該產品源自該第三方。
專利主張實體	patent assertion entities，PAE	收購專利，通常先對第三方提起訴訟或威脅第三方欲提起訴訟，指稱第三方**侵害（infringement）**其專利，再藉由將專利授權給第三方來賺錢的公司。貶義詞稱為「專利流氓」，有時稱為非專利實施實體（NPE）。
專利合作條約	Patent Cooperation Treaty，PCT	一個國際性條約，讓所有成員國進行單一次申請手續，就能以簡化方式同時提出多個國家的專利申請案。
專利權人	patentee	專利的所有人。
專利流氓	patent troll	一種**專利主張實體（PAE）**的貶義詞。
姓名表示權	paternity right	同**姓名表示權（attribution）**。
小專利／實用新型	petty patent/utility model	通常是一種關於機械設備的專利，較發明專利容易取得的一種專利保護形式，但品質不佳且內容較精簡，在中國是非常重要的專利領域。
先前技術	prior art	在該領域中已存在的相關專利和其他公開出版物。

優先權日	priority date	專利申請的原始日期，日後取得專利的保護期間會從該日期開始計算，這個日期相當重要，必須在此日期之前（而非此日期以後），考察該技術領域，並認定該專利具有新穎性和非顯而易見性，才有機會取得專利。
審查程序	prosecution	一個專有名詞，是指將申請書遞交給專利或商標專責機關開始，到取得專利或商標的整個流程。
刮鬍刀銷售式的公司	razor-blade company	主要不是靠銷售設備來賺錢，而是靠銷售例如刮鬍刀中的刀片這種特定產品來賺錢的公司，例如印表機之於墨水，以及膠囊咖啡機之於咖啡膠囊。
補救	remediate	關於開源軟體的術語，倘若專屬程式碼中使用了某個開源軟體而造成某些問題，可以刪除開源軟體的組成部分，並替換為專屬程式碼，來糾正這種情況。
範圍	scope	**侵害（infringement）** 專利的產品或服務範圍，範圍可以狹窄、具體或廣泛，通常會涵蓋一種類型的產品或服務。
抵押品	security	同**擔保品（collateral）**。
擔保物權	security interest	「抵押」的另一種說法。
員工之職務發明	shop right	倘若雇主和員工之間就發明一事沒有轉讓（assignment）協議，當員工完成發明時，此發明的專利權歸屬於雇主。
標準必要專利	Standard essential Patent，SEP	製造符合產業標準之產品所需的專利，例如，手機和手機網路中必要之通信協定的專利。
商業表徵	Trade Dress	受商標法規所保護的一種產品的獨特外觀。
跨太平洋夥伴協定	Trans-Pacific Partnership、TPP	一個多邊關係的自由貿易協定，包含加拿大、墨西哥、澳大利亞、汶萊、智利、秘魯、日本、馬來西亞、紐西蘭、新加坡和越南等國，其中除其他規定外，設定了智慧財產保護標準的基準。
綁定	tying	規定先購買其他商品或服務，以作為能購買專利商品或服務的先決條件，例如，買方若要向製造商購買專利的鹽罐，同時必須向製造商購買鹽。
實用新型	utility model	同**小專利（petty patent）**。

縮寫
abbreviations

CBP	Customs and Border Protection	海關暨邊境保護局
CTM	Community Trade Mark	歐盟共同體商標
FRAND	fair reasonable and non-discriminatory	公平、合理和無歧視
FTC	Federal Trade commission	美國聯邦貿易委員會
GPL	GNU General Public License	GNU 通用公共授權條款
gTLD	generic top-level domain	通用頂級域名
IP	intellectual property	智慧財產
ISP	internet service provider	網際網路服務供應商
ITC	US International trade commission	美國國際貿易委員會
NPE	non-practising entity	非專利實施實體
OHIM	Office for Harmonization in the Internal Market	歐盟內部市場調和局
EUIPO	European Union Intellectual Property Office	歐盟智慧財產局
PAE	patent assertion entity	專利主張實體
PCT	Patent Cooperation Treaty	專利合作條約
RAND	Reasonable and Non-discriminatory	合理和無歧視
SEC	Securities and Exchange commission	美國證券交易委員會
SEP	Standard essential Patent	標準必要專利
TLD	top-level domain	頂級域名
TPP	Trans-Pacific Partnership	跨太平洋夥伴協定
TRIPS	Trade-Related Aspects of Intellectual Property Rights	與貿易有關之智慧財產權協定
TTBE	Technology Transfer Block Exemption	技術移轉授權協議集體豁免
UDRP	Uniform Domain Name Dispute Resolution Policy	統一網域名稱爭議解決政策
USPTO	US Patent and Trademark Office	美國專利及商標局
WTO	World Trade Organization	世界貿易組織

註釋
Notes

1 智慧財產導論

① Ocean Tomo, Annual Study of Intangible Asset Market Value, 2010: www.oceantomo.com
② BrandZ, Top 100 Most Valuable Global Brands 2014: www.millwardbrown. Com
③ Vranica, S. and Hansegrad, J., "IKEA discloses an $11 billion secret", Wall Street Journal, August 9th 2012.
④ Lex Machina, 2013 Patent Litigation Year in Review; Patent Litigation Damages Report, 2014: www.lexmachina.com
⑤ Patent Assertion and US Innovation, Executive Office of the President, June 2013: www.whitehouse.gov/sites/default/files/docs/patent_report.pdf
⑥ Khan, B.Z., Trolls and Other Patent Inventions: Economic History and the Patent Controversy in the Twenty-First Century, Hoover IP 2 Working Paper Series, Working Paper No. 13001, October 24th 2013: www.hoover.org
⑦ "Untouchable intangibles", The Economist, August 30th 2014.
⑧ Beattie, A., "intellectual Property: a new world of royalties", Financial Times, September 23rd 2012.
⑨ Bajaj, V. and Pollack, A., "India's Supreme Court to hear dispute on drug patents", New York Times, March 6th 2012 (print article published March 7th 2012 with the headline "Patent v. Patient").
⑩ Kazmin, A., "Indian pharmaceutical groups shed copycat image", Financial Times, July 22nd 2013.
⑪ www.wipo.int/about-ip/en/
⑫ Kroes, N., "From Crisis of Trust to Open Governing", Bratislava, March 5th 2012: http://europa.eu/rapid/press-release_SPEECH-12-149_en.htm

2　專利

① Carley, M., Hegde, D. and Marco, A., "What is the Probability of Receiving a US Patent?", Yale Journal of Law and Technology 16, 2014: ssrn.com/abstract=2367149
② Magliocca, G.N., "Blackberries and Barnyards: Patent Trolls and the Perils of Innovation", 82 Notre Dame Law Review 1809, 2007.
③ Beattie, B., "The battleground of choice in patent wars", Financial Times, October 2nd 2012.
④ Allison, J.R., Lemley, M.A. and Schwartz, D.L., "Understanding the Realities of Modern Patent Litigation", 92 Texas Law Review 1769, 2014.
⑤ See, for example, Schankerman, M. and Pakes, A., "Estimates of the Value of Patent Rights in European Countries During the Post-1950 Period", 96 Economic Journal 1052, 1986; Schankerman, M., "How Valuable is Patent Protection? Estimates by Technology Field", 29 Rand Journal of Economics 77, 1998; Gambardella, A., Herhoff, D. and Verspagen, B., "The Value of European Patents", European Management Review, Vol. 5, Issue 2, 2008, p. 69; Crouch, D., Patent Maintenance Fees, Patently-O, September 26th 2012: http://patentlyo.com

3　商標

① Phillips, E.E., "Customs chase knockoffs", Wall Street Journal, November 29–30th 2014.
② Twitter, Inc., Annual Report (Form 10-k), at 29 (2013).
③ Various trademarks are used in the text of this book which are the property of their respective owners. These include: Apple, Bass, BP, Cadbury, Cadbury's Dairy Milk, Chanel, Coca-Cola, Dell, Ford, Google, Google Books, Heinz, Hermès, Hershey, IKEA, Kit-Kat, Lenovo, Louboutin, Mercedes, Microsoft, Nestlé, Pink, Ritz, Shell, Sky, Sony, Thomas Pink, Trump, Tweet, Virgin, Washington Redskins.

4　著作權

① The Register's Call for Updates to U.S. Copyright Law: Hearing Before the Subcommittee on Courts, intellectual Property, and the Internet Community on the Judiciary, 113th Cong. 1, May 20th 2013 (statement of Maria A. Pallante, Register of Copyrights, US Copyright Office): http://copyright.gov/regstat/2013/regstat03202013.html

7 智慧財產和網路

① Uniform Rapid Suspension System (URS), ICANN: http://newgtlds.icann.org/en/applicants/urs
② See www.emdgroup.com

8 智慧財產的權利歸屬

① Norris, F., "One Response to Apple Tax Strategy May Be To Copy It", New York Times, May 21st 2013.

9 智慧財產的取得、維持和執行成本

① Quinn, G., "The cost of obtaining a patent in the US", IPWatchdog blog, January 28th 2011 (updated April 30th 2013): www.ipwatchdog.com

10 保護產品銷售時智慧財產的作用

① Chien, C., "Race to the bottom", Intellectual Asset Management Magazine 51, pp. 10–17, January 2012.
② Isaacson, W., Steve Jobs, Simon & Schuster, 2013.

11 以智慧財產作為收益來源

① Rivette, K. and Kline, D., Rembrandts in the Attic: Unlocking the Hidden Value of Patents, Harvard Business School Press, 2000.
② Moore, K.A., "Xenophobia in American Courts", 97 Northwestern University Law Review 1497, 2003. See also Allison, Lemley and Schwartz, op. cit. (Chapter 2).
③ Decker, S. and Robertson, D., "Apple told by jury to pay $532.9 million in patent trial", Bloomberg News, February 25th 2015.
④ Helmers, C. and McDonagh, L., Trolls at the High Court?, LSE Legal Studies Working Paper No. 13, 2012: http://ssrn.com/abstract=2154958; Love, B., Helmers, C. and McDonagh, L., Is there a Patent troll problem in the UK?, 2014: http://digitalcommons.law.scu.edu/facpubs/863

13 智慧財產的市場：買賣智慧財產的方式

① Facts about Google's Acquisition of Motorola, Google Inc.: www.google.Com
② Press release, Google Inc., Lenovo to Acquire Motorola Mobility from

Google, January 29th 2014: www.google.com
③ Press release, ARM, ARM Announces Participation in a Consortium to Acquire Rights to MIPS Technologies' (MIPS) Portfolio of Patents, November 6th 2012: www.arm.com

14 智慧財產之鑑價

① In re Innovatio IP Ventures, LLC Patent Litigation, MDL 2303, 11-C-9308 (N.D. Illinois, October 3rd 2013) citing Schankerman, M., "How Valuable is Patent Protection? Estimates By Technology Field", 29 Rand Journal of Economics 77, 1998.

15 運用智慧財產來籌集資金

① www.alcatel-lucent.com

除了上述註釋中包含的參考文獻之外,還可以在 www.profilebooks.com/stephen-johnson 中找到更多參考文獻。

實用資源
Useful Resources

當民眾欲遵循智慧財產相關法令時，有許多資源可用，但困難點在於，大部分資源是針對律師而非一般商業人士用的，不過我們可以在 www.lexology.com 上找到一個免費服務，這項服務是將律師事務所提供的法律新知寄發給客戶，並能依照國家和主題進行客製化。然而，如前言中所述，特定情況的法律意義仍取決於具體事實不同，所以在任何情況下都應諮詢律師。

部落格

網路上有許多以智慧財產為主題的部落客，下列是部分作者覺得實用的部落格：

- Essential Patent Blog (www.essentialpatentblog.com)：專注於FRAND系統和標準必要專利。
- Foss Patents (www.fosspatents.com)：內容豐富有趣，有許多作者弗洛里安穆勒（Florian Mueller）的個人觀點，雖然更新次數逐漸變少，但在過去幾年中，他提供了很多關於手機專利戰的重要新聞和分析觀點。
- Intellectual Asset Management (www.iam-magazine.com/blog)：請參見下文。
- IP Finance (http://ipfinance.blogspot.com)：《Where money issues meet IP rights》

- The IPKat (http://ipkitten.blogspot.com)：資訊豐富有趣，是個帶有幽默風格的智慧財產學術和實務網站。
- IPWatchdog (www.ipwatchdog.com)：主要討論美國專利法規。
- PATENTLY-O (http://patentlyo.com)：主要討論美國專利法規。
- PharmaPatents (www.pharmapatentsblog.com)：製藥和生物技術專利。

電子報和雜誌

- 「IP Law 360 訂閱服務」（IP Law 360 subscription service）(www.law360.com) 提供智慧財產最新發展的每日電子報，通常會附上對應的法院文件網路連結以及法律問題的分析。
- 「Intellectual Asset Management」（IAM）雜誌著重於智慧財產的商業、管理和營利層面，有許多關於品牌、專利策略、智慧財產評估、智慧財產市場和以智慧財產作為擔保品等主題的實用文章。
- 《Les Nouvelles》是「國際技術授權主管總會」（Licensing Executives Society International，LESI）的期刊，主要討論授權、評估和其他議題。

國內和國際的智慧財產專責機關

這些網站上有很多實用資訊，例如英國和歐盟的商標和設計專責機關，以及美國著作權局等，對於律師以外的民眾很實用；而美國專利及商標局和歐洲專利局則有較多技術內容。

- 英國智慧財產權局（https:www.gov.uk/government/organisations/intellectual-property-office）
- E 歐盟智慧財產局（https://euipo.europa.eu/ohimportal/）
- 歐盟智慧財產局（https://euipo.europa.eu/ohimportal/）
- 歐洲專利局（www.epo.org）
- 美國專利及商標局（www.uspto.gov）
- 美國著作權局（www.copyright.gov）提供許多美國著作權法規的資訊：

- Copyright Basics, 2012, www.copyright.gov/circs/ circ01.pdf)
- Compendium of US Copyright Office Practices (3rd edition, 2014), http://copyright.gov/comp3/
- STOPfakes（www.stopfakes.gov）是一個美國政府網站，為許多遭受盜版的企業提供資訊。
- ROMARIN (International Trademark Information Database) (www.wipo.int/madrid/en/romarin)：是 WIPO 的商標資料庫。

國際商標協會（International Trademark Association）是一個商標權人和專業人士的非官方協會，但在其網站有商標的實用資訊（路徑：www.inta.org →「terms and conditions」→「Global Trademark Resources」。

著作權保護期間

著作的著作權保護期間與作者性質、所在國家、著作類型、是否已公開出版，以及首次出版日期有關。因此，每個著作的狀況都是獨一無二的，下列網站提供了一些實用資訊：
- 美國法規：
  - www.copyright.gov/circs/circ15a.pdf
  - https://copyright.cornell.edu
- 英國法規：
  - www.gov.uk/copyright/how-long-copyright-lasts
  - www.nationalarchives.gov.uk/documents/informationmanagement/copyright-related-rights.pdf

法令

- 美國專利法規：Laws, Regulations, Policies & Procedures, US Patent and Trademark Office (www.uspto.gov/patents/law)
- 美國商標法規：US Trademark Law: Rules of Practice and Federal

Statutes, US Patent and Trademark Office, 2014 (www.uspto.gov/trademarks/law/tmlaw.pdf)
- 美國著作權法規：Copyright Law of the United States, US Copyright Office (www.copyright.gov/title17)
- 英國法規：
  - www.gov.uk/intellectual-property/law-practice
  - www.gov.uk/intellectual-property/patents
  - www.gov.uk/intellectual-property/trade-marks
  - www.gov.uk/intellectual-property/copyright
  - www.gov.uk/intellectual-property/designs
- 歐盟法規：
  - www.wipo.int/wipolex/en/profile.jsp?code=EU
  - http://europa.eu/legislation_summaries/internal_market/businesses/intellectual_property/index_en.htm
  - http://eur-lex.europa.eu/browse/summaries.html

書籍

- 下列是關於美國法規的主要論文定期更新：
  - Nimmer on Copyright, LexisNexis
  - Chisum on Patents, LexisNexis
  - McCarthy on Trademarks, Thomson Reuters
  - Milgrim on Trade Secrets, LexisNexis
- 下列是關於英國專利和著作權法規的參考資料：
  - CIPA Guide to the Patent Acts, Sweet & Maxwell, 2014
  - Copinger and Skone James on Copyright, Sweet & Maxwell, 2013
- 下列是關於歐盟法規的參考資料：
  - Cook, T., EU intellectual Property Law, Oxford University Press, 2010

Top 010	數位時代的智慧財產權指南
	知識經濟時代必修！利用智慧財產精準布局，打造企業獲利、競爭優勢的決勝關鍵
	Guide to Intellectual Property: What it is, how to protect it, how to exploit it

作　　　者	史帝芬・強森（Stephen Johnson）
譯　　　者	張玉臻、高昌華
執　行　長	陳蕙慧
總　編　輯	魏珮丞
責　任　編　輯	魏珮丞
行　銷　企　劃	陳雅雯、余一霞、尹子麟
封　面　設　計	兒日設計
排　　　版	JAYSTUDIO

社　　　長	郭重興
發行人兼出版總監	曾大福
出　　　版	新樂園出版／遠足文化事業股份有限公司
發　　　行	遠足文化事業股份有限公司
地　　　址	231 新北市新店區民權路 108-2 號 9 樓
電　　　話	(02)2218-1417
傳　　　真	(02)2218-8057
郵　撥　帳　號	19504465
客　服　信　箱	service@bookrep.com.tw
官　方　網　站	http://www.bookrep.com.tw
法　律　顧　問	華洋國際專利商標事務所 蘇文生律師
印　　　製	呈靖印刷

初　　　版	2020 年 06 月
定　　　價	550 元
ISBN	978-986-99060-0-5

Guide to Intellectual Property：What it is, how to protect it, how to exploit it
Copyright © The Economist Newspaper Ltd, 2015
Text copyright © Stephen Johnson, 2015
All rights reserved.
Complex Chinese Translation copyright © 2020 by Nutopia Publishing, an imprint of Walkers Cultural Enterprise Ltd.
License arranged through through Andrew Nurnberg Associates international Ltd.

特別聲明：
有關本書中的言論內容，不代表本公司/出版集團之立場與意見，文責由作者自行承擔

有著作權 侵害必究
本書如有缺頁、裝訂錯誤，請寄回更換
歡迎團體訂購，另有優惠
請洽業務部 (02) 2218-1417 分機 1124、1135

國家圖書館出版品預行編目 (CIP) 資料

數位時代的智慧財產權指南；知識經濟時代必修！利用智慧財產精確布局，打造企業獲利、競爭優勢的決勝關鍵 / 史帝芬・強森（Stephen Johnson）著；張玉臻、高昌華 譯 . -- 初版 . -- 新北市：新樂園，遠足文化，2020.06
432 面；14.8 × 21 公分 . --（Top；10）
譯自 :Guide to Intellectual Property：What it is, how to protect it, how to exploit it
ISBN 978-986-99060-0-5[平裝]

1. 智慧財產權

553.4　　　　　　　　　　　　　　　　　　　　109008088